한국정치, 바람만이 아는 대답

야당당수 10인의 삶과 정치

나남
nanam

이 영 훈(李永勳) leejin97@donga.com
1967년 경남 함안에서 태어나 마산중앙고와
부산대학교 중어중문학과, 고려대학교 법무대학원(법학석사)을 졸업했다.
한국컨설팅 AE와 고려대 지방자치법학연구회 부회장,
국립국어원 국어순화위원을 지냈으며 국제신문 기자를 거쳐
2000년부터 동아일보 기자로 근무하고 있다.
저서로는 한국야당사를 파벌 중심으로 심층 분석한
《파벌로 보는 한국야당사》(에디터)가 있다.

나남신서 1416

한국정치, 바람만이 아는 대답

야당당수 10인의 삶과 정치

2009년 8월 15일 발행
2009년 8월 15일 1쇄

지은이_ 李永勳
발행자_ 趙相浩
발행처_ (주) 나남
주소_ 413-756 경기도 파주시 교하읍
출판도시 518-4
전화_ 031) 955-4600 (代)
FAX_ 031) 955-4555
등록_ 제 1-71호(79. 5. 12)
홈페이지_ www.nanam.net
전자우편_ post@nanam.net

ISBN 978-89-300-8416-1
ISBN 978-89-300-8001-9 (세트)
책값은 뒤표지에 있습니다.

이 책은 방일영문화재단의 지원을 받아 저술 · 출판되었습니다.

한국정치, 바람만이 아는 대답

야당당수 10인의 삶과 정치

이영훈

나남
nanam

머리말

야당당수 10인의 삶과 정치로 본 인물 한국야당사

한국 현대사의 파란만장한 정치를 온몸으로 겪은 김종필이 정계를 은퇴하면서 "정치는 허업(虛業)"이라는 유명한 말을 한 적이 있다. 허업이라면 실업(實業)의 반대가 아닌가. 그렇다면 정치가는 실업가의 반대인 허업가가 되는 셈이다.

세상에는 수많은 직업이 있지만 가장 욕을 많이 먹는 사람이 정치인일 것이다. 오죽하면 국회의원과 몇몇의 다른 직업을 가진 사람이 한꺼번에 한강에 빠졌을 때 누구를 가장 먼저 건지겠느냐고 물으면 강물이 오염될까봐 국회의원을 가장 먼저 건지겠다고 한다는 우스갯소리까지 있을까.

이렇게 정치인이 불신받는 것은 권력을 놓고 싸우는 과정에서 빚어지는 편법과 비정(非情)의 정치속성에도 근본적인 원인이 있겠지만, 해방 이후 지금까지 한국정치가 보여준 굴절된 모습이 가장 큰 이유일 것이다. 보스 중심의 파벌주의, 지역감정에 기대는 지역주의, 깨끗하지 못한 정치자금의 동원 등이 그것이다.

그러면 왜 한국의 정치는 유독 파행적으로 흘러올 수밖에 없었을까. 정치 시스템이 잘못 돼서 그런 걸까, 아니면 정치를 담당한 이들의 잘못일까. 여러 가지 이유가 있겠지만 한국 정치사에 있어서는 여당, 야당을 불문하고 이념이나 정책보다는 정치 지도자의 스타일이나 리더십이 더 큰 영향을 발휘했다고 볼 수 있을 것이다. 주요 계파 보스의 정치적 선택에 따라 정당이 명멸했던 것이 그 방증이다.

이 책은 한국 정치 지도자에 대한 보다 폭넓은 이해와 편력을 공유하기 위해 대표적인 야당 당수(黨首) 10명의 삶과 정치역정을 다뤘다. 이승만에 맞서 민주당 후보로 나섰다 선거 직전 급서한 비운의 정치지도자 신익희와 조병옥, 4·19 이후 민주당 정권을 주도한 신·구파의 리더 장면과 윤보선, 최초의 여성 당수 박순천, 영원한 당인(黨人) 유진산, 박정희와 전두환 정권에 맞서 싸운 야당투사 김영삼과 김대중, 새로운 야당의 리더십을 선보인 이회창과 탄핵 역풍으로 좌초된 한나라당을 일으켜 세운 박근혜가 바로 그들이다.

이 책에서는 지면 제약 등으로 한국 야당 당수 전부를 모두 다루지는 못했다. 그러나 아쉬운 점은 역대 야당 당수 가운데 빼놓을 수 없는 비중에도 불구하고 다루지 못한 분들이 있다는 것이다. 특히 한국 야당의 뿌리라 할 수 있는 한민당의 당수였던 인촌 김성수와 고하 송진우, YS DJ와 함께 신민당의 40대 기수 중 한명이던 '중도통합론'의 이철승, 1980년대 신한민주당 돌풍의 주역이었던 이민우 등은 꼭 다루어 보고 싶었던 인물들이었다. 또 1959년 이승만 정권에 의해 '사법살인'당한 진보당 당수 조봉암이 빠진 것도 아쉬운 부분이다.

여기서 다룬 10인의 야당 당수들 중엔 고인이 된 분도 있고, 대통령을 지낸 뒤 정계를 은퇴하고 정치 원로로 지내는 분도 있다. 또 현실정치에서 아직도 왕성한 활동을 펼치고 있는 정치인도 있다. 그들에 대한 평가에 있어서 가능한 필자의 주관적 가치판단을 줄이고 가치중립적으로 기술하기 위해 노력했다. 그리고 공과(功過)를 함께 담았다. 한 시대를 풍미했던 그들의 삶과 정치가 앞서 언급한 실업이었는지 허업이었는지의 판단은 국민과 역사의 몫이다.

책을 펴내면서 전·현직 정치인 등 많은 관련인사들의 증언, 자서전, 신문, 정기간행물 등 자료를 나름의 원칙과 지향성을 가지고 원용하고 참고했다는 것을 밝힌다. 참고자료를 모두 수록했지만, 인용이나 자료에 대해 일일이 전거(典據)를 대지 않은 것은 이 책이 연구서라기보다는 대중서 수준으로 쓰여졌기 때문이다. 막상 이 글들을 책으로 엮어 내니 여러 가지 미흡하다는 생각을 지울 수 없다. 필자의 능력이 모자라고 불민한 탓이다. 부족한 부분과 빠진 인물에 대해서는 다음에 반드시 수정·보완할 기회를 가질 생각이다.

이 책이 나오기까지 많은 사람들의 도움을 받았다. 글을 쓰는 데 귀중한 자료가 된 많은 관련인사들의 증언이 큰 힘이 되었다. 또 그 과정에서 따뜻한 격려와 성원을 아끼지 않으신 동아일보 선후배 여러분께도 진심으로 고마운 마음을 전한다. 특히 야당 당수 10명의 캐리커처를 그려 준 화백 최남진 선배와 귀중한 사진을 싣도록 허락해주신 원로사진기자 이명동 선생님에 대한 고마움은 말로 다할 수 없다.

아울러 내 삶의 정신적 버팀목이신 부모님, 오랜 주말부부 생활 속에서도 한결같이 든든한 울타리가 되어 준 아내 신은화, '주말아빠' 노릇밖에 못해줘 항상 미안한 딸 예진과 아들 선우에게도 고맙다는 말과 함께 사랑한다는 말을 꼭 전해주고 싶다. 끝으로 흔쾌히 출판을 맡아주신 나남출판의 조상호 사장님과 방순영 편집장님께도 깊은 감사를 드린다.

2009년 7월

광화문 동아미디어센터에서

이영훈

한국정치, 바람만이 아는 대답

야당당수 10인의 삶과 정치

차 례

신
익
희(1894~1956)는 일제강점기엔 독립투사로 해방 후엔 야당 지도자로 민주주의에 헌신했다. 처음엔 이승만의 협조자였다가 나중엔 이승만의 독재에 맞서 격렬하게 싸웠다. 민주적 정권교체에 대한 그의 꿈은 '비 내리는 호남선'에서 깨졌지만, 그는 한국 정치에 민주주의의 씨앗을 뿌렸다.

못살겠다 갈아보자, 이루지 못한 꿈

'못살겠다 갈아보자'

우리나라 선거 역사상 가장 히트한 선거구호다. 이처럼 유권자의 귀에 착 달라붙는 선거구호가 있었을까. 민주당이 내건 '못살겠다 갈아보자' 구호는 국민들의 가슴 저 깊은 곳 체증을 훑어 주는 소화제 같은 것이었다.

1956년 대통령 선거, 민주당의 이 구호에 맞서 자유당은 '구관이 명관이다'를 내세웠다. 하지만 민심은 이미 신익희를 향해 있었다. 30만 명의 군중이 모인 한강백사장 유세의 엄청난 열기가 이를 반증하지 않았던가. 그러나 호남 유세를 떠난 신익희는 '비내리는 호남선'에서 급서(急逝)하고 만다. 세상이 발칵 뒤집혔다. "이건 분명 자유당의 소행이다!" 흥분한 일부 국민들은 이승만 정권에 의한 독살이 아니냐는 짙은 의혹을 품었다. 의심은 꼬리에 꼬리를 물고 확산됐다.

5월 5일 오후 4시경. 신익희의 유해가 서울역에 도착했다. 비는 억수같이 쏟아졌다. 대학생들을 중심으로 한 시민들은 유해를 밀며 경무대(景武臺, 지금의 청와대)로 향했다. 기마경찰대가 시위대를 제지하려 했지만 성난 군중들을 막지는 못했다. 경무대 앞에서 "이승만은 물러가라", "못살겠다 갈아보자" 등의 구호가 울려 퍼졌다. 급기야 발포와 함께 수많은 학생과 시민이 체포됐다. 그런다고 떠난 사람이 돌아올 수는 없는 법. 국민들은 애통한 마음을 대중가요 '비내리는 호남선'에 담아 노래했다.

목이 메인 이별가를 불러야 옳으냐

돌아서서 피눈물을 흘려야 옳으냐
사랑이란 이런가요 비내리는 호남선에
헤어지던 그 인사가 야속도 하더란다

다시 못 올 그 날짜를 믿어야 옳으냐
속을 줄을 알면서도 속아야 옳으냐
죄도 많은 청춘이냐 비내리는 호남선에
떠나가는 열차마다 원수와 같더란다

'비내리는 호남선'이 신익희의 추모곡이 된 것이다. 당국은 긴장했다. 작사가 손로원은 물론 작곡가 박춘석, 가수 손인호까지 줄줄이 조사를 받는 곤욕을 치렀다. 실제 가사를 쓴 사람이 신익희의 미망인이 아니냐는 추궁을 받은 것이다. 그러나 이 노래가 신익희 타계 1년 전에 이미 발표됐다는 물적 증거가 제시되면서 이들은 풀려나게 된다.

그가 타계한 지 53년이 흘렀다. 이역만리 중국땅에서의 민족독립 투쟁과 해방된 조국에서의 민주정치 발전에 헌신한 굵은 발자취, 그의 파란만장한 삶과 정치의 궤적을 따라가 보자.

환갑 넘어 본 막내아들

해공(海公) 신익희(申翼熙)는 1894년 7월 11일 경기도 광주(廣州)군 초월면 서하리에서 청빈한 선비인 아버지 신단(申檀)과 어머니 정경낭(鄭敬娘)의 6남 1녀 중 막내아들로 태어났다. 신익희가 태어날 당시 아버지 신단은 환갑을 넘긴 63세의 노인이었고, 어머니 정경낭은 세 번째 상처(喪妻) 뒤에 사취(四娶)로 들어왔던 젊은 부인이었다.

신익희는 10세 무렵에 사서삼경을 떼고 12세에 남한산성 안에 새로 생긴 공립보통학교 3학년으로 편입해 공부했다. 신익희는 15세 때인 1908년 서울로 상경하여 한성외국어학교 영어과에 입학해 호조참판 이위 댁에서 가정교사를 하면서 고학(苦學)으로 학교를 마친다.

한성외국어학교 시절 신익희는 영어에 남다른 소질을 보여 웅변대회나 말하기대회 등에서 두각을 나타낸다. 다음은 영어과를 같이 다닌 국어학자 이희승의 회고다.

> "내가 입학했을 때 영어부 1학년에 갑을(甲乙) 2개 반이 있어 학생수는 100명이 넘었다. 우리 학급에는 해공 신익희와 공화당 당 의장을 지낸 정구영, 그리고 윤비(尹妃)의 남동생인 윤홍섭, 사촌동생 윤정섭 등이 있었다. 나보다 두 살 위인 신익희는 명석한 두뇌와 원만한 성품으로 동료 학생들과 교사들에게 인기가 높았다. 한 고향 친구 이윤신의 집에 기숙하던 그는 늘 검정물 들인 명주 두루마기를 입고 다녔는데 15세 소년 시절에도 매우 점잖고 성숙했다."

1910년 한성외국어학교를 졸업한 신익희는 경술국치를 겪은 나라의 상황에 절망해 고향 광주(廣州)로 내려가 울분의 나날을 보낸다. 이 무렵 신익희는 큰형의 주선으로 참판을 지낸 이명재의 딸 이승희(李承姬)와 결혼한다. 그러나 신혼의 단꿈에만 젖어 있을 때가 아니라고 판단한 신익희는 1911년 9월 신학문을 배워 조선독립에 기여하겠다는 생각으로 일본으로 유학을 떠나 와세다대 정치경제학부에 입학한다. 신익희는 와세다대 재학 중 유학생 학생운동단체를 통합한 '학우회'(學友會)의 총무와 회장을 맡아 활동한다. 또 이광수, 김병로, 장덕수, 진학문, 최두선, 현상윤, 백남훈 등과 〈학지광〉(學之光)이라는 잡지를 발간하고, 당시 미국에서 독립운동을 펼치던 이승만이 발행하는 〈한국 태평양〉이라는 잡지도 몰래 들여와 유학생들 사이에 돌려 읽기도 한다.

1917년 7월 와세다대를 졸업하고 고국으로 돌아온 신익희는 중동학교 교사를 거쳐, 일본 유학 선배인 교장 최린의 권유로 보성법률상업학교(보성전문, 고려대 전신)에서 강의를 하게 된다. 그는 비교헌법과 국제공법, 그리고 재정학 등을 가르쳤다. 20대 젊은 교수였던 신익희는 강의에 온 정성을 쏟아 비슷한 연배(年輩) 또는 연상의 학생들로부터 '명(名) 교수' 라고 불릴 만큼 큰 인기를 끌었다.

이때 보성법률상업학교의 교주(校主)는 손병희에 이어 김성수였으며, 김병로, 남형우 등 쟁쟁한 실력자들이 교편을 잡고 있었다. 이 무렵 교수로서 실력을 인정받은 신익희에게는 많은 제의가 들어온다. 일본 사람들이 세운 전수(專修)학교에 들어와 주임교수를 하라거나, 관리에 뜻이 있으면 도지사에 해당하는 관직을 주겠다는 회유였다. 그러나 그런 유혹에 넘어갈 신익희가 아니었다.

독립운동의 길로 나서다

1918년 1월 미국 대통령 윌슨이 연두교서에서 민족자결주의를 발표하자, 신익희는 최남선, 송진우, 최린 등과 더불어 본격적인 독립운동의 방향을 모색한다. 그는 11월 말 손병희, 송진우 등과 상의한 뒤 해외단체와 동포들에게 독립운동에 관한 비밀연락의 사명을 띠고 중국으로 건너간다. 신익희는 우선 만주로 가서 무력투쟁을 전개하고 있던 문창범, 홍범도, 김좌진 등을 만난다. 그리고 이듬해 1월 상해에 도착해 독립운동가들과 교유(交遊)하면서 본국의 소식을 기다렸으나 아무런 소식이 없자, 2월말 상해를 떠나 북경과 심양을 거쳐 귀국길에 오른다.

1919년 3월 1일. 독립만세운동이 전국을 휩쓸던 바로 그날, 신익희는 일경(日警)의 체포를 피하느라 상주(喪主) 복장을 하고 기차 편으로 귀국하면서 평양에서 시위 군중들의 "대한독립만세!" 외침을 듣게 된다. 그리고 이튿날 서울로 돌아온 신익희는 보성법률상업학교 제자인 강기덕, 한창환 등과 연락해, 3월 5일 서울역에서 시작해 도심으로 돌진하는 500여 명의 만세시위 행렬을 진두지휘한다. 일경의 지명수배를 받게 된 신익희는 독립운동가들에 대한 검거가 시작되자 중국 망명을 결심한다. 그는 3월 14일 고종의 인산(因山)을 빙자하여 흰색 초립을 쓰고 곰방대를 들고 시골사람 행색을 한다. 그리고 일경의 눈을 피해 용산역에서 기차에 몸을 싣고 신의주와 심양을 거쳐 19일, 상해에 도착한다.

이로써 신익희의 27년간에 걸친 고난의 중국 망명생활이 시작된다. 신익희가 상해에 도착하자 이곳에는 이미 박은식, 신규식, 이시영 등 원로 독립지사들이 건너와 있었다. 신익희는 이들 선배들을 모시고 프랑스 조계(租界) 보창로 329호에 독립임시사무소를 차리고 임시정부 수립에 나선다.

4월 10일 임시정부(이하 '임정'으로 약칭) 수립을 위해 먼저 국회 격인 임시의정원(臨時議政院)을 구성하였는데, 신익희를 비롯해 이광수, 조소앙, 이시영, 이회영, 신채호, 신석우, 여운형 등 29명이 의원으로 선임된다. 이어 의장단 선거에서는 무기명 투표로 의장에 이동녕, 부의장에 손정도가 선출된다. 밤을 새워 다음날 속개된 회의의 가장 중요한 안건은 국호(國號) 결정이었다. 신석우가 처음 '대한민국'(大韓民國)이란 명칭을 제안했다. 그러나 반대도 만만치 않았다. 여운형은 "대한이란 말은 조선왕조 말엽 잠깐 쓰이다가 망한 이름이니 부활시킬 필요가 없다"고 주장한다. 그러자 신석우가 "대한으로 망했으니 대한으로 흥하자"며 되받는다. 결국 표결에 부쳐졌고, 다수결로 '대한민국' 국호가 채택된다.

이어 확정된 정부 조직은 국무총리를 수반으로 하여 국무원에 내무·외무·교통·재무·군무·법무의 6부를 설치하고, 각부에 총장과 차장을 두는 내각책임제 형태였다. 오랜 논란 끝에 국무총리에 이승만, 내무총장에 안창호, 외무총장에 김규식, 교통총장에 문창범, 재무총장에 최재형, 군무총장에 이동휘, 법무총장에 이시영이 선임되었다.

이때 신익희는 최근우의 추천으로 내무총장 안창호 밑의 내무차장으로 선출된다. 이 무렵 이시영을 제외한 대부분의 총장들이 아직 상해에 도착하지 않았기 때문에, 신익희 등 각부 차장들이 실질적인 행정을 담당하게 된다. 상해 임정은 국내외 동포들을 직접 통할하기 위해 내무부 산하기관으로 연통부를 설치한다. 연통부는 내무총장 안창호가 상해에 도착한 후

1919년 10월 11일 임시정부 국무원 기념촬영. 뒷줄 왼쪽부터 시계방향으로 김철, 윤현진, 최창식, 이춘숙, 현순, 안창호, 신익희.

인 7월 10일 국무원령 제 1호로 연통제를 공포한다. 신익희는 연통제 조직에 심혈을 기울인다. 11월 30일 서울 순화동 동화양행(동화약품 전신, 초대 사장 민강은 활명수 판매대금 일부를 임정에 전달)에 임시 총판부가 설치되었고, 그가 주도하여 각 도(道)와 군(郡)의 조직도 완료한다.

고난의 임정 시절

상해의 임정은 독립투쟁에 대한 의욕과는 달리 갈수록 사분오열 된다. 게다가 재정은 더욱 어려워졌다. 이 무렵 신익희는 성주식, 조성환 등과 함께 상해 뒷골목에서 거처했으며, 생활이 너무 곤궁해 갖고 있던 책을 팔거나 붓글씨를 써서 내다 팔아 겨우 입에 풀칠을 하는 형편이었다.

1922년 6월 17일, 임시의정원은 국무총리를 지내다 직제개편으로 대통령에 오른 이승만에 대해 불신임안을 통과시킨다. 이어 이승만은 임정 출범 당시 문제가 되었던 윌슨 대통령에게 위임통치를 건의한 일로 결국 탄핵까지 당하게 된다. 이에 신익희는 이승만에 대한 불신임과 탄핵, 재정적 어려움 등으로 더 이상 임정에서의 활동만으로는 희망이 없다고 생각하고, 1923년 봄 상해를 벗어나 중국 혁명세력과의 연대에 본격적으로 나선다.

당시 중국의 북방군벌 가운데는 오패부(吳佩孚)와 풍옥상(馮玉祥)의 힘이 강했다. 신익희는 먼저 그들을 만나 연대를 모색한다. 그러나 그들은 한중(韓中) 합작의 필요성을 제대로 인식하지 못했다. 신익희는 다음으로 오패부 휘하의 호경익(胡景翼) 장군을 택한다. 호경익은 도쿄 유학 시절 몇 차례 만난 적이 있었다. 신익희에 호감을 갖고 있던 호경익은 한중합작을 통한 혁명투쟁이 명분과 승산이 있다고 생각하는 사람이었다. 두 사람은 서로 죽이 맞았다. 이에 호경익은 신익희에게 육군 중장의 계급을 달아 주고, 경호군인 70여 명과 전용자동차를 제공한다.

호경익과 손잡은 신익희는 한중 연합으로 게릴라 부대를 편성을 추진한다. 신익희는 한국 청년 500명을 모집하여 분용대(奮勇隊)를 조직하고, 한국독립에 동조하는 중국 청년 600명과 러시아 청년 500명을 모집하여 특수부대를 조직한다. 당시 신익희는 '왕해공'(王海公)이라는 중국식 이름으로 행세하면서, 육군 중장 휘장을 달고 능숙한 중국어로 부대를 지휘하였다. 신익희는 또 호경익의 고문으로 활동하고 있을 때 어려움을 겪고 있는 독립운동 전선에 군자금을 전달하기도 한다. 초대 부통령을 지낸 이시영의 형으로 신흥무관학교를 설립하는 등 무정부주의 무장독립운동가였던 이회영(민정당 원내총무와 국정원장을 지낸 이종찬의 조부)을 북경으로 찾아가 당시로서는 거금이었던 1천 원을 건넨 것이다.

그러나 신익희의 든든한 배경이 되어 주었던 호경익이 갑자기 세상을 떠난다. 호경익의 지원 아래 일본군을 소탕하기 위해 분용대 훈련에 정진하고 있던 그에게는 청천벽력 같은 소식이었다. 후임자인 악유준(岳維峻)은 호경익과는 달리 우유부단하고 옹졸한 인물이었다. 신익희와는 사사건건 의견대립을 보였다. 신익희는 악유준에 대해 도저히 같이 일을 할 그릇이 안 된다고 판단했다. 심지어 악유준은 신익희에게 아편을 팔아 그 돈으로 분용대의 무기를 구입하라는 말까지 했다.

신익희는 "이 나라를 구하는 독립전쟁이 아무리 급해도 사람의 피를 말리는 아편 중개를 하라는 것은 한국의 혁명가를 모독하는 것이오"라며 술잔을 들어 악유준의 얼굴을 내리치면서 자리를 박차고 일어난다. 결국 신익희는 한중합작을 통한 대일항전의 계획을 일시 포기하고 다시 상해로 돌아가게 된다.

임정, 일본에 선전포고

신익희가 상해로 돌아갈 무렵 임정은 매우 어려운 입장에 처해 있었다. 1925년 제 2차 개헌에 따른 내각구성의 거듭된 실패와 계속되는 재정적 곤란, 지도자들의 지역갈등 등으로 임정 활동은 더욱 위축된다. 이때 신익희는 임정의 혼란을 수습하기 위한 제 3차 개헌에 관여하여 국무위원 중심의 집단지도체제로 지도체제를 변경한다.

이후 1927년 신익희는 상해를 떠나 남경으로 가 다시 한중합작 모색에 나선다. 남경정부 우우임(于右任) 심계원장(審計院長)의 배려로 심계원에 취직한 신익희는 장개석(蔣介石) 총통 등 요인들을 만나 한중합작의 필요성을 역설한다. 신익희는 장개석 외의 중국 혁명지사들과도 계속 접촉하는 동시에, 한국 독립을 위한 동지들의 규합과 조직에도 힘을 쏟는다. 이에 1929년 윤기섭, 최용덕, 성주식, 김홍일 등과 함께 한국혁명당을 조직한다. 이들은 1932년 한국대일전선통일연맹에 가담해 활동하고, 1933년엔 홍진, 지청천 등의 한국독립당이 남경으로 이동하였을 때 제휴하여 다음 해 신한독립당을 조직한다.

이와 함께 본격적인 항일투쟁 단체로 철혈단(鐵血團)을 조직해 청년들을 훈련시키고, 기관지인 〈우리길〉을 간행하여 독립사상을 고취시킨다.

중국 망명시절이던 1937년 겨울 남경에서 부인 이승희와 함께한 신익희.

한편 신익희는 1938년 10월 10일 중국 국민당의 승인과 협조 아래 무한에서 김규식, 김원봉 등과 함께 독립무장부대인 조선의용대를 결성하여 계림, 중경 등지에서 항일투쟁을 전개한다. 조선의용대의 대원들은 대부분 황포군관학교나 조선혁명간부학교 등 중국 내 여러 군관학교에서 정규 군사교육을 받았거나, 종전 임정 산하 무장단체인 의열단(義烈團) 등에서 항일투쟁에 참여하였던 애국청년들이었다.

12월 30일 남경이 일본에 의해 함락되고 국민당 정부가 중경으로 가게 되자, 임정도 따라가게 된다. 임정을 따라 중경으로 이동한 동포는 200명이 넘었는데, 임정의 각원(閣員)을 비롯해 그 가족들이 포함되어 있었다. 그들은 양자강을 거슬러 오르는 등 1만여 리나 되는 길을 가야 했는데, 신익희가 내무부장 자격으로 이들을 수송하는 책임을 맡았다. 중경에 도착한 신익희는 국민당 정부의 내무부장 장도반과 긴밀히 연락하여 식량을 비롯한 생필품을 차질 없이 배급받도록 조치한다. 또 임정을 경호할 경찰의 파견도 요청해 이를 실행시킨다.

1941년 12월 8일 일본이 진주만을 기습 공격하여 태평양전쟁을 일으키자, 임정은 곧바로 일본에 대해 선전포고 한다. 이에 따라 임정은 광복군을 재정비하여 대한민국 광복군 총사령부를 설치하고 총사령관에 지청천, 제 1지대장에 이범석, 제 2지대장에 공진원, 제 3지대장에 김학규를 임명한다. 임정의 끈질긴 대일항쟁과 미국의 원자폭탄 투하로, 1945년 8월 15일 일본은 마침내 무조건 항복을 선언한다. 신익희는 흥분을 감출 수 없었다. 망명생활이 27년에 이르렀다. 어쩌면 살아서는 조국으로 돌아가지 못할지도 모른다고 생각했다. 중경의 거리는 만세소리로 뒤덮였다. "대한독립만세!" 임정 요인들은 서로를 부둥켜안고 목 놓아 울었다.

반탁운동 일선에 서서

해방이 되자 신익희는 그동안 그토록 그리워했던 고국 땅을 밟기 위해 귀국을 서둘렀다. 그는 1945년 11월 귀국을 앞두고 열린 임정 임시의정원과 정부각료 연석회의에서 다음과 같이 애달픈 심정을 토로한다.

> "우리나라가 을사조약을 맺은 지 어느새 41년이란 세월이 흘렀습니다. 이 또한 경술국치를 당한 지도 36년이나 되었고, 기미년 독립만세의 함성이 조국의 산하에 울려 퍼진 이후 벌써 27년이 지났습니다. 여기에 모인 우리는 그동안 조국을 등지고 망명하여 국민과 유리(遊離)된 채, 국가의 광복과 민족의 자유를 위해 일제히 항거 투쟁하다가 많은 동지들을 잃었습니다. 나 자신만 해도 노모를 남경에서, 사중(舍仲: 둘째형)은 중경에서, 또한 질아(姪兒) 역시 중경에서 여의고, 나 혼자만 환국하게 되니, 만감이 교차하여 가슴이 아프고 목이 메어 말문이 막힐 따름입니다."

이러한 심정을 안고 신익희는 12월 2일에 2차로 조성환, 황학수, 김성숙, 조소앙, 김원봉 등 임정요인 15인과 함께 '개인 자격'으로 군산비행장을 통해 환국한다. 김구를 비롯한 김규식, 이시영, 장준하 등 15명이 11월 23일 이미 환국한 뒤였다. 신익희는 군산비행장에 도착하자 너무나 감

1945년 해방이 되자 조국으로 돌아온 임정 요인들. 앞줄 왼쪽 세 번째부터 이시영, 김구, 김규식, 조소앙, 신익희.

격한 나머지 어린아이처럼 엉엉 울었다. 26세의 청년으로 상해에 망명하여 인생의 황금기를 고스란히 독립운동에 바치고, 52세가 되어 꿈에 그리던 조국으로 돌아온 감격은 뭐라 말로 다할 수 없었다.

조국에 돌아온 신익희는 여독을 풀 시간도 없이 바쁜 나날과 마주해야 했다. 해방정국은 좌우익 간에 주도권 장악을 위한 투쟁이 전개되면서 많은 정당들이 생겨나, 마치 춘추전국시대를 방불케 했다. 이러한 혼탁한 정국 속에서 신익희는 건국사업에 투신하기로 결심한다. 그는 먼저 건국의 기초가 될 행정조직의 필요성을 절감하고, 임시의정원의 결의에 따라 임정 산하 '정치공작대'의 조직에 착수한다. 그 다음 시급한 사업은 행정조직 정비를 위한 준비작업이었다. 이에 임시의정원의 결의를 얻어 70여 명의 인사들로 구성된 '행정연구반'을 조직한다. 당시 행정연구반에 참여했던 인사들은 윤길중, 최하영, 전예용, 전봉덕, 한동석, 이상규, 윤백남, 한통숙, 강경옥 등 주로 일제하 행정기관에서 근무했던 사람들이었다.

한편 신익희는 12월 27일 '5개년 신탁통치'가 발표되자, 본격적인 반탁(反託) 운동에 나선다. 1946년 1월 1일 그는 대한민국 임시정부 내무부장 명의로 전국에 신탁 반대 9개항 포고문을 발표한다. 이에 반탁운동의 불길은 전국으로 번진다. 전국 각지의 학교가 휴교하고 상점은 문을 닫았다. 관청은 휴무에 들어갔으며, 군정청의 한국인 직원 3000명이 총사직을 결의하고 시위행진에 나선다. 심지어 서울 시내 경찰서장 모두가 정복과 모자를 벗어 던지고 반탁운동에 동참하기도 했다.

반탁운동에 여념이 없던 신익희는 1946년 9월 1일 김구, 김규식, 조소앙 등 임정 요인들의 지원을 받아 국민대학관(국민대 전신)을 설립하고, 초대 학장에 취임한다. 또 좌파신문이던 〈자유신문〉을 인수하여 우익 대변지로 탈바꿈시킨다.

건국 후 첫 국회의장에 선출

어려운 여건 속에서 건국을 위한 준비를 차근차근 준비해 가던 신익희는 마침내 인생의 큰 결단을 내려야 하는 순간을 맞이한다. 임정 시절 자신과 함께 생사고락을 함께 했던 독립운동의 선배인 김구와 김규식이 통일정부 수립이라는 기치를 내걸고 남북협상을 주장하자, 인간적 고뇌에도 불구하고 이들과 결별하고 남한 단정(單政) 노선을 분명히 한다. 이미 미군정 하에서 입법부 역할을 했던 입법의원의 수장을 지냈던 신익희는 1948년 5월 10일 제헌 국회의원 선거에서 고향인 경기도 광주(廣州)에서 무투표로 당선된다. 이 선거에서는 무소속이 85석으로 가장 많이 당선되었고, 신익희가 소속된 대한독립촉성국민회가 55석, 김성수・송진우 등이 중심이 된 한국민주당(이하 '한민당'으로 약칭)이 28석을 확보한다. 이어 5월 31일 개원한 제헌국회에서는 임시의장으로 이승만이 추대되었고, 신익희는 김동원과 함께 부의장에 선출된다. 곧이어 이승만이 국회에서 대통령으로 선출되자, 신익희가 공석이 된 국회의장에 선출된다.

이 무렵 신익희는 환국 직후 조직했던 행정연구반의 요원들 가운데 법률가들을 선별해서 제헌국회의 헌법기초위원회를 구성한다. 헌법기초위원회는 당시 헌법학의 권위자로 불리던 유진오 고려대 교수를 초빙해 헌법초안을 마련한다. 1948년 8월 15일 대한민국 건국 뒤 조각(組閣)을 앞두고 신익희는 이승만에게 거국내각 구성을 위해 임정과 한독당 인사들도 과감히 기용할 것을 건의한다. 그러나 신익희의 건의는 묵살된다. 이 일로 인해 끝내 반목을 풀지 못한 신익희는 조금씩 이승만과 거리를 두기 시작한다.

마침내 신익희는 이승만 지지를 위해 만든 정당인 대한독립촉성국민회를 탈당한 뒤, 배은희 등과 손잡고 '대한국민당'을 창당한다. 대한국민당은 당초 이승만 지지의 성격을 띠었으나 이승만으로부터 후원을 얻지 못하게 되고, 이후 지청천이 입당해 최고위원에 취임하면서 한민당과의 합당을 추진한다. 양당은 상호보완적인 이해관계를 갖고 있었다. 한민당은 대한국민당을 끌어들여 당에 대한 국민들의 부정적인 인식을 불식할 의도를 가지고 있었고, 대한국민당은 비교적 탄탄한 조직과 풍부한 자금을 가진 한민당과의 합당을 통해 허약한 정당 기반을 극복하고자 했던 것이다. 이로써 양당은 1949년 2월 10일 창당식을 갖고 민주국민당(이하 '민국당'으로 약칭)을 출범시킨다. 건국 후 사실상 '최초의 야당'인 민국당은 신익희를 위원장으로, 김도연과 이영준을 부위원장으로 선출하고 본격적인 대여투쟁에 나선다.

신익희가 국회에서는 의장으로 민국당에서는 위원장으로 활동하던 무렵 정국은 끊임없는 혼란이 계속되었다. 여순(麗順) 사건과 국회프락치 사건, 김구 암살, 반민특위 해체 등이 연이어 발생했다.

반이승만 활동 본격화

신익희가 이끄는 민국당은 1950년 1월 27일 무소속 일부와 제휴하여 내각책임제 개헌안을 국회에 제출한다. 이 무렵 원내의석은 민국당이 제1당으로 70명의 의원들을 확보하고 있었고, 일민구락부 55명·신정회 23명·대한노농당 23명·무소속 29명의 분포였다. 그러나 민국당이 내각책임제 개헌안을 제출해 반(反)이승만 세력을 규합해 나가자, 국회는 급속히 개헌 찬반세력으로 양분된다.

개헌을 반대하는 세력은 신정회 23명과 일민구락부의 일부인 24명, 그리고 무소속 4명을 결합시켜 대한국민당(이 당은 앞서 언급한 신익희가 창당한 정당과는 이름이 같을 뿐 전혀 다른 정당임)을 창당한다. 이승만을 지지하는 대한국민당은 이로써 민국당을 제치고 원내의석 71석의 제1당으로 부상한다. 내각책임제 개헌안을 국회에 제출한 민국당은 개헌안이 통과되면 김성수나 신익희 등 당내 인사 중에서 국무총리를 맡고, 일부 장관직을 다른 당에 할애해 민국당 중심의 연립내각을 계획하고 있었다. 그러나 민국당의 이러한 계획은 무산되고 만다. 당 내부의 의견대립과 대한국민당을 중심으로 하는 이승만 지지 세력의 맹렬한 반대에 부딪친 것이다.

1950년 3월 14일 내각책임제 개헌안은 표결 결과 출석의원 170명 가운데 찬성 79표, 반대 33표, 기권 66표, 무효 1표로 부결된다. 비록 개헌안이 부결되었지만 민국당의 소득은 적지 않았다. 이 과정에서 탄탄한 조직력을 확인함과 동시에 10명의 동조자를 규합, 원내의석 79석을 확보해 대한국민당을 제치고 다시 제1당으로 복귀한다. 그러나 민국당은 5월 30일 실시된 제2대 국회의원 총선거에서 총의석 210석 가운데 겨우 24명이 당선되는 참패를 당한다. 또 당 중진인 조병옥, 서상일, 김도연, 김준연, 백남훈, 김동원, 백관수, 이영준 등이 대거 낙선해 당세(黨勢)가 크게 약화된다.

민국당은 이러한 패배에도 불구하고 원내에서 행동통일을 할 수 있는 다른 정당이 없는데다 무소속이 과반수를 넘는 126명이나 당선되어, 이들 가운데 야당성향의 의원과 연대해 원내에서는 여전히 강력한 힘을 가질 수 있었다. 이에 6월 19일 실시된 국회의장 선거 1차 투표에서 신익희는 96표를 얻어, 이승만 지지 세력의 지원을 받아 46표를 얻은 무소속 오하영을 크게 앞섰다. 과반수 득표자가 없어 다시 실시한 2차 투표에서 신익희는 109표를 얻어 당선되었고, 조소앙은 57표, 오하영은 42표를 얻는데 그쳤다.

조병옥과의 갈등

신익희가 제 2대 국회의장으로 선출된 지 1주일도 채 되지 않아 6·25 전쟁이 발발한다. 남침을 감행한 북한군이 서울을 점령했을 때 미처 후퇴하지 못한 62명의 국회의원 가운데 30명이 피살되고 27명이 납북되거나 월북했다. 납북된 국회의원은 조소앙, 원세훈, 윤기섭, 안재홍 등이다. 그러나 전쟁은 전쟁이고 정치는 정치였다. 전쟁 중에도 임시수도 부산에서는 정권을 둘러싼 정쟁이 계속되고 있었다.

신익희의 국회의장 당선과 김성수의 부통령 선출로 국회 내에서의 세(勢) 불리를 체감한 이승만은 차기 대통령 당선이 어렵다고 판단한다. 이에 이승만 정권은 1951년 11월 30일 집권연장을 위한 방편으로 대통령 직선제 개헌안을 제출한다. 그러나 이듬해인 1952년 1월 18일 이 개헌안은 재적 163명 중 찬성 19표, 반대 143표, 기권 1표로 부결된다. 게다가 개헌안을 부결시킨 국회의원 123명은 4월 내각책임제를 골자로 하는 개헌안을 국회에 제출해 역공을 가한다. 이에 당황한 이승만 정권은 5월 14일 앞서 부결된 대통령 직선제 개헌안을 다시 제출하게 되고, 여기서 이른바 '부산정치파동'이 시작된다.

이승만 정권은 우선 원외자유당과 정체불명의 각종 테러조직들을 동원하여 국회의원들을 위협하고 국회의원 소환운동을 대대적으로 전개한다.

1950년 10월 국군에 의해 평양이 탈환됐을 때 이북정청 건물 2층 로비에서 평양시민들에게 격려 연설을 하는 신익희 국회의장.

특히 서민호 의원의 육군 대위 살해사건이 발생하자 임시수도인 부산 거리에는 연일 시위 행렬이 줄을 이었다. '백골단', '땃벌떼' 등의 각종 단체 명의로 "살인국회 해산하라"는 구호와 전단이 거리에 넘쳐흘렀다. 또 국회의원 통근버스가 육군헌병대의 견인차에 의해 강제로 끌려가고, 국제공산당과 연관되었다는 혐의를 받아 이진수, 김익호 등 10명의 국회의원이 체포되기도 한다. 이에 조병옥, 이시영, 서상일 등 77명의 재야 지도자들이 광복동 국제구락부에서 호헌구국선언대회를 가진다. 그러나 이 대회는 선언문 낭독 중 난입한 한 무리의 청년들에 의해 강제로 해산당한다.

이런 공포 분위기 속에 야당 의원들은 등원을 거부했지만, 강제 연행되어 정족수를 채울 때까지 국회에 감금된다. 전시(戰時) 하 이승만 정권의 탄압 앞에 야당은 무력했다. 이러한 상황에서 1952년 7월 4일 심야에 경찰과 헌병대가 국회를 에워싼 가운데 발췌개헌안은 기립표결로서 출석 166명 가운데 찬성 163명, 기권 3명으로 강압적으로 가결된다.

한편 발췌개헌으로 8월 15일 실시될 정·부통령 선거를 둘러싸고 신익희와 조병옥 사이에 갈등이 노출된다. 민국당 사무총장 자격으로 후보 등록업무를 담당하던 조병옥이 신익희의 대통령 출마를 막기 위해 사전에 아무런 상의도 없이 일방적으로 대통령 후보에 이시영을, 부통령 후보에 자신을 등록해 버린 것이다. 이에 배신감을 느낀 신익희계는 탈당을 통한 신당 창당 움직임을 보인다. 결국 민국당의 실세인 김성수와 한민당계 온건파들의 중재로 열린 전당대회에서 신익희계는 당의 주도권을 넘겨받는다. 이로써 민국당의 갈등은 수습 국면으로 접어든다. 그러나 신익희 체제의 민국당은 1954년 5월 20일 실시된 제 3대 국회의원 총선거에서 77명을 공천하였으나, 의원 정수 203명 가운데 불과 15명만이 당선되는 참패를 당해 군소정당으로 전락한다.

뉴델리 밀회설

1954년 10월 28일. 신익희에게 느닷없는 일이 일어난다. 민국당 전 선전부장 함상훈이 "신익희 민국당 위원장이 1953년 6월 2일 당시 국회의장 자격으로 영국 엘리자베스 여왕 대관식에 참석한 후 귀국하던 중에 인도 뉴델리공항에서 6·25때 납북된 북한 사회당의 조소앙과 비밀리에 만나, 비(非)공산·비(非)자본주의 제 3세력을 규합해서 남북협상을 추진하기로 했으며, 그 세력은 이미 민국당 내부에까지 침투해 있다"는 내용의 충격적인 성명서를 발표한 것이다.

당시 제 3세력이란 곧 친공(親共)을 의미하는 것이어서 신익희가 조소앙과 비밀리에 만났다는 것은 대단히 충격적인 뉴스였다. 이는 곧 야당과 국회 일부에 제 3세력인 공산당의 손길이 침투해 있다는 것이나 다름없는 이야기였다. 함상훈의 이 같은 발언으로 정국은 급속히 소용돌이 속으로 빨려들어 간다. 자유당은 제 3세력의 침투설과 개헌안을 결부시켜 국가안위에 관한 중대한 사항은 국민투표로 결정한다는 국민투표제 개헌의 필요성을 주장한다. 개헌에 대한 명분을 국민투표제로 호도하던 자유당으

1953년 5월 18일 영국 엘리자베스 여왕 대관식에 참석하기 위해 부산 수영비행장에서 김동성 의원(오른쪽)과 비행기에 오르는 신익희 국회의장.

로서는 아주 훌륭한 기회를 잡은 셈이었다. 자유당에서는 이 일을 계기로 이승만의 유력한 라이벌인 신익희의 정치생명이 끝나기를 원했다.

10월 29일 자유당의 김종신 의원은 국회 본회의에서 '뉴델리 밀회설'의 진상을 규명하자는 긴급동의를 제출하여 이튿날 정식의안으로 상정된다. 내무장관과 법무장관을 출석시켜 사건에 대한 조사 내용을 듣고, 신익희 본인의 신상 발언과 발설자 함상훈의 주장, 그리고 당시 신의희와 동행했던 김동성 의원의 증언을 들었다. 신익희는 신상발언에서 "귀국길에 뉴델리에서 급유 관계로 30분간 체류한 일은 있어도 그때 조소앙을 만난 일은 결단코 없었다"며 함상훈의 발언에 대해 단호하게 반박한다. 이어 "뉴델리 시내를 한번 보고 싶어 했던 김동성 의원의 부탁을 들어주지 못해 그에게 미안했고, 급유 후에는 이내 방콕으로 떠났다"고 당시 상황을 자세히 설명했다. 증인으로 나선 김동성 의원도 "당시 뉴델리에 비행기가 30분 동안 체류했으며, 방콕에 있는 우리 양곡 구매관에게 조회하면 체류시간을 알 수 있을 것이다. 신익희는 뉴델리에서 누구와도 만난 사실이 없다"고 분명하게 증언했다. 그러나 함상훈은 신익희와 조소앙의 밀회설을 거듭 강조한 뒤 "대한민국 안에 제 3세력이 조성되어 가고 있으며, 신익희 전 국회의장은 조봉암과 협력하여 일본에 있는 제 3세력으로부터 정치자금을 받아 국내 야당을 규합해서 민주연맹을 추진 중이다"고 주장했다.

결국 신익희를 궁지에 몰아넣으려던 뉴델리 밀회설은 시간이 지나면서 사실무근으로 밝혀진다. 그러나 뉴델리 밀회설은 많은 뒷이야기를 남겼다. 특무대장 김창룡 공작설, 조병옥 최초 발언설 등이 항간에 나돌았다. 그리고 훗날 민국당의 내분으로 김준연 의원이 탈당할 때 조병옥과 김준연이 서로 뉴델리 밀회설을 조작하는 데 가담했다고 상대방을 공격하기도 했다.

4사5입 개헌, 뭉치는 야당

1954년에 이르러 이승만·이기붕 체제를 굳혀 가던 자유당은 1956년의 대통령 선거를 앞두고 깊은 고민에 빠진다. 3선 금지 조항에 묶여 이승만이 선거에 못나가게 되면 정당의 존립 자체가 어떻게 될지 모르는 상황이었기 때문이다. 뭔가 돌파구가 필요했다. 이에 자유당은 제3대 국회의원 총선거에서 '정·부통령 임기는 4년으로 하되 재선에 의하여 일차 중임(重任)할 수 있다. 단 초대대통령은 차한(此限)에 부재(不在)한다'는 내용의 개헌 추진을 지지하는 사람에 한해서만 서명을 받고 공천을 한다.

그러나 자유당은 총선에서 의원정수 203명 가운데 과반수는 넘었으나, 개헌선인 3분의 2에는 훨씬 못 미치는 114명만이 당선된다. 이에 자유당은 재빨리 무소속 의원 포섭에 나서 개헌에 필요한 136명을 겨우 맞춘다. 무소속 포섭 공작을 완료한 자유당은 1954년 9월 5일 136명의 서명으로 개헌안을 국회에 제출한다. 개헌안이 제출되자 자유당과 야당인 민국당은 개헌안의 통과와 저지를 위해 정면충돌한다. 이러한 상황에서 자유당 내 일부 소장파를 중심으로 개헌안에 대한 반대가 비밀리에 전개되는 등 표결 결과는 예측불허의 상황이 된다.

민국당을 비롯한 야당의 격렬한 반대 속에 11월 27일 자유당은 독회(讀會)를 생략하고 개헌안을 즉각 표결에 부치기로 결의한 다음 표결에 들어간다. 표결 결과 재석 202명 가운데 찬성 135표, 반대 60표, 기권 6표, 무효 1표로서 1표 차이로 개헌안은 부결된다. 민국당 등 야당은 환호성을 올렸고 자유당은 낙담했다. 그런데 이틀 후 상상할 수 없는 일이 벌어진다. 자유당은 "203명의 3분의 2는 135.333인데 영점 이하의 숫자는 1인이 되지 못하므로 3분의 2는 135명으로 족하다"는 기상천외한 결정을 내린다. 이에 자유당은 국회 본회의를 다시 개최해 개헌안 부결 선언 번복을 시도한다. 사회를 맡은 자유당 최순주 국회부의장은 "지난 27일 제 90차 본회의에서 개헌안이 통과되지 못했던 것은 사회자인 본인의 실수였습니다. 135표가 정족수임에도 불구하고 계산착오로 부결을 선포했습니다만, 오늘 이를 정정 취소합니다. 다시 개헌안은 통과된 것으로 선포합니다"라며 개헌안 가결을 선포한다.

4사5입(四捨五入) 개헌으로 이승만은 영구집권을 획책할 수 있게 되었으나, 이는 야당세력으로 하여금 정치적 연합의 필요성을 절감하게 하는 계기가 된다. 개헌안의 날치기 통과 직후 60여 명의 야당의원들은 곽상훈 국회부의장실에 모여 개헌 파동에 대한 대책을 논의하고 위헌대책위원회를 구성한다. 이튿날에는 야당연합전선으로 호헌동지회(護憲同志會)를 결성하는데, 신익희를 비롯한 야당의 거물급 인사들이 전부 망라되었다.

호헌동지회는 11월 30일 국회에 교섭단체로 등록하고, 12월 3일에는 새로운 야당연합조직을 위해 '신당조직추진위원회'를 구성해 본격적인 신당창당에 나선다. 이러한 야당의 움직임에 대해 이승만 정권은 헌병대를 시켜 신익희를 비롯한 야당 의원들의 집에 '인민공화국 최고위원회' 명의로 된 이른바 '평화통일 호소문'이라는 이름의 불온문서를 배달한다. 야당 의원들을 용공분자로 몰려는 공작이었다. 그러나 국회에서 조사가 시작되면서 이 사건의 주모자가 북한 공작원이 아니라 당시 이승만의 신임을 한 몸에 받고 있던 헌병총사령관 원용덕의 지시에 의해 조작된 것으로 밝혀져 오히려 야당통합 작업은 가속화된다.

야당에 대한 이승만 정권의 계속되는 회유와 협박에도 불구하고, 김영삼, 민관식, 김재곤, 도진희, 성원경, 현석호, 황남팔 등 14명의 자유당의원들이 탈당해 호헌동지회에 입회한다. 이에 야당세력은 여세를 몰아 호헌동지회를 모체로 '신당촉진위원회'를 구성하여 단일야당 창당에 박차를 가한다. 그러나 정치적 이해관계를 달리하는 다양한 세력들을 정당이라는 한 울타리 안으로 모으는 작업은 결코 쉬운 일이 아니었다. 신당창당 작업은 초반부터 거물급 혁신계 인사인 조봉암의 입당 문제를 둘러싸고 난관에 부딪힌다. 조봉암은 "지팡이를 짚고서라도 뒤를 따르겠다"며 신당 참여를 적극 희망했지만, 조병옥 · 장면 · 김준연 등의 결사반대로 결국은 신당에서 배제되고 만다.

민주당 대표최고위원이 되다

1955년 9월 18일 서울 시공관에서 대의원 2,013명이 참석한 가운데 민주당(民主黨) 창당대회가 열린다. 신익희는 이 자리에서 대표최고위원에 선출되었으며, 최고위원에는 조병옥, 장면, 곽상훈, 백남훈 등 4명이 뽑혔다. 한국정당사에서 '민주당'이란 당명은 특별한 의미를 가진다. 이후 민주당이라는 당명은 현재 제 1야당인 민주당에 이르기까지 50여 년 동안 여러 차례 사용됨으로써 한국 야당의 대명사로 자리를 굳혔다.

다양한 세력의 연합체로 구성된 민주당은 출범 초부터 신익희, 조병옥 등 민국당계의 구파(舊派)와 장면을 리더로 하는 신파(新派)가 대립하면서 갈등을 빚는다. 1956년 5월 15일의 정 · 부통령 선거를 앞두고 대통령 후보로 당연시되던 신익희에 신파의 장면이 도전하고 나섰고, 김준연도 부통령 후보 경쟁을 고집했다. 그러나 얼마 뒤 신파는 장면을 부통령 후보로 내세우기로 전략을 바꾼다. 이 경우 조병옥의 거취가 문제가 된다. 이에 신파의 곽상훈이 조병옥에게 부통령 후보를 장면에게 양보할 것을 설득하면서 정 · 부통령 후보는 신익희-장면으로 사전 조정된다. 신 · 구파 간에 막후에서 정 · 부통령 후보가 약속되자, 이를 공식화하기 위해 최고위원회가 열린다.

곽상훈 "대통령 선거가 박두했는데 … . 최고위원들의 의견교환이 있어야 되지 않겠습니까?"
조병옥 "대통령 후보는 당연히 해공(海公)이 맡아야지 … ."
곽상훈 "백남훈 씨는 어찌 생각하시오?"
백남훈 "유석(維石) 의견에 나도 찬성이오."
곽상훈 "그럼 나까지 세 사람이 지지구먼. 장박사도 한번 말해 보소."
장면 "나도 이의는 없어요."
신익희 "지명은 최고위원회 소관이 아니지 않소."
조병옥 "우리가 당론을 그 방향으로 정리해야지요."
곽상훈 "그럼 부통령 후보는 누구로 하지요."
조병옥 "그거야 장박사가 맡으셔야지 … ."

이에 민주당은 1956년 3월 26일 정·부통령 후보 지명대회를 연다. 표결 결과 신익희는 경쟁자 없이 투표자 974명 가운데 954표를 얻어 대통령 후보에 지명되었다. 부통령 후보에는 장면이 최고위원회 합의를 무시하고 경선에 나선 김준연을 누르고 선출된다.

한편 민주당 창당에서 배제된 혁신세력 계열의 진보당에서는 조봉암과 박기출이 각각 정·부통령 후보로 선출된다. 이로써 대통령 선거는 이승만-신익희-조봉암의 경쟁구도로, 부통령 선거는 이기붕-장면-박기출의 대결로 압축되었다.

'못살겠다 갈아보자'

신익희를 대통령 후보로 선출한 민주당은 선거구호로 '못살겠다 갈아보자'를 들고 나왔는데 국민들에게 엄청난 호소력이 있었다. 신익희와 장면은 유세를 통해 이승만 정권의 정치비리를 가차 없이 비판하면서 국민들의 지지를 모아 나간다. 또 당내인사 가운데 연설력이 뛰어난 박순천, 조재천 등이 총동원 된 유세반이 서울 한복판에서부터 시골 장터에 이르기

1956년 대통령 선거 당시. "못살겠다 갈아보자" 선거구호를 달고 가두방송 중인 민주당 유세차량.

까지 "못살겠다 갈아보자"며 열변을 토하면서 민주당의 인기는 하늘 높은 줄 모르고 치솟는다.

이러한 신익희와 장면의 인기에 자유당은 당황한다. 이승만과 이기붕을 정·부통령 후보로 내세운 자유당은 민주당의 '못살겠다 갈아보자'는 선거구호에 맞서 '갈아봤자 별수없다'는 구호를 내세웠지만 국민들의 반응은 차가웠다. 특히 농촌과 달리 도시지역에서는 압도적으로 민주당이 우세했다. 이에 자유당의 비방전이 시작된다. '신익희 후보에게는 첩이 12명이나 된다. 현재의 부인도 세 번째 아내다'라는 소문을 퍼뜨린다. 또 중공(中共)의 인민폐를 동봉한 불온편지를 보내 용공분자로 몰아붙이는 공작을 시도하기도 한다. 그러나 이미 국민적 신뢰를 상실한 자유당의 이러한 비방이 설득력을 발휘할 수 는 없었다.

유세장에 나온 국민들은 금반지까지 민주당에 내놓았다. 신익희에게 민심이 쏠리자 일부 공무원의 민주당 지지 약속도 곳곳에서 줄을 잇는다.

특히 이승만의 수족인 경찰 간부들의 은밀한 지지도 눈에 띄었다. 신익희, 조병옥, 박순천 등 지도부와 함께 전국 유세를 함께 다닌 당시 초선의원 김영삼의 회고다.

> 밀양에서의 유세를 끝내고 저녁식사를 마쳤을 때는 밤이 깊어 있었다. 나는 피로 때문에 곧바로 깊은 잠에 빠졌다. 얼마쯤 잤는지 알 수 없었다. 누군가가 조심스럽게 창호지를 바른 문을 노크했다. 누구냐고 했더니 "경찰서장입니다" 하는 것이었다. 한밤중에 무슨 일이냐고 했더니 "인사도 드리고 긴히 드릴 얘기가 있다"는 것이었다.
>
> 방에 들어온 그는 직위와 성명을 밝혔다. 상부의 지시로 민주당에 대한 방해와 자유당 조직 지원 등 선거에 간여는 하지만, 마음으로는 민주당을 지지한다는 얘기였다. "해공 선생님께 인사를 드려야겠지만, 낮에는 사람들의 눈 때문에 찾아뵐 수 없습니다"라고 하면서, 그런 자기의 속마음과 인사를 대신 전해 달라고도 했다.
>
> 서장의 방문을 받은 나는 오랫동안 잠을 이루지 못했다. 현직 경찰서장이 주위의 눈을 피해 몰래 담을 넘어 야당의 유세반을 찾아온 용기에 감동을 받았다.

승리가 눈앞에 다가오고 있었다. 그러나 민주당은 승리를 굳히기 위해 야당후보 단일화가 필요했다. 신익희는 선거를 20일 남겨 놓은 4월 25일 진보당 후보 조봉암과 단일화 원칙에 합의한다. 하지만 조봉암이 자신의 대통령 후보 사퇴 조건으로 장면의 부통령 후보 사퇴를 주장해 후보 단일화는 무산되고 만다.

야당 대통령 후보 단일화 실패에도 불구하고 신익희의 유세현장은 사람들로 인산인해를 이루었다. 서울 수송초등학교 유세에 3만 여 명이 참여한 데 이어, 대구 수성천 강연회에는 20만 명에 가까운 인파가 자리를 가득 메웠다. 신익희의 연설은 청중들을 감격시켰고 눈물을 흘리게 만들었다.

한강백사장 유세

신익희의 유세는 5월 3일 30만 인파가 모인 서울 한강백사장 유세로 절정에 달한다. 아침부터 서서히 모이기 시작한 인파는 정오가 조금 지나면서 한강백사장을 가득 메운다. 백사장에 못 들어간 사람들은 연설이 제대로 들리지도 않는 한강 인도교 건너편의 흑석동 산마루를 뒤덮었다.

남대문에서 한강으로 향하는 길은 교통이 완전 마비되었다. 경찰은 안간힘을 다해 유세장으로 가는 인파를 막으려고 애썼다. 오후 1시 노량진행 전차를 일제히 운행정지 시키고 버스 운행까지 막았지만, 끝없이 밀려드는 민주주의의 거대한 물결을 막을 수는 없었다. 이윽고 오후 2시가 되자, 신익희의 사자후(獅子吼)가 한강백사장을 뒤흔든다.

> 여러분!
>
> 이 한강백사장에 가득히 모여 주신 친애하는 서울시민 동포, 동지 여러분!
>
> 나는 여러분이 아시다시피 해방이 되기 전에 약 30년 동안이나 외국에 망명생활을 하던 사람의 하나로 오랜 시간을 두고 본국 안에 살고 있는 부모, 형제, 자매, 동포, 동지들이 그리워서 밤낮으로 눈물을 흘리고 한숨을 짓던 사람입니다.
>
> 오늘과 같이 많은 우리 동포, 동지들과 이 한자리에서 대하게 되니 내 감격은 무엇이라 말하기 어렵습니다. 더욱이 6·25사변 때 우리 전국 남녀 동지들의 가슴속에 깊이 박힌 원한의 이 한강.
>
> 오늘 이렇게 많이 만나 뵙게 된 것도 감탄 회포를 불금(不禁)하는 바입니다.
>
> 여러분! 우리는 사십 년 동안이나 두고 우리 전 국민 동포들 남녀노유(男女老幼)를 불문하고 우리나라가 독립이 되어야 우리는 살겠다고 하였거니와, 참으로 우리는 오매지간(寤寐之間)에도 염원하고 성축하고 바라고 기다리던 우리 독립국민의 자유를 옹호하는 민주주의 국가를 찾

은 지 벌써 8년입니다.

그동안 우리들의 살림살이 살아가는 형편이 어떠한 모양이었습니까?

이것이야말로 우리 전국 동포 동지들이 날마다 시간마다 꼬박꼬박 우리들이 몸소 겪고 지내 내려 온 터인지라 여러분은 특별히 잘 체험하고 잘 기억하실 것입니다. 만일 우리들이 살아가는 모양 이 꼬락서니가 우리들이 40년 동안 두고 밤이나 낮이나 원하고 바라던 독립, 이 독립 이것이 결코 우리가 사는 꼬락서니, 이와 같으리라는 것을 생각했던 것은 아닐 것입니다.

여러분! 이 까닭은 무엇입니까? 세상만사가 이유 없는 일이 없는 것입니다. 무슨 이유? 무슨 까닭? 이 까닭은 다 이야기 한다고 할지라도, 책임 맡아 나라일 하는 이들이 일 잘 못해서 이 꼬락서니가 되었다는 결론입니다. 이것은 예로부터 내려오는 헌정대원(憲政大原)의 원칙일 것입니다.

국토는 양단된 채로 우리들이 사는 형편, 어데까지든지 우리가 이 모양으로 살아갈 수 있을까? 우리들은 어떻게 해서 이러한 고생에 파묻혀 있나?

여러분! 오직 우리나라 정치가 한 사람의 의사에 의한 일인 독재정치로 여론을 다 무시하고 제 마음대로, 제 뜻대로 함부로 비판이나 모든 가지의 체계 없는 생각이란, 정책이란 하는 것을 함부로 거듭해서 불법이니 무법이니 위법이니 하는 것이 헌법을 무시하는 것을 비롯해서 큰 법률, 작은 법률을 지키지 않는 까닭에 우리들의 도덕은 여지없이 타락되어서 사람인지 짐승인지 구별이 없는 한심한 형편이 되어 있는 것이 아닙니까?

… 여러분! 오늘날 우리 민주국가의 형편은 지나간 세대와는 달라요.

대통령이 대단히 능력 있고 자격 있고 고귀한 듯한 지위에 있는 사람이지만 민주국가에서 대통령을 무어라 그러는지 여러분들은 다 잘 알고 계실 것입니다.

하인이라고 불러요. '프레지던트'라고 불러요. 프레지던트라는 말은 심부름꾼이 되는 하인이라는 말입니다. 그런데 대통령은 하인인데 대통령 이외의 사람들, 부장 차장 국장이니, 과장이니, 지사니, 무슨 경찰

1956년 5월 3일 30만 인파가 운집한 한강백사장 유세장에서 "못살겠다 갈아보자"며 열변을 토하는 신익희 대통령 후보. 뒤에 장면 부통령 후보의 모습이 보인다.

국장이니, 군수니, 경찰서장이니, 또 무엇이니 하는 사람들이 거 뭐일까요?

하인 중에서도 자리구레한 새끼 파리들이다 이 말이예요. 그러므로 하인이란 심부름꾼이란 말을 비유로 얘기 해보면, 농사짓는 집의 머슴꾼 같은 것이고 장사하는 댁의 하인꾼 같은 것입니다.

대통령이라고 하늘에서 떨어진 것이 아니고, 땅에서 솟아난 것이 아니요. 그러므로 일 잘못하면 주인 되는 우리 국민들이 반드시 이야기하고, 반드시 나무라고, 반드시 갈자는 이야기가 나온다 이 말입니다. 주인 되는 사람이 심부름하는 사람 청해 놓았다가 잘못하면 "여보게 이사람, 자네 일 잘못하니 가소" 하는 것이 당연한 게 아니겠습니까?

요새 무슨 표어를 보면 '모시고' '받들고' 뭐고 뭐고 여러 가지 이야기가 있습니다마는 다 봉건잔재의 소리입니다. 모시기는 무슨 할아버지를 모십니까? 받들기는 뭐 상전을 받듭니까?

이러므로 만일 주인 되는 국민들이 언제나 "당신 일 잘못했으니 그만 가소" 그러면 두 마디가 없는 것입니다. "대단히 미안합니다. 나는 일 잘못했으니 물러가겠습니다"하고 가야 합니다.

… 다음에는 또 한마디 말씀드리려고 하는 것은 우리들이 민주국가를 꾸려가려고 할 때는 백성이 주인이라는 세상이 있도록 찾아야 되는 것입니다. 여러분 극히 적은 말 같습니다만 우리나라의 신문이나 영화에 돌아다니는 것을 본다면 봉건시대의 계급적 용어가 얼마든지 아주 상투적으로 습관이 되어서 그런지도 모르고 그대로 줄줄 써 내려온단 말입니다.

각하(閣下)가 왜 그렇게 많은지 '각하' '각하'는 민주국가의 알 수 없는 취미야요. 원칙으로 먼저 '각하'는 다리 아래가 각하입니다. 다리 아래.

또 말하자면 '유시'(諭示)라는 게 있습니다. 신문에 보면 대통령의 유시라고 있습니다. 유시가 뭡니까? 유시가요. 여러분이 아실 것입니다. 한문 글자에 유시라는 글자는 그전에 황제가 쓰던 자에요. 요새 대통령이 말하면 지시한다든가 훈시한다든지 하면 다란 말입니다. 또 분부는 뭐며, 하사는 뭡니까? 그런 것이 썩 집어 치워야 해요.

… 그리고 끝으로 서울 근처의 속담 한마디 마찬가지로 내가 만일 광주 유수(留守)를 하면은 남한산성에 줄불을 놓겠다. 그런 얘기와 마찬가지로 내가 만일 대통령으로 당선된다 하면 우리 전 국민·동포·동지들의 심부름꾼으로 충실하게 일할 작정입니다. 그 말입니다.

결코 '내가 잘났다' '내가 이러거니 우리 국민들은 따라와라' 이런 죄스러운 생각과 죄스러운 말은 아니하겠습니다. 뿐만 아니라 우리 전 국민·동포·동지들과 같이 괴로우나, 즐거우나, 웃음이나, 울음이나, 먹으나, 굶으나, 똑같이 여러분과 지내보리라는 약속입니다.

이러한 형편으로 나는 언제나 대통령이 있다는 집이라면 언제든지 대문을 활짝 열어 놓고 여러분을 기다리겠습니다. 하는 말씀을 드립니다.

내 말은 여기서 끝내기로 합니다. 고맙습니다.

한강백사장에서 선거 연설을 마치고 효자동 자택으로 돌아온 신익희는 연설 도중 군중이 보인 엄청난 열기에 좀처럼 흥분이 가라앉지 않았다. 그것은 자신의 승리일 뿐 아니라 민주주의의 승리가 다가오고 있다고 생각했기 때문이다. 그러나 환갑이 넘은 그의 얼굴엔 피로한 기색이 역력했다. 집으로 돌아온 그가 방으로 들어갈 땐 비서 유치송의 부축을 받아야 할 정도였다. 벌써 한 달 가까이나 유세를 강행한 상태라 거의 탈진 상태였다.

비내리는 호남선

주변에서는 당분간 지방유세를 중지해야 되지 않느냐는 의견이 제시됐다. 그러나 민주당 최고위원회의에서는 신익희의 호남 유세를 결정한다. 한강백사장 유세의 열기를 곧바로 지방으로 확산시킬 수 있는 기회인데, 지금에 와서 공세를 늦춘다는 것은 안 될 말이라는 것이다. 신익희는 측근들의 강력한 반대에도 불구하고 당의 결정대로 호남 유세에 나선다. 신익희가 장면과 함께 중앙당사를 떠나 서울역으로 향한 것은 5월 4일 밤 9시경이었다. 그들이 서울역에 들어섰을 때 역장이 마중을 나와 일행을 안내했다. 그리고 후속 유세반이 도착할 때까지 역장의 차(茶) 대접을 받으며 잠시 휴식을 취했다.

이윽고 10시. 여수행 55열차는 신익희와 장면 일행을 태우고 서울역 플랫폼을 빠져 나갔고 조병옥 등 당 간부들이 신익희 일행을 전송했다. 열차에 몸을 실은 신익희와 장면은 침대칸에 자리를 잡았다. 새벽 도착 때까지라도 눈을 좀 붙이기 위해서였다. 1등차 7번 하단침대에는 신익희가, 상단침대에는 장면이 자리를 펴고 누웠다. 그들은 곧 잠에 빠졌다. 언제부터인지 차창에 밤비가 흩뿌리고 있었다. 새벽 5시 25분. 열차는 함열역을 달리고 있었다. 잠을 깬 신익희는 침대에 걸터앉아 넥타이를 매고 있었다. 그 순간 신익희가 갑자기 고개를 떨어뜨린다. 그리고는 전신이 마비된 사람처럼 힘없이 옆으로 쓰러진다.

신익희가 쓰러진 순간, 비서 신창현이 그의 손을 들어 맥을 짚어 보았으나 이미 심장의 고동소리가 가늘어 지고 있었다. "열차의 속도를 더 내라고 해! 빨리 이리역으로 가야 해" 누군가 소리치자 수행원 한 사람이 기관실로 달려간다. 신익희의 위독을 알리자 열차는 이리역을 향해 속도를 높인다. 열차가 이리역에 도착한 시간은 5시 50분. 환하게 동이 트이기 시작할 시간이었다. 완전히 혼수상태에 빠진 신익희는 이리역에서 가장 가까운 호남병원의 응급실로 옮겨진다. 청진기를 쥔 의사의 손이 가늘게 떨렸다. "심장마비 같습니다, 너무 늦었습니다". 옆에 서있던 장면은 눈을 스르르 감았다.

아침 6시. 응급실 창밖에는 보슬비가 내리고 있었다.

쏟아진 185만의 추모표

민주당 대통령 후보 신익희의 갑작스런 타계로 야당으로의 평화적 정권교체는 물거품이 되고 말았다. 5월 12일 대통령 선거 개표 결과 자유당 이승만이 504만 6437표를 얻어 216만 3808표를 얻은 진보당 조봉암을 누르고 3선에 성공한다. 하지만 신익희에 대한 추모표가 대부분인 무효표도 185만 6818표나 쏟아진다. 서울에서는 자유당 이승만의 득표율이 29.9%밖에 되지 않아 40.4%가 나온 무효표에도 한참 못 미쳤으니, 죽은 제갈공명이 산 사마중달을 이긴 셈이었다.

한편 짝 잃은 민주당 부통령 후보 장면은 이 선거에서 401만 2654표(41.7%)를 획득해 380만 5502표(39.6%)를 얻은 자유당의 이기붕을 꺾고 당선된다.

선거가 끝난 뒤 신익희의 장례는 국민장으로 치러졌다.

대통령이라고 하늘에서 떨어진 것이 아니고, 땅에서 솟아난 것이 아니요.
그러므로 일 잘못하면 주인 되는 우리 국민들이 반드시 이야기하고,
반드시 나무라고, 반드시 갈자는 이야기가 나온다 이 말입니다.
주인 되는 사람이 심부름하는 사람 청해 놓았다가 잘못하면
"여보게 이사람, 자네 일 잘못하니 가소" 하는 것이 당연한 게 아니겠습니까?

조
병
옥(1894~1960)은 일제 강점기에 두 차례나 옥고를 치른 항일투사였고, 해방 이후엔 대한민국 건국에 주춧돌을 놓았다. 겉으론 강하게 보였지만 속으로는 한없이 부드러웠던 외유내강의 정치인. 정치는 없고 정쟁만 있는 오늘, 풍류의 정객인 그가 그리워지는 까닭이다.

정치 9단, 그리고 풍류 10단

한국에는 많은 정치 명문가가 있다. 하지만 그중에 가장 손꼽히는 곳이 바로 한국 야당사의 거목 조병옥 가문이다. 민한당 총재를 지낸 조윤형과 새천년민주당 대표를 지낸 조순형 의원(현재 자유선진당 상임고문)이 바로 그의 아들이다. 조병옥이 50년대 민주당 대표를 지냈으니, 3부자(父子)가 모두 야당 당수를 지낸 것이다.

조병옥은 언뜻 보기에 무섭게 생긴 인상이지만, 알고 보면 온건한 타협주의자였다. 그리고 풍류객이었다. 그는 일제 강점기 때 독립운동으로 두 차례나 옥고(獄苦)를 치렀고, 해방 이후에는 야당 지도자로 있으면서 줄기차게 반독재 투쟁을 이끌어 왔다. 그러나 그는 정국이 극한대립으로 치달을 때마다 "빈대잡기 위해 초가삼간 태울 수는 없지 않느냐"는 논리로 대화와 타협을 시도했다.

조병옥은 대한민국 건국과 민주주의 발전에 헌신했다. 그런 그의 정치적 족적(足跡)은 한국 야당사에 너무도 또렷하게 새겨졌다. 미(美)군정하에서 한때 좌익세력으로부터 "미군정의 앞잡이"라는 비난을 받기도 했고, 신·구파의 극심한 갈등 속에서는 신파로부터 "주색풍류객이 대통령이 되어서는 안 된다"는 공격을 당하기도 했다. 그러나 그는 결코 굽히지 않았고 아첨하지 않았다. 그는 선 굵은 정치인이었다. 그는 자신이 생각하고 믿는 바를 거리낌 없이 말하고 행동했다. 권위적인 이승만 대통령이 주재한 국무회의에서 담배를 피운 유일한 장관은 조병옥뿐이었다. 그만큼 그는 당당했다. 해방 후 때론 이승만과 협력했지만, 자유당 독재가 노골화된 뒤엔 야당 투사로서 온 몸을 던져 민주주의를 위해 싸웠다. 그러면서 한편으로는 노련한 '협상가'로서의 능력도 발휘했다.

역사에 가정이란 없다. 하지만 그가 1960년 3·15선거를 앞두고 타계하지 않았다면 어떻게 됐을까? 만약 그가 살아서 4·19혁명 후의 정국을 수습할 수 있었더라면, 우리나라의 정치사는 분명히 다르게 쓰여졌을 것이다.

미국으로 유학하다

유석(維石) 조병옥(趙炳玉)은 1894년 3월 21일 충남 천안시 병천면 용두리 목천마을에서 중소지주인 아버지 조인원(趙仁元)과 어머니 남양(南陽) 홍(洪)씨의 장남으로 태어났다. 그의 아버지 조인원은 이후 3·1운동 때 병천시장에서 만세 시위를 주도하다, 일본 헌병의 총탄을 맞고 옥살이를 한 독립투사였다. 조병옥의 아버지는 처음 아들의 이름을 갑오(甲午)년에 태어났다고 하여 항렬자 병(炳)자에 갑(甲)자를 붙인 병갑(炳甲)으로 지었다가, 당시 고부민란의 원흉으로 지목된 탐관오리 조병갑(趙秉甲)과 발음이 같다는 이유로 병옥(炳玉)으로 개명한다.

조병옥은 13세까지 아버지가 붙여준 독선생(獨先生)에게 한학을 배우다가 공주의 기독교 학교인 영명학교를 거쳐 평양 숭실학교를 졸업한다. 1912년 숭실학교를 졸업한 조병옥은 미국 유학을 결심하게 되고 영어를 배우기 위해 서울의 배재전문학교(연희전문학교 전신)에 입학한다. 이곳에서 그는 교장의 요청에 따라 시간강사를 맡아 학생 신분으로 학생들을 가르치기도 한다.

배재전문을 졸업한 조병옥은 1914년 1월 마침내 미국 유학길에 오른다. 조병옥의 유학길은 사실상 기나긴 정치활동이 시작이었다. 하와이를 거쳐 샌프란시스코에 도착하는 긴 여정을 통해 1910년대 독립운동의 주요 흐름과 만나게 된다. 하와이에서는 '외교독립론'을 설파하는 이승만과

‘무장투쟁론’을 주장하는 박용만을, 캘리포니아 그리들리 농장에서는 ‘실력양성론’을 강조하는 안창호를 차례로 만난다.

그중에 그는 도산 안창호의 노선에 가장 공감을 하게 된다. 흥사단 창단 직후라 도산은 그 어느 때보다 조국독립의 기초로서 실력양성과 인격수양의 중요성을 강조하였다. 조병옥은 비분과 개탄만을 일삼는 감상적 애국주의론자와 어서 나가서 죽자고 하는 무계획적 급진론자들과 달리 민족성격의 혁신이 민족해방과 번영의 기초임을 강조하는 도산 노선의 논리적 정연성과 타당성에 뜻을 같이 한다. 그는 도산과 3일간 숙식을 함께 하면서 토론한 끝에 흥사단에 가입한다.

미국에 도착한 조병옥은 펜실베이니아 주 킹스턴의 와이오밍고등학교에 입학한다. 그는 와이오밍고를 다니는 4년 동안 화부(火夫), 석탄광부, 식당종업원, 인삼장사 등 안 해 본 일이 없이 학비를 벌었다. 1918년 고학(苦學)으로 와이오밍고를 졸업한 조병옥은 뉴욕의 컬럼비아대를 선택한다. 우리 동포들을 찾아보기 힘든 한적한 킹스턴과는 달리 한국 교민과 유학생들이 많이 거주하고 있던 거대 도시 뉴욕은 조병옥에게 있어서 미주지역 독립운동의 실체를 몸으로 접할 수 있는 정치공간이었다. 조병옥은 뉴욕 한인회와 한인학생회를 주도하면서 한국 독립을 위한 외교 선전활동에 적극 참여하게 된다. 1918년 연말 오하이오 주에서 열린 ‘기독교청년회 만국학생대회’에 한국대표로 참가했으며 1920년 4월 서재필을 도와 민간외교단체인 뉴욕 한인친우회를 결성하기도 한다.

컬럼비아대에 재학 중이던 조병옥은 27세 되던 1920년 7월 대한제국 시절 고등관을 지낸 노병선의 딸로서 진명여학교를 졸업하고 소학교에서 교편을 잡고 있던 노정면(盧禎冕, 1896~1976)과 뉴욕 맥칼핀 호텔에서 결혼식을 올린다. 미국에서 결혼을 한 조병옥은 한인사회에서의 왕성한 활동과 더불어 학업에도 힘써 컬럼비아대에서 1923년 “경쟁설(競爭說)의 연혁적(沿革的) 발전”이라는 논문으로 경제학석사 학위를, 1925년 “한국의 토지제도”라는 논문으로 철학박사 학위를 받는다.

신간회 활동으로 옥살이

미국에서 박사학위를 받고 은행원으로 취직해 있던 31세의 조병옥은 연희전문학교(연세대 전신)의 어비슨 교장으로부터 전임강사 제의를 받고 1925년 8월 한국으로 돌아온다. 그러나 조병옥의 교수생활은 그리 길지 않았다. 이순택, 백남운 등의 영향으로 사회주의 학풍이 강했던 연희전문학교 상과(商科)에서 자본주의 학풍의 경제학을 가르치던 조병옥은 교수가 된 지 2년도 채 안 돼 학생들의 동맹휴학을 선동했다는 오해를 받고 권고사직을 당한다. 그가 상과 과장을 하기 위해 당시 상과 과장이던 이순택 교수를 반대하도록 학생들을 충동질했다는 것이었다. 연희전문의 교수직에서 물러난 조병옥은 YMCA 이사를 맡아 본격적인 기독교 운동에 참여한다. 비밀독립운동 단체인 기독교 신우회(信友會) 활동이 그 첫 발이다.

조병옥은 이어 1927년 2월 15일 창립된 좌우합작 민족운동 단체인 신간회(新幹會)에 참여하게 된다. 많은 민족지도자들을 총망라해 발족한 신간회는 회장에 이상재, 부회장에 권동진을 추대하고 중앙본부는 조병옥·김병로·홍명희·허헌·안재홍·신석우·이관용 등 29명이 각 부서를 담당하였다. 그리고 각 지방에는 지부를 설치했는데, 조병옥은 중앙본부의 재정총무를 보는 한편 경성지회의 책임자도 함께 맡았다.

지회 123개, 회원 수 2만 명의 대규모 조직으로 성장한 신간회는 1929년 7월 독립군을 추적하던 일경 토벌대가 화전민에게 살인·방화를 자행한 갑산 화전민 사건이 일어나자 진상보고회를 개최하려 했으나 일제(日帝)에 의해 금지 당한다. 또 그해 11월 광주학생사건이 터지자 이를 지원하면서 전국적 반일시위로 확대하기 위한 민중대회를 추진하다가 일경에 발각되어 대부분의 간부들이 검거된다. 조병옥은 이 사건으로 홍명희, 이관용, 김무삼, 허헌 등과 함께 기소되어 3년 징역형을 선고받고 3년 동안 서대문 형무소에서 복역한 후 1932년 출감한다.

감옥살이를 마치고 나온 뒤 조병옥은 한 친구로부터 "조선일보가 경영난에 빠져 있으니 운영해 보는 것이 어떠냐"는 제의를 받고 경영에 참여하기로 결심한다. 그리하여 신간회 활동으로 알게 된 조만식과 함께 각 지방의 유지들을 찾아다니며 신문사 운영자금을 요청하는 등의 활동으로 30만원의 자금을 모으게 된다. 이를 바탕으로 조선일보를 인수한 조병옥은 사장에 조만식을, 편집국장에 주요한을 추대하고 자신은 전무 겸 영업국장으로 있으면서 약 8개월간 신문사의 경영에 참여하였으나, 결국 또다시 운영난에 빠지고 만다. 이에 조병옥은 조선일보의 경영권을 삭주광산으로 큰돈을 번 거부(巨富) 방응모에게 양도하는 동시에 전무직을 내놓는다. 조병옥은 신문사 경영이 수포로 돌아가자 이번에는 광산 경영에 손을 댄다. 광산 경영을 시작한 지 얼마 되지 않아서 자본금 100만 원의 보인광업주식회사를 설립한다. 이 광업회사는 잘 운영되어 삼청동에 집도 한 채 장만하는 등 많은 돈을 벌었으나 이도 오래가지는 못했다.

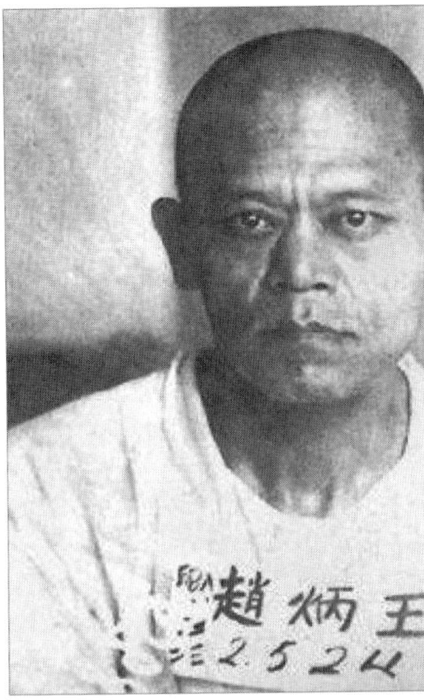

1929년 광주학생운동 배후조종 혐의로 체포되어 수감생활을 하던 때의 조병옥.

그러다가 1937년 흥사단 계통 항일인사들을 억압하기 위해 일제가 조작한 수양동지회(修養同志會) 사건으로 다시 옥살이를 하게 된다. 그해 중일전쟁을 일으켰던 일제는 치안유지를 위해서라는 명목으로 수백 명의 민족주의자들을 검거한다. 수양동지회 일을 맡고 있던 조병옥도 검거되어 예심기간 2년을 감옥에서 보내고 1심에서 무죄, 2심에서 5년 선고, 상소심에서 다시 무죄 판결을 받아 출감하게 된다. 두 차례에 걸쳐 5년 동안 옥살이를 한 조병옥의 가정형편은 기울대로 기울어져 있었다. 삼청동 집은 빚으로 넘어가고 방 한 칸이 없어 여관방이나 친구 집 사랑방을 전전해야 했으며 굶고 지내기가 일쑤였다. 심지어는 부인 노정면이 삯바느질과 식모살이까지 하는 등 엄청난 가난에 시달렸다.

이 시절을 회상한 그의 자서전《나의 회고록》중 한 대목을 보자.

> "양주에는 우리 중시조 충정공의 산지기가 있었기에 그 산지기에게 쌀을 구하러 갔었던 것이다. 해는 떠 있었으나 몹시 추운 날씨였다. 나는 고무신을 신었기 때문에 양주에 도착했을 때는 이미 발바닥이 전부 부르텄던 것이다. 우리 내외는 산지기 영감에게 사정사정을 해서 쌀 두말을 얻어 가지고 서울로 발길을 돌렸다. 쌀 두말을 밀가루 푸대에 넣어 가지고 그것을 새끼로 묶어 내 등에 지고 길을 떠났다.
>
> 어깨가 아픈 것을 되도록 잊기 위해 우리 내외는 '옛날에 금잔디 동산에 메기 같이 앉아서 놀던 곳 …'을 합창하며 왔는데, 그래도 어깨가 아프면 내 내자(內子: 아내)가 바꾸어 이고 또 내자가 목이 아플 때면 내가 지고 해서 밤 열두 시나 되어서 집에 도착했다. 집에 와서 셋방 조그마한 문을 열어 보니 아이들은 우리를 기다리다 못해 지쳐서 옹기종기 쪼그리고 자고 있었다.
>
> 나와 내자는 눈물이 글썽 그리는 것을 참고 내자는 그 밤에 불을 피우고 냄비 밥을 지어 아이들을 깨워 밥을 먹이는 것이었다. 나의 막내아들인 순형이는 잠을 깨어 우리를 보더니 울음을 터뜨리면서 배고프다고 하소연하는 것이다. 그 다음날은 양주에서 얻어 온 쌀을 오래 먹기 위해 우리 내외는 다시 뚝섬으로 무시래기를 얻으러 갔었다."

일제는 조병옥에게 여러 조건을 내세워 회유와 협박을 가했다. 그러나 그는 극도의 빈곤 속에서도 창씨개명을 거부하며 지조를 굽히지 않았다.

해방정국, 정치에 뛰어들다

어려운 시절을 보내던 조병옥은 1945년 8월 15일 해방이 되자 백관수, 이인, 김병로, 함상훈 등과 함께 조선민족당을 창당한다. 조선민족당은 항일인사 중심의 민족주의 세력 정당으로서 대한민국 임시정부를 절대 지지하는 입장을 취한다.

이 무렵 여운형을 중심으로 한 건국준비위원회가 인민공화국을 선포하자 우익진영 지도자들이 이에 맞서기 위한 목적으로 점차 세력을 결집하면서 한국민주당(이하 '한민당'으로 약칭)을 창당하게 된다. 이때 조병옥도 조선민족당의 다른 인사들과 함께 당을 해산하고 김성수, 송진우 등이 주도한 한민당 창당에 합류한다. 이때 그는 한민당에서 송진우 수석총무 아래의 8총무(조병옥, 원세훈, 백관수, 서상일, 김도연, 허정, 백남훈, 김동원) 가운데 한 명으로 선출된다.

이어 조병옥은 한민당 수석총무인 송진우의 추천에 의해 미 군정청의 요직인 경무부장(警務部長: 현재의 경찰청장에 해당) 자리를 맡게 된다. 미국에서의 교육경험과 뛰어난 영어실력을 갖춰 미 군정청 수뇌들과 호흡이 맞을 뿐만 아니라 반공정신이 강하고 배짱이 두둑해 혼란한 해방정국에서 치안을 제대로 유지해 나가는데 적임자라고 본 것이다. 조병옥은 경무부장으로서 우선 국립경찰의 체제화에 나선다. 도(道)에는 경찰청을, 시(市)와 군(郡)에는 경찰서를, 동(洞)과 면(面)에는 지서를 두게 해 경찰조직의 계통을 세웠고 경찰전문학교를 창설해 경찰 간부들을 길러내기 시작했다. 국립경찰의 전체병력을 2만 5000명 규모로 확충하기도 했다. 이 과정에서 일제 총독부 경찰관 노릇을 하던 사람들을 그대로 두었다 하여 많은 비난을 받기도 했다.

조병옥은 3년 동안의 경무부장 재임기간 동안 좌익진영으로부터 "미군정의 앞잡이"라는 비난 등 수많은 중상모략을 당하면서도, 하지 사령관과의 깊은 신뢰를 바탕으로 대한민국 정부수립의 기초를 닦는 데 크게 기여

1948년 유엔총회 파견 대표단. 앞줄 왼쪽부터 모윤숙, 조병옥, 장면, 김활란.

하게 된다. 그러나 대한민국 초대 내각에 조병옥의 이름은 없었다. 해방 이후 줄곧 이승만을 지지해 온 조병옥은 1948년 8월 15일 정부수립 후 조각(組閣) 과정에서 한민당에 의해 외무장관으로 천거되었으나 이승만에 의해 거절당한다. 대신 대통령 특사로 장면이 이끄는 유엔총회 파견 대표단의 고문을 맡아 파리에서 유엔의 대한민국 정부 승인을 이끌어 내는데 기여한다. 이후 그를 부담스럽게 여기던 이승만 대통령의 계속된 외교관 활동 제의에도 불구하고 조병옥은 출국 4개월 만에 한국으로 돌아온다.

1948년 12월 귀국한 조병옥은 이승만 대통령으로부터 문교부 장관을 제의 받았으나 "나는 사생활에 있어서 일반 민중에게 좋지 못한 비난을 받고 있는 처지이므로 기타의 장관을 할 수 있으나 청년학도들의 사표가 되는 문교부 장관은 할 수 없다"라며 거절한다. 내심 내무장관이나 국방장관 자리를 원했던 것이다. 그러나 그는 이러한 희망이 받아들여지지 않자, 이승만에게 남침 위협과 그에 대비한 군사원조의 필요성을 주장하고 다시 미국에 특사로 파견해 줄 것을 요청한다. 이에 이승만이 이를 수락해 이듬해 3월 대통령 특사 자격으로 다시 미국으로 파견된다. 조병옥은 미국에 도착하자마자 이승만 명의의 '군사원조 요청서'를 미국 정부에 제출하고, 유력 신문인 뉴욕타임스를 방문해 "만약 미국의 대한(對韓) 군사원조가 없다면 한국은 공산화 된다"는 요지의 연설을 하기도 한다.

미국에서 10개월 보낸 뒤 귀국한 조병옥은 한민당의 후신인 민주국민당(이하 '민국당'으로 약칭) 중앙정책위원장 자리를 맡게 된다. 조병옥은 1950년 5월 30일 실시된 제 2대 국회의원 총선거에서 서울 성북구에 출마했으나 혁신계의 거두인 조소앙에게 참패한다. 그의 고향인 천안에서 출마했더라면 당선이 무난함에도 불구하고 같은 민국당 소속인 후배 이상돈을 위해 지역구를 양보했다가 낙선의 쓴잔을 마시게 된 것이다.

거창사건으로 이승만과 결별

조병옥은 국회의원 선거에서 떨어져 실의에 빠져 있던 중 6·25전쟁을 맞이한다. 1950년 6월 25일 북한군의 남침이 시작되자 조병옥은 경무대를 방문해 이승만 대통령에게 서울 시민을 조속히 소개(疏開)시키고, 수도를 대전이나 대구로 옮겨 장기전 태세로 들어가야 한다는 의견을 개진한다. 곧 대전으로 피난한 조병옥은 민주국민당과 국민회, 부인회, 대한청년회 등 우익단체를 규합해 '구국총력연맹'을 결성한다. 그는 이 연맹의 위원장이 되어 대전, 대구, 부산 등지를 돌아다니며 시국강연을 하는 한편 지부조직 결성에도 나선다.

이어 7월 15일 대통령 이승만에 의해 내무장관으로 임명된 조병옥은 무너진 경찰의 재편과 군비(軍備) 보급 등에 전념한다. 그리고 대구 철수 방침을 시달한 워커 미8군 사령관을 설득해 대구 철수를 보류함으로써 낙동강 전선을 방어하는 데 크게 기여한다. 그러나 조병옥은 재임 10개월 만인 1951년 5월 '거창양민학살사건'에 책임을 지고 신성모 국방장관, 김준연 법무장관과 함께 내무장관직에서 물러난다.

거창양민학살사건은 당시 중공군의 개입으로 1·4후퇴가 시작된 후 빨치산 공세가 강화되자, 후방의 빨치산 소탕작전을 펴던 국군 가운데 거창군 신원면 일대에서 공비(共匪) 토벌작전 중이던 11사단 9연대 3대대에 의해 자행됐다. 이 지역 주민들이 공비와 내통하였다고 하여 2월 10일 내탄부락 골짜기에서 청장년 136명을, 11일 박산계곡에서 527명을 중화기로 무차별 학살한 어처구니없는 비극적 사건이다.

그해 3월 29일 이 사건이 국회에서 거창군 출신 국회의원 신중목의 보고로 폭로되었다. 국회는 조사단을 파견해 정확한 진상을 파악하려 하였으나 당시 경남지구 계엄사령부 민사부장이었던 대령 김종원은 국군 1개 소대를 공비로 가장시켜 위협적인 총격을 가함으로써 조사를 방해하였다. 그러나 국회의 재조사와 5월 8일 국회의 결의로 양민학살사건과 조사방해사건의 진상이 공개되자, 직접책임자인 9연대장 오익균 대령, 3대대장 한동석 소령에게는 무기징역이, 경남지구 계엄사령부 민사부장 김종원 대령에게는 3년형이 선고되었다.

조병옥은 이날 제출한 사임서에서 이승만에게 주는 충고 세 가지를 부기(附記) 하는데 "첫째, 행정은 제도상으로 운영되어야 할 것이며 개인의 의욕으로 움직여서는 안 된다. 둘째, 정치는 재인(在人)이니 양심적인 유능한 인사를 등용해야 한다. 셋째, 대한민국은 민주국가로 탄생했으며 반드시 민주국가로서 발전되어야 한다"는 것이었다. 이승만은 이 사임서를 읽고 "이 사람이 나를 설교하나"라며 불쾌해 했다고 한다. 이로써 조병옥은 미국 유학 이후 해방과 정부수립을 거치면서 열렬히 지지해 왔던 이승만과 사실상 결별을 고하게 된다.

이후 조병옥은 "한국의 민주주의를 정착시키는 일은 언론창달을 통한 국민계몽에 있다. 이를 통해 관권에 대항하는 민권을 신장한다"는 신념 아래 출판활동을 할 목적으로 주식회사 홍문사를 차린 뒤 월간 〈자유세계〉를 창간한다. 정치·경제·사회·문예 등 모든 분야를 포괄하여 다룬 이 잡지에서 조병옥은 창간호부터 매월 권두언을 썼다.

6 · 25전쟁 중인 1950년 12월 김포공항에 모인 정부 요인들. 앞줄 왼쪽부터 이기붕 서울시장(옆모습), 허정 사회부장관, 조병옥 내무부장관, 정일권 육군참모총장.

부통령 선거서 큰 표차로 낙선

내무장관을 사임한 이후부터 본격적으로 야당 정치인의 길을 걷게 되는 조병옥은 자신이 몸담고 있는 민국당의 사무총장을 맡아 활동하게 된다. 그는 쇠퇴일로에 있는 당을 중흥시키기 위한 대안으로 내각제책임제 개헌안을 제시한다. 그러나 민국당의 내각제 개헌 추진은 1952년 5월 26일의 '부산정치파동'으로 무산된다. 7월 14일 경찰과 군인들이 국회의사당을 포위한 가운데 대통령 직선제와 상하 양원제(兩院制)를 주요 내용으로 하는 '발췌(拔萃) 개헌안'이 통과 되어 이승만 정권의 독재 기반은 더욱 굳어진다.

이 무렵 민국당은 제2대 대통령 및 제3대 부통령 선거 후보문제를 놓고 한민당계(김성수, 조병옥, 김준연, 서상일, 백남훈)와 영입세력인 신익희계 사이에 심각한 의견 대립을 보이고 있었다. 이때 사무총장으로 후보등록 업무를 담당하던 조병옥은 정·부통령 직접선거 공고가 나오자 신익희와 아무런 상의도 없이 이시영을 대통령 후보로, 자신을 부통령 후보로 등록한다. 이에 따라 대통령 출마를 준비하던 신익희는 출마를 포기할 수밖에 없었고, 1952년 8월 5일 실시된 선거에서 민국당의 이시영은 불과 76만 표(10.9%)밖에 얻지 못해 이승만은 물론 조봉암에도 뒤졌으며, 부통령 후보 조병옥도 함태영, 이범석에 크게 뒤져 낙선한다.

부통령 선거에서의 패배로 어려움에 처해 있던 조병옥에게 또 다른 시련이 닥친다. 바로 '반공포로 석방' 문제였다. 1953년 이승만에 의해 반공포로 석방 발표가 나자 조병옥은 "반공포로를 석방하는 것은 유엔과 미국과의 외교관계를 약화시킬 우려가 있다"는 이유로 반대 성명을 발표한다. 이 성명이 나가자 조병옥을 규탄하는 벽보가 나붙는다. 조병옥은 이승만과 담판을 통해 이 문제의 수습책을 제시할 목적으로 서울로 올라가, 지인의 집에 머물다 한밤중에 괴한의 습격을 당한다. 그는 쇠뭉치로 머리를 맞아 실신한다. 피투성이가 된 그는 응급치료를 받은 뒤 수원의 친척집으로 피신하지만, 곧바로 헌병총사령부에 체포되어 서대문형무소에 수감된다. 이후 한 달 만에 이승만의 지시로 풀려나지만 한 동한 기억상실에 시달린다.

한편 신익희의 대통령 출마를 막기 위해 이시영을 내세우고 자신이 직접 부통령 후보로 나선 조병옥의 처사에 불만을 품은 민국당의 신익희계는 탈당을 통한 신당 창당 움직임을 보였다. 이와 함께 일부에서는 미약한 원내세력을 이유로 당 해체를 주장하기도 해 민국당은 위기를 맞게 된다. 이에 따라 민국당의 실질적 지도자인 김성수를 비롯한 김도연 등 한민당계 온건파들은 신익희 세력의 이탈을 막기 위해 1953년 10월 21일 전당대회를 열어 당헌을 단일지도체제인 위원장제로 개편한 뒤 당의 주도권을 신익희계에 넘겨주고, 한민당계인 조병옥은 서상일, 백남훈 등과 함께 고문(顧問)으로 물러난다.

야당통합의 불씨, 4사5입 개헌

이범석의 족청(族靑)계를 제거한 자유당은 발췌개헌을 통해 이승만 대통령을 연임 시키는 데는 성공하였으나 1956년의 대통령 선거를 앞두고 불안을 느끼고 있었다. 3선 금지 조항에 묶여 이승만의 대통령 입후보가 불가능했고, 그렇다고 다른 사람으로 하여금 이승만의 자리를 대체한다는 것은 그 당시로서는 상상할 수도 없었거니와 그럴 만한 인물도 없었다.

이에 자유당은 제3대 국회의원 총선거에서 이승만의 영구집권을 전제로 하는 2차 중임제한조항 삭제를 공약으로 내걸고 이 조건을 수락하고 찬동하는 사람에 한해서 공천을 하게 된다. 선거전이 시작되자 이승만 정권은 경찰과 행정력을 동원해 전 지역구에 걸쳐 거물급 야당인사들에게 극심한 탄압을 가한다. 반대로 여당후보들에게는 금권과 관권을 동원한 모든 지원을 아끼지 않았다. 또한 투·개표 과정에서도 엄청난 부정을 저질렀다.

이러한 선거분위기 속에서 1954년 5월 20일 실시된 총선거 결과 총의석 203석 가운데 자유당 114명, 민국당 15명, 대한국민당 3명, 국민회 3명, 제헌동지회 1명, 무소속 67명이 당선되었다. 조병옥은 이 선거에 대구 을구에서 출마해 총 투표수 3만 8000여 표 가운데 2만 9813표를 얻어 국회의원에 당선된다. 여당인 자유당의 압승과 야당인 민국당의 참패로 결론지을 수 있는 선거결과였지만, 자유당이라고 해서 목표를 달성한 것은 아니었다. 민국당의 의석이 개헌저지선에 한참 못 미쳤지만 자유당이 개헌선을 확보한 것도 아니었기 때문이다.

이 점을 간파한 자유당은 재빨리 무소속의원 포섭 공작에 나서 개헌에 필요한 3분의 2인 136명의 의원을 확보하게 된다. 이에 맞서 민국당 지도부는 중앙상무위원회의 동의를 얻어 거대 자유당에 맞설 신당의 가능성을 탐색하고 이를 추진하기 위한 5인특별위원회를 설치한다. 이때 위원장에 선임된 조병옥은 국회부의장 곽상훈, 전 국무총리 장면, 대한부인회 회장 박순천 등 각계의 지도자들을 만나 신당 참여의 내락을 받는다.

그러나 이러한 개헌 반대전선이 채 모양도 갖추기 전인 1954년 9월 7일 자유당이 개헌안을 제출함으로써 정국은 소용돌이 속으로 빨려들어 간다. 의석수에서는 자유당이 월등히 앞섰으나 떳떳하지 못한 개헌의 명분으로 인해 야당의 개헌반대 움직임에도 무시 못 할 힘이 있었다. 민국당은 의석수는 소수에 불과했으나 축적된 투쟁 경험과, 조병옥·신익희·윤보선·김도연 등 거물인사와 소선규·신도성·조재천·김상돈과 같은 중진인사들이 버티고 있었다. 이에 표결을 앞둔 자유당과 이승만 정부는 무소속의원에 대한 매수와 암호 투표공작을 추진하는 한편 관제민의(官制民意)까지 동원해 국회의원들을 협박한다. 이탈표 방지를 위해 기립표결까지 거론되었으나 당내외의 반발로 무기명 비밀투표를 실시한다.

11월 24일 실시된 표결 결과 재적의원 203명 가운데 202명이 투표에 참가하여 찬성 135표, 반대 60표, 기권 6표, 무효 1표로 개헌 정족수 136표에 단 1표가 부족해 부결로 처리 되었다. 그러나 다음날부터 개헌안 부결 번복 공작에 나선 자유당 지도부는 11월 27일 서울대 수학과 교수인 최윤식 등을 동원하여 203의 3분의 2가 4사5입(四捨五入)하면 135가 된다는 희한한 방식에 착안해서 그 내용을 이승만 대통령에게 보고했으며, 개헌안이 통과된 것으로 처리할 것을 결정한다. 이에 11월 29일 국회 본회의에서 자유당의 최순주 국회부의장은 "개헌안 부결이라고 선포했던 것은 계산착오였으므로 취소하고 개헌안은 가결되었다"고 선포한다. 그러자 야당 의원들이 단상으로 올라가 최순주 부의장을 끌어내리는 등 격렬하게 항의했지만 허사였다.

조봉암 신당 참여문제로 대립

어처구니없는 4사5입 개헌의 강행은 이승만과 자유당에게는 큰 실수였다. 민심이 이반하고 이승만에 반대하는 다양한 야당세력이 계파를 초월해 결집하는 결정적 계기가 되고 말았던 것이다. 개헌안 번복 가결 선포로 국회 본회의장을 퇴장한 60여 명의 의원들은 곽상훈 국회부의장실에 모여 개헌파동에 대한 대책을 숙의한다. '위헌대책위원회'를 구성하는 한편 조병옥, 장택상, 윤병호, 소선규, 곽상훈, 정일형 등 7인의 대책위원을 선출하고 헌법수호를 다짐한다. 조병옥 등 대책위원들은 위헌대책위를 '호헌동지회'(護憲同志會)로 발전시켜 60명의 의원으로 원내교섭단체를 구성한다.

호헌동지회는 1955년 초 '신당촉진위원회'를 구성한 뒤 본격적인 창당작업에 들어간다. 신당운동은 원내의 호헌동지회가 모체였지만 민국당의 기성 조직과 원내자유당, 조민당, 흥사단, 혁신계 등 광범위한 재야세력이 원외조직의 발판이 되었다. 신당촉진위원회는 신당기본이념 4원칙을 표방하고 신당촉진에 관한 모든 권한을 18인위원회에 일임한다. 이에 신당조직에 착수한 18인위원회는 신당발기준비위원 지명을 위한 6개항의 조직요강으로 '좌익전향자는 발기인이 될 수 없다. 독재행위나 부패행위가 현저하여 사회의 지탄을 받는 자도 또한 같다'는 엄격한 기준을 정했다.

이 같은 발기위원 인선 기준은 처음부터 특정인을 배제하기 위해 계획적으로 정했던 것인지, 아니면 신당의 순수성과 이념적 좌표를 확실하게 하기 위해 정한 것인지는 확실치 않지만 범야(汎野) 세력을 규합하는 데 큰 걸림돌로 작용한다. 특히 첫 번째 항에서 구체적으로 문제가 된 것이 혁신계인 조봉암의 참여 문제였다. 조봉암은 젊은 시절 공산주의에 빠져 모스크바공산대학을 중퇴하고 귀국한 뒤 일제강점기 동안 박헌영 등과 함께 조선공산당의 핵심멤버로 활동했다. 그는 해방 후 전향하여 제헌국회의원으로 당선되었으며 이승만 정부의 초대 농림장관과 제 2대 국회에서 국회부의장을 지냈던 거물급 혁신계 정치인이었다. 조봉암은 "비록 미력이기는 하지만 지팡이를 짚고서라도 뒤를 따르겠다"는 성명을 발표하고 신당에 적극 참여하겠다는 의사를 분명히 하지만, 조병옥·장면·곽상훈 등은 조봉암의 신당 참여에 대해 결사반대 입장을 취한다.

조병옥은 회고록에서 “조봉암은 해방 직후 남조선노동당의 헤게모니 쟁탈전에서 박헌영에게 패배하여 정치적 방편으로 정치적 개종을 한 것뿐이지 그는 본질적으로 공산주의자임이 분명하므로 신당 가입을 적극적으로 반대한다”고 밝혔다. 신당 추진은 조봉암의 참여를 둘러싸고 결국 참여를 주장하는 서상일, 장택상, 신도성 등의 민주대동파와 이에 반대하는 조병옥, 장면, 곽상훈, 김도연, 김준연 등의 자유민주파로 갈리게 된다. 야당 원로인 김성수의 적극적인 막후조정으로 조병옥, 김도연 등 민국당계는 조봉암의 참여에 대해 어느 정도 양해하는 분위기가 조성되었으나, 과거 ML(마르크스레닌) 당에 관여했다 전향한 김준연과 신파의 리더격인 장면의 반대는 여전히 격렬하였다.

이에 호헌동지회는 총회를 열어 18인위원회를 해체하고 이를 대체할 9인위원회를 구성한다. 조병옥이 포함된 9인위원회는 개인접촉을 통해 쌍방의 타협점을 모색했으나 별다른 효과를 거두지 못하고 마지막 타결책으로 제 1항의 조직요강을 삭제하고 문호를 개방하여 6월 말까지 신당발기준비위원회를 구성하기로 한다.

민주당 최고위원으로 선출

우여곡절 끝에 분열의 위기를 극복하고 7월 17일 서울 천도교강당에서 발기위원 168명이 참석한 가운데 신당발기준비위원회가 개최된다. 이어 8월 3일에는 발기준비위원회 총회를 개최하고 각 부서 책임간사를 선출하여 창당대회에 관한 모든 권한을 책임간사회에 일임하기로 한다. 그러나 책임간사 인선은 양 세력 간의 균형을 배제한 채 자유민주파 일색으로 결정된다. 이에 불만을 품은 서상일, 신도성, 김달호 등 민주대동파와 그 지지 세력은 신당참여를 거부하고 이탈한다. 그러나 이탈파도 조봉암과 서상일의 대립으로 분열되어 조봉암은 진보당을, 서상일은 민주혁신당을 각각 창당하게 된다. 한편 민국당은 신당에 개인 자격으로 참여하느냐,

1955년 7월 27일 美대사관 앞에 주저앉아 경찰과 대치중인 야당 의원들.
맨 앞의 조병옥 뒤로 윤보선, 김도연, 현석호, 김두한 의원 등의 모습이 보인다.

당의 발전적 해체를 통해 거당적으로 참여하느냐를 놓고 중앙집행위원회를 열어 표결한 결과 215 대 5라는 절대 다수의 찬성으로 거당적인 참여를 결정한다.

이에 따라 1955년 9월 18일 전국 대의원 2,013명이 참석한 가운데 서울 시공관에서 '민주당' 창당대회를 개최한다. 이날 창당대회에서 선출된 400명의 중앙위원들은 투표를 통해 대표최고위원에 신익희를, 최고위원에 조병옥·장면·곽상훈·백남훈 등 4인을 선출한다. 민주당은 신익희·조병옥 등의 민국당을 주축으로 장면·정일형 등의 흥사단계, 현석호·김영삼 등의 원내자유당계, 조선민주당계 및 무소속구락부와 대한부인회의 박순천 등이 대거 참여하였으나, 창당 때의 원내의석은 기대에 훨씬 못 미치는 33석에 불과했다. 그러나 민주당은 새로운 반(反) 이승만 세력의 결집을 통하여 종래의 정당 활동을 주로 원내에 국한시켰던 상황으로부터 탈피하여 정당참여의 범위를 확대시킨다. 원외의 일반대중 속에 뿌리내리는 대중정당으로서의 기반을 구축하게 된 것이다.

이 과정에서 한민당 이래 정통보수야당의 맥을 이어 온다고 자부하는 민국당계와 새로 참여하는 비민국당계 사이에 갈등과 분열의 조짐이 나타난다. 이에 대해 당시 언론에서는 신익희, 조병옥 등 민국당계를 중심으로 하는 계파를 '구파(舊派)', 장면을 중심으로 하는 비민국당계를 '신파'(新派) 라고 지칭하게 된다.

신 · 구파의 갈등

신파와 구파의 대립관계는 구파의 리더인 조병옥과 신파의 리더인 장면의 상대방에 대한 인식에서도 그 영향을 받게 된다. 장면의 눈에 비친 조병옥은 완고하며 독불장군이고 세련되지 못한 데다가 신중하지 못한 풍류객의 모습이었다. 반면 조병옥의 눈에 비친 장면은 일제 때 별다른 항일 경력도 없는데다 우유부단하고 정치적으로 너무 미숙하다는 생각을 가지고 있었다. 계파의 성격도 대체로 구파는 정치적이고 고답(高踏) 적이었으며 비조직적 · 풍류적 · 지사(志士) 적인 기풍을 지녔던 데 반해, 신파는 비정치적이고 진취적이었으며 계획적이고 실용적이었으며 관료적인 기질을 가졌다.

양 계파의 지도자 경력을 비교해 보자. 구파는 조병옥 · 백남훈 · 김도연 · 윤보선 · 김준연 · 유진산 · 조한백 · 신각휴 · 이상돈 등 대부분이 정치인 출신이었고, 신파는 장면 · 한근조 · 현석호 · 조재천 · 오위영 · 홍익표 · 엄상섭 · 김영선 등 관료 또는 법조인이 주류를 이루었다. 또 구파는 서남부 지역 출신이 많았고, 외국에서 유학했으며 일제 강점기 때 반일운동을 한 사람이 많은 편이다. 반면 신파는 북서부와 남동부 출신이 많았고, 국내에서 공부했으며 일제 강점기 때 법관과 관료로 일한 인물 분포가 높다.

민주당은 창당대회의 당 대표 선출에서 신 · 구파 간 막후조정으로 최고위원 2대 2, 주요당직 9대 7의 절묘한 안배를 이끌어 냄으로써 창당초기에는 갈등이 그렇게 두드러지지 않았다. 그러나 1956년 5월 15일의 정·부통령선거 후보 지명을 앞두고 신·구파 간 암투와 갈등이 표면화된다. 대통령 후보 선출을 놓고 구파에서는 신익희의 추대를 주장하는 측과 조병옥의 추대를 주장하는 측으로 나뉘어져 있었으며, 신파는 장면을 추대하려는 움직임을 보이고 있어서 '표 대결을 통한 선출이냐, 막후조정이냐'로 계파 간 알력이 지속되고 있었다.

이에 조병옥은 장면에게 부통령 후보를 양보하는 대신 대통령 후보에 신익희를 추대하는 사전조정을 시도했으나 부통령 후보를 고집하는 김준연의 거부로 결국 표결을 할 수밖에 없게 된다. 표결 결과 신익희는 경쟁자 없이 전체 투표자 974명 가운데 954표를 얻어 대통령 후보에 지명되었고, 장면은 김준연과의 경쟁 끝에 754대 207표로 부통령 후보에 지명되었다.

그러나 선거일을 불과 10일 앞두고 신익희가 유세 도중 급서(急逝)하게 되자 당내 일부에서는 선거포기론이 나오는가 하면, 부통령만이라도 당선시켜야 한다는 주장이 맞서면서 신·구파의 대립은 더욱 가열된다. 선거 결과 장면이 이기붕을 누르고 부통령에 당선되기는 했으나, 구파는 김도연·김준연·소선규 등이 중앙위원 60명의 서명을 받아 최고위원 불신임안을 제출한다. 선거기간 중 당 조직을 신파 일색으로 개편해 구파를 제거한 것과, 신익희 후보에게 휴식할 기회를 주지 않는 유세 일정을 강요해 사망케 한 책임이 불신임의 이유였다.

민주당 대표최고위원에

결국 최고위원 전원이 사표를 제출했고, 중앙위원회는 불신임 대신 사표를 수리한다. 신·구파의 격렬한 대립 속에 다시 당권경쟁이 불붙었다. 우여곡절 끝에 열린 중앙위원회 투표에서 조병옥은 총투표 275표 가운데 203표를 얻어 72표를 획득한 신파의 곽상훈을 누르고 대표최고위원에 선출된다. 또 최고위원에는 신파의 장면과 곽상훈, 구파의 김준연과 김도연이 뽑혔다. 구파의 압도적 승리였다. 그러나 계속된 갈등에 대한 수습책으로 1956년 9월 28일 전당대회를 열고 새로운 지도체제를 출범시킨다. 구파의 조병옥이 대표최고위원으로 다시 선출되었고, 최고위원에는 구파에서 백남훈이, 신파에서는 장면·곽상훈·박순천 등 3명이 선출되어 구파와 신파의 비율은 2대 3으로 역전되었다.

한편 전당대회 1년여 후인 1957년 8월 8일 구파인 김준연이 당시 전당대회에서 신파측이 140표를 부정투표 했기 때문에 자신이 최고위원에서 탈락했다고 주장하고 나서 신·구파의 반목과 대립은 더욱 고조된다. 김준연의 측근인 박영종은 이 같은 내용을 조병옥이 발설했다고 주장해 조병옥을 궁지에 몰아넣었는데, 민주당은 김준연과 박영종을 제명 처분하고 동조자에 대한 숙정(肅正)을 단행하여 사태를 수습한다.

1958년 10월 30일 서울 시공관에서 열린 제 4차 전당대회에서 신·구파는 당권을 놓고 다시 겨루게 된다. 조병옥이 대표최고위원에 유임되었으며, 최고위원에는 구파의 백남훈, 신파의 장면·박순천이 다시 선출되었다. 최고위원 선출에서 구파는 박순천 대신 김도연을 추대하려고 노력했으나 실패로 돌아갔으며, 대신 원내총무 경선에서는 구파의 유진산이 신파의 오위영을 누르고 당선되었다.

민주당의 신·구파 대립은 이후 더욱 격화되는데, 1960년에 실시될 정·부통령 선거를 앞두고 구파의 조병옥과 신파의 장면이 경합을 벌이게 됨으로써 다시 심각한 파쟁을 불러일으킨다. 1959년 7월 중순경 15명으로 구성된 중도파들의 모임인 수요회에서 대통령 후보에 조병옥, 부통령 후보에 장면을 추대하기로 결의했다는 이야기가 유포된다. 신파는 이에 대해 "수요회는 당을 만들 우려가 있으므로 해체하라"고 요구하는 한편 이들을 감찰위원회에 회부하여 징계해야 한다고 주장한다. 그러나 구파가 수요회를 두둔하고 나서면서 양 계파의 감정대립은 심화된다.

이 무렵 신파의 천세기 의원이 만들었다는 이른바 '대통령 결격사항 10조'라는 인쇄물이 전국의 지구당에 배포되어 물의를 빚게 된다. 그 내용은

"경찰 출신은 대통령이 되어서는 안 되며, 주색(酒色) 풍류객이 대통령이 되어서는 안 된다"는 등 조병옥을 겨냥한 것이었다. 이번엔 조병옥의 장남 조준형이 시내에 사무실을 내고 아버지의 선거운동을 시작하자 신파 쪽에서 문제를 삼는다. 조병옥과 장면은 최고위원회에서 이러한 문제를 거론하며 언쟁을 벌인다. 포문은 먼저 장면이 열었다.

장면 "유석(維石), 이런 분위기에서 나는 당을 떠날 수밖에 없겠소."

조병옥 "그게 무슨 말이오."

장면 "듣자니 요즘 유석 장남이 대통령 선거 사무실을 냈다는데 지명대회도 하기 전에 당 외에서까지 혼란을 부채질하니 문제 아니요."

조병옥 "아니, 아들 녀석이 아비 일을 돕는 것이 잘못이오? 어찌되었든 아비가 대통령이 되기를 바라고 또 야당 당수도 하고 있으니 대통령감이 된다고 생각해서 하는 일인데 …. 우리 전래의 도덕에서 그걸 못하게 해야 하는 거요?"

장면 "글쎄, 선거운동하는 거야 양해한다고 합시다. 그렇지만 그 사무실에서 다마오카 쓰도무(장면의 창씨개명 이름)라는 등 내게 대한 인신공격을 하고들 있다니 이래 가지고야 어찌 당을 함께 할 마음이 나겠소."

조병옥 "그거 처음 듣는 얘기요. 그 애들이 그런 얘기를 하고 다닐 만큼 못났다고는 믿지 않지만 그런 일이 있었다면 못하게 하리다. 그러나 기왕 말이 나왔으니 나도 한마디 합시다. 당신네 천세기 의원이 이 조병옥이가 대통령이 되어서는 안 된다는 이른바 결격사항 10개조라는 것을 열거한 인쇄물을 만들어 전국에 뿌리고 있어요. 여러 간부들이 이 인쇄물을 내게 가져와서 가만둘 수 없는 일이라고 했지만 나는 문제 삼지 말라고 타일렀어요. 운석(雲石)도 이 인쇄물은 보았겠지요?"

구파는 지난번 1956년 정·부통령 선거 때 조병옥이 부통령 후보 경쟁을 포기하고 흔쾌히 장면에게 양보했던 점을 들어 차기선거에서는 정치도의상 당연히 장면이 양보할 차례라고 주장한다. 그러나 이에 대해 신파는 냉담한 반응을 보이면서 선의의 경쟁을 해야 한다며 맞선다. 당시 양계파의 두 지도자를 비교하면 당이나 국민 사이에서의 개인적 인기는 구파의 조병옥이 신파의 장면 보다 조금 앞섰고, 조직에서는 신파가 다소 우세하다는 것이 일반적인 분석이었다.

개인 보다는 당, 당 보다는 국민

그러나 정작 심각한 문제가 생긴 것은 지구당 개편대회가 시작되면서부터였다. 9월부터 시작된 민주당의 지구당 개편대회와 도당(道黨) 대회는 11월 26일의 후보지명대회에 자파의 대의원을 한명이라도 더 보내기 위한 대결구도로 진행되면서 신·구파간의 분규가 거듭된다. 특히 10월 초에 열린 경남도당대회에서는 괴한이 난입하는 등 신·구파가 서로 폭력으로 맞서면서 유혈극을 빚게 되어 대회가 무산되기도 했다.

이 사건은 중앙당까지 비화되어 신파 측 최고위원인 곽상훈, 박순천이 도의적 책임을 지고 사임한다. 이에 따라 구파의 윤보선이 장면과 면담하여 수습책을 모색하고, 당내 중진들이 나서 곽상훈·박순천 최고위원의 사표 철회 설득에 나섰으나 갈등은 진정될 기미가 보이지 않았다. 신파는 자파만의 의원총회를 열고 당의 정화를 주장하며 이른바 '정화13인위원회'를 구성한다. 13인위원회는 구파와 자유당과의 정치자금 관련설을 폭로하고, 당이 정화되기 전에는 지명대회에 불응할 것을 선언한다. 이에 대해 구파는 13인위원회의 해당(害黨) 행위를 규탄하고 육군 병무감 부정사건과 신파와의 관련설을 퍼뜨린다.

이와 같은 당의 갈등 속에서 조병옥은 중대 결심을 하게 된다. 그는 돈암동 자택으로 원내총무 유진산을 불러 대통령 후보지명 경쟁포기의 뜻을

1959년 9월 28일 민주당 전남도당대회에 참석한 조병옥 대표최고위원이 광주 뉴욕제과점에서 한 노인과 악수하고 있다.

밝힌다. 이어 10월 10일 남산 외교구락부에서 가진 구파 중진모임에서 "민주당이 총력을 기울여도 자유당의 권력과 금력을 동원한 부정선거를 이겨내기 어려울 텐데 후보지명 경쟁으로 당이 분열위기에 직면했으니 내가 포기해야겠다. 나의 진의(眞意)를 잘 이해해 주고 당 중진 여러분이 수습을 잘해 줄 것을 당부한다"고 말한다.

그는 또 의원부 연락처에서 열린 확대간부회의에서도 같은 뜻을 전하면서 "필부 조병옥 개인보다는 당, 당보다는 국민이 더 소중하다는 충정에서 우러나온 호소이다. 지금 민주당이 깨지는 날이면 이승만 대통령의 일인정치, 자유당의 일당독재가 될 것이며, 그럼으로써 생겨나는 국민들의 불평불만은 결과적으로 공산주의의 온상이 되는 것밖에 없다"는 성명을 발표한다.

의원부 사무실은 울음과 고함으로 들끓었다. 조영규 의원 등은 목 놓아 울기까지 했다. 김주묵 의원은 경쟁포기 반대 연설을 하다가 흥분이 지나쳐 조병옥을 성토까지 하게 된다. 결국 김도연이 나서 "조 박사의 경쟁포기 성명과 우리들의 추대운동은 다르다. 지명전 대비에 소홀함이 없도록

하자"며 설득해 일단 사태를 가라앉힌다. 이후 조병옥은 잠적한다. 구파의 전열은 무너지고 있었다. 분당론이 나오고 집단탈당이 준비되었고, 유진산 등 간부진에게 항의가 빗발친다.

그러던 어느 날, 조병옥은 비서 조승만을 보내 명동 사보이호텔로 원내총무 유진산을 부른다. 구파의 집단탈당 움직임 등 성명 이후 당의 혼란을 걱정했기 때문이다. 유진산은 조병옥에게 마지막으로 간부회의를 열어 다시 한 번 의견을 수렴할 것과 경쟁포기 철회를 강력하게 권유한다. 이에 조병옥은 중도파 인사들의 거중조정과 구파 중진들의 끈질긴 번의(翻意) 요구에 사퇴 선언을 발표한 지 45일 만에 철회성명을 내고 후보지명대회에 나선다.

못 이룬 대통령의 꿈

1959년 11월 26일 서울 시공관에서 열린 민주당 정・부통령 선거 지명대회 표결 결과 조병옥은 총 투표자 966명 가운데 484표를 얻어 481표를 획득한 장면을 3표차로 누르고 대통령 후보가 되었고, 장면은 부통령 후보가 된다. 대통령 후보 경쟁에서 패배한 신파는 당권 확보를 사전에 보장받기 위해 대통령 후보와 대표최고위원 분리를 주장한다. 그러나 당권마저 장악하려는 의도를 갖고 있던 구파는 이를 수용하지 않았다.

이에 다음날인 27일 다시 소집된 전당대의원대회에서의 대표최고위원 표 대결 결과 이번에는 장면이 518표를 얻어 447표를 얻은 대통령 후보 조병옥을 누른다. 또한 최고위원 선출에서도 신파는 곽상훈・박순천을 당선시켜 장면과 함께 3명이 되었고, 구파는 조병옥・백남훈・김도연을 추천했으나 신파는 김도연 대신 윤보선을 최고위원으로 선출한다.

민주당은 전당대회에서 후보와 당권을 안배함으로써 외견상 파쟁은 수습된 듯 했지만 그 여진이 채 가시지 않은 상태에서 선거에 임할 수밖에 없었다.

1960년 1월 29일 조병옥 민주당 대통령 후보(오른쪽)가 신병치료차 미국으로 떠나기 전 공항에서 부통령 후보 장면과 악수하고 있다.

보안법과 지방자치법을 통과시키는 데 성공한 자유당은 민주당의 갈등이 채 아물기도 전인 3월 조기(早期) 선거를 추진한다. 표면상의 이유는 농번기를 피하기 위해서라고 하지만, 속내는 민주당이 전열을 가다듬기 전에 선거를 치름으로써 야당의 붐 조성과 선거공세에 시간을 주지 않으려는 것이었다.

이에 비해 민주당은 1960년 들어 비로소 선거체제를 갖추기 시작한다. 대통령 선거 사무장에 김도연, 부통령 선거 사무장에 오위영을 선임했고, 신파와 구파 사이에 선거자금과 전략에 대한 협의도 이루어 졌다. 그러나 조병옥 후보가 신병 치료차 도미(渡美) 할 계획을 하고 있어 만약 3월 이전에 선거가 실시되면 제대로 된 유세도 못할 형편이었다. 마침내 신병 치료를 위해 미국을 방문하는 조병옥은 도미 인사를 겸해 이승만 대통령을 방문하고 조기 선거를 하지 않도록 해달라고 부탁한다. 그러나 사실상 제안을 거부당한 민주당은 1월 24일 확대간부회의를 열어 이승만 대통령에게 다음의 4개 항목을 제시하고 회신을 요구한다.

① 3월 선거는 임기만료 30일 전에 선거를 실시한다는 헌법정신을 곡해하는 것이다.
② 5월 중순은 농번기가 아니다.
③ 선거관례에 따라 3월 선거는 부당하다.
④ 조병옥 후보의 신병으로 3월 선거는 페어플레이가 될 수 없다.

이에 대해 이승만 대통령은 1월 28일 민주당에 회신을 보내 "지금도 나는 선거는 농번기가 시작되기 전에 하는 것이 옳은 것으로 생각한다"고 입장을 밝힌다. 자유당의 치밀하고 조직적인 부정선거 시도가 노골화되는 가운데 조병옥 후보는 1월 29일 부득이 신병 치료차 미국으로 떠난다. 그는 지병인 위장병이 악화되어 국내에서는 치료가 불가능하자 월터리드 육군병원에서 위 수술을 받기로 결심한다. 조병옥은 도미길에 오르면서 당간부들에게 어떤 일이 있더라도 조기선거만은 안되도록 하라고 당부하고, 환송객들에게 "낫는 대로 곧 달려오리라"는 짤막한 말을 남기고 떠난다.

그러나 민주당의 강력한 반발에도 불구하고, 2월 3일 자유당은 선거를 예년보다 두 달이나 앞당겨 3월 15일에 실시한다고 전격 발표한다. 미국에서 이 같은 소식을 전해들은 조병옥은 "이것은 페어플레이 정신을 망각하고 등 뒤에서 총을 쏘는 격"이라고 비난성명을 발표하지만 선거일은 조정되지 않았다.

조병옥은 2월 6일 개복(開腹) 수술을 받고 경과가 좋아져, 직접 한국에 전화를 걸어 병세가 좋아지면 열흘 뒤에 퇴원할 수 있을 것이라고 소식을 전한 뒤 귀국일자만 초조하게 기다린다. 그러나 조병옥은 2월 15일 아침 심장마비를 일으키고 병원에서 급서(急逝) 한다.

민주당은 이로써 신익희에 이어 두 번째 대통령 후보를 선거도 해 보지 못하고 잃게 되는 불운을 또다시 맞는다. 조병옥의 유해는 미국으로 떠난 지 22일 만에 환국했다. 장례는 2월 25일 국민장(國民葬)으로 모셔졌다. 국민들의 애통함은 너무나 컸다. 국민들은 '가련다 떠나련다 어린 아들 손을 잡고 / 감자 심고 수수 심는 두메산골 내 고향에 …'로 시작되는 박재홍의 노래 '유정천리'를 개사(改詞)해 부르면서 슬픈 마음을 달랬다.

1. 가련다 떠나련다 해공선생 뒤를 따라
장면 박사 홀로 두고 조 박사도 떠나갔네
천리만리 타국에서 박사 죽음 웬말이냐
눈물 어린 신문 들고 백성들이 울고 있네

2. 세상을 원망하랴 자유당을 원망하랴
춘삼월 십오 일의 조기선거 원망하랴
가도 가도 끝이 없는 당선길이 몇 구비냐
자유당에 꽃이 피고 민주당에 비가 오네

장면(1899~1966)에 대한 역사적 평가는 대체로 부정적이다. 5 · 16 군사 쿠데타로 정권을 잃은 그는 이후 소심하고 무능한 정치인으로 폄하되었다. 그러나 민주주의에 대한 신념과 인간적 풍모마저 부정할 수 있을까. 적어도 그는 한국 정치사에서 가장 깨끗하고 양심적인 정치인이었다.

민주주의, 한 알의 밀알이 되다

1961년 5월 16일 새벽.

한강 인도교에서는 정권을 사이에 둔 치열한 교전이 벌어지고 있었다. 장면 민주당정권의 종언과 박정희 군사정권의 시작을 알리는 이 새벽의 총성은 하루아침에 세상을 뒤바꾸어 놓았다. 4·19혁명의 유산을 물려받아 성립된 장면정권이 아홉 달 만에 군사쿠데타 세력이 겨눈 총부리에 힘없이 쓰러지던 날 새벽 2시, 장면은 총리 숙소로 쓰는 반도호텔(현재 소공동 롯데호텔 자리) 809호실에서 경호대장인 조인원 경감이 흔들어 깨우는 바람에 깊은 잠에서 깨어났다. 장도영 육군참모총장이 급한 일로 전화를 했다는 것이다. 장면은 수화기를 들었다.

장면 "장 총장, 무엇이 어떻게 되었다는 게야?"

장도영 "30사단에서 장난을 하려는 것을 막아 놓았고, 지금 해병대와 공수부대가 서울로 들어오려는 것을 헌병대가 출동해 한강에서 저지하고 있습니다. 총리 각하께서는 아무 염려 마시고 그런 일이 있었다는 것만 알고 계십시오."

장면 "한 일주일 전에 내가 말한 그것 아닌가?"

장도영 "아니 별것 아닙니다. 염려 마시고 제게 맡기십시오."

장면 "염려 말라는 말만 말고 내게 곧 와줘. 와서 직접 자세히 보고하게. 매그루더 사령관에게도 보고했나?"

장도영 "예, 했습니다."

장면 "그래 곧 좀 왔다 가게."

장도영 "예, 곧 가겠습니다."

장면은 경호원을 호텔 현관에 대기시키고 장도영을 기다렸다. 그러나 아무리 기다려도 장도영은 나타나지 않았다. 낙담한 장면은 사태의 심각성을 깨닫고 전용차를 타고 반도호텔을 빠져나왔다. 전용차에는 장면 부부와 조인원 경호대장, 운전기사 등 4명이 탔다. 이홍렬 비서관이 호텔에 남아 장면과의 연락을 도맡기로 했다. 곧이어 호텔로 실바 CIA 한국지부장, 김영선 재무장관, 한창우 경향신문 사장 등의 전화가 빗발쳤다.

그러는 사이 쿠데타군이 호텔에 들이닥쳤다. 장면이 떠난 지 10분 정도 지났을 시간이었다. 비서관 이홍렬은 즉시 체포되고 장면과의 연락을 위해 지키려던 비밀전화는 쿠데타군에 압수됐다. 이후 55시간 동안 장면과는 연락이 완전히 두절됐다. 반도호텔을 빠져나온 장면의 차는 큰길을 피해 청진동 뒷골목을 거쳐 안국동 미국 대사관저 앞에 멈췄다. 경호대장 조인원이 차에서 내려 문을 두드렸다. 그러나 아무리 기다려도 문은 열리지 않았다. 멀리서 총성은 계속 들려왔다. 더 기다릴 수는 없었다. 할 수 없이 차를 돌린 장면 총리 일행은 그곳에서 가까운 명륜동 자택으로 향하는 듯하다가 돌연 핸들을 꺾어 혜화동 칼멜수녀원으로 들어간다. 그리고는 쿠데타의 성공이 기정사실로 굳어진 뒤인 18일 아침 장면은 칼멜수녀원을 나와 중앙청을 향한다. 낮 12시 장면은 국무회의를 열고 "군부 쿠데타에 책임을 지고 내각은 총사퇴한다"고 발표한다. 장면의 제 2공화국이 막을 내리는 순간이었다.

장면은 내각총사퇴를 발표한 뒤 곧바로 명륜동 자택으로 돌아왔다. 송원영 등 비서관들이 "이렇게 허무하게 당해야만 하느냐"고 울부짖었다. 장면은 무심한 듯 한마디를 던졌다. "이 사람들아, 피를 흘리면서까지 정권을 유지하면 뭘 하겠나." 그 말 한마디뿐이었다.

장면은 과연 세평(世評)처럼 우유부단하고 무능한 정치가였을까?

가톨릭 집안에서 출생

운석(雲石) 장면(張勉)은 1899년 8월 28일 서울 종로구 적선동 외가에서 개명관료이자 지식인이었던 아버지 장기빈(張箕彬)과 어머니 황(黃) 루시아의 3남3녀 중 맏아들로 태어났다. 장면의 부모는 모두 가톨릭 집안 사람들이었다. 아버지는 2대째 신자였고, 외가도 오랫동안 가톨릭을 믿어 온 집안이었다. 장면의 부친은 자신의 아들들인 장면(張勉), 장발(張勃), 장극(張劻)의 이름을 직접 지어 주었는데 모두 힘력(力)이 들어있는 것이 눈길을 끈다. 또한 아들들에게 어릴 때 호(號)도 직접 지어 주었는데 장남인 면은 운석(雲石), 차남인 발은 우석(雨石), 삼남인 극은 하석(霞石)으로 모두 비우(雨)자가 들어 있다.

장면은 8세 때인 1906년에 인천성당 부설 박문학교(博文學校)에 입학한다. 그는 여기서 지금의 초등학교에 해당하는 4년 과정의 보통과와 2년 과정의 고등과를 최우등으로 졸업한다. 박문학교를 졸업한 1912년 인천공립 심상소학교 6학년에 편입하였고 다음해 고등과로 진급하여 1학년을 수료한 후 16세 되던 1914년 수원농림학교(서울대 농대 전신)에 입학한다. 수원농림학교에 재학 중이던 장면은 18세 되던 1916년 5월 20일 서울 중림동 성당에서 부친이 간택한 같은 가톨릭 집안의 16세 김옥윤(金玉允, 1901~1990)과 결혼한다. 1917년 수원농림학교 졸업과 함께 서울로 이사한 장면은 유학준비를 위해 기독교청년학관 영어과에 진학해 본격적으로 영어공부를 시작하게 된다. 그리고 용산 예수성심신학교 강사로 취직해 2년 동안 주로 국어, 역사, 과학 등을 혼자서 가르친다. 이 기간 기독교청년학관 영어과는 야간부로 적(籍)을 옮겨 계속 수학하였다.

1919년 덕수궁 앞에서 만세를 부르는 등 3·1운동에 참가한 장면은 1920년 기독교청년학관 영어과를 최우등으로 졸업하고 같은 해 미국 유학길에 오른다. 그는 1921년 1월 메리놀 외방전교회가 운영하는 예비신

1916년 결혼한 장면-김옥윤 부부. 결혼 당시 장면은 18세, 김옥윤은 16세였다.

학교인 베나드 스쿨에 입학하여 교장 패트릭 번 신부의 지도하에 6개월간 영어와 여러 과목을 학습한다.

그해 8월 한국인으로서는 최초로 성(聖) 프란치스코 제삼회에 입회하였고, 9월 메리놀 외방 전교회 성직자들의 조언을 받아 남자수도회 소속 수사(修士)들이 경영하는 뉴욕 소재 맨해튼대학에 입학해 1925년 6월 인문학 학사학위를 받는다. 장면은 맨해튼대학 졸업 후 귀국하는 길에 로마에서 열린 한국순교자 79위 시복식에 한국 신자 대표로 참석한다. 그는 교황 바오 11세를 알현하고 교황 집전 미사에도 참례(參禮)하는 등 가톨릭 수뇌부와 친분을 쌓는 기회를 가진다.

한국으로 돌아온 장면은 1925년 12월 메리놀회 목 신부의 요청을 받고 평남 영유에서 가톨릭 평양교구 설정을 위한 재단 사무를 보는 한편, 영유성당에 부설된 교육기관에서 한국에 부임한 메리놀회 신부들에게 우리말을 가르치는 어학교사로 활동한다. 그는 1927년 평양교구 설정과 함께 교구 본부가 평양으로 이전하자 평양으로 이사하여 1931년 서울 동성상업학교로 직장을 옮길 때까지 교구 사무와 평양 관후리 성당의 길 신부를 돕는다. 1928년에는 평양 가톨릭 청년회장으로 피선되기도 한다.

1931년 동성상업학교 교사로 부임한 장면은 1936년 교장에 취임한 후 1947년 교단을 떠나기까지 17년간 후진 양성에 온힘을 기울였다. 동성상업학교는 일반상업학교 과정인 갑조(甲組)와 신학생 과정인 을조(乙組)로 나누어 운영되었는데, 2009년 2월 16일 선종(善終)한 김수환 추기경,

원주교구장을 지낸 지학순 주교, 최석우 몬시뇰 등이 을조반 그의 제자들이다. 장면은 일제 강점기 때 다마오카 쓰도무(玉岡勉)로 창씨개명을 한 기록이 있다. 그리고 총독부가 전쟁 동원을 위해 만든 단체인 국민정신총동원 천주교연맹 간사를 맡기도 했다.

해방공간, 정치에 투신하다

해방 당시 동성상업학교 교장이었던 장면은 신학교 시절 제자였던 노기남 주교로부터 정계 진출을 권유 받는다. 하지만 그는 평생 교육자의 길을 걷겠다는 뜻을 밝히면서 일언지하에 거절한다. 그러나 장면이 '한국 가톨릭의 대표' 자격으로 정치적 역할을 해야 한다고 여기던 노기남은 김규식을 두 차례나 찾아가 그를 설득해 달라고 부탁한다. 장면은 노기남과 김규식의 거듭된 권유에 마침내 정계에 나설 것을 결심한다. 이에 장면은 1946년 2월 가톨릭 대표로 미군정 자문기관인 민주의원(民主議院) 의원에, 그해 12월에는 입법의원(立法議院) 의원으로 지명되어 미군정 당국과의 의견 절충, 미소공동위원회에 대한 정책수립 등의 일을 하게 된다.

장면은 1948년 5·10 총선거에 서울 종로을구에서 무소속으로 출마해 마흔아홉의 나이에 제헌국회의원으로 당선된다. 입후보자 9명 중 총투표수의 50%가 넘는 2만 3188표를 획득한 압도적인 승리였다. 이때 노기남은 사실상의 선거본부장을 맡아 가톨릭 조직을 총동원해 적극적인 지원활동을 펼친다. 그러나 장면의 국회의원 생활은 그리 길지 않았다. 그해 8월 11일 이승만 대통령이 그를 발탁해 제3차 유엔총회 파견 한국수석대표로 임명했기 때문이다. 이에 장면은 차석대표 장기영, 고문 조병옥과 함께 유엔총회 개회식에 참석한다. 이후 3개월간에 걸친 각고의 노력 끝에 12월 8일 유엔의 대한민국 정부 승인을 끌어내게 된다. 또 전쟁 난민 구호를 위해 유엔 경제사회이사회, 미국 정부, 뉴욕 대주교인 스펠만 추기경 등을 부지런히 찾아다니며 지원을 호소한다.

1952년 이승만 정부의 국무총리를 맡고 있던 시절 촬영한 장면의 가족사진.

이어 미국에 머물고 있던 장면은 12월 27일 초대 주미대사로 발령 받는다. 그는 1950년 6·25전쟁이 발발하자 백악관으로 트루먼 대통령을 방문해 미군 파병을 요청하는 등 미국과 유엔에 대한 외교활동을 통해 미군 등 유엔 16개 회원국의 참전을 이끌어 낸다. 주미대사로 활동 중이던 장면은 1950년 11월 23일 제 2대 국회에서 148대 6표라는 압도적인 지지로 제 2대 국무총리로 인준된다. 그러나 중공군의 6·25전쟁 참전이라는 돌발적 상황에 따라 유엔 업무를 수행하느라고 귀국이 늦어졌으며, 1·4후퇴 이후 정부가 부산으로 옮긴 뒤인 1951년 1월 28일 귀국해 국무총리에 취임한다.

장면은 또 1951년 11월 제 6차 유엔총회 파견 수석대표로 선임되어 파리로 떠난다. 그는 그곳에서 한국문제를 유엔에 상정하기 위한 많은 노력을 하였지만 뜻을 이루지 못하자 지병인 간염이 재발해 이듬해 1월 한 달간의 입원치료를 받게 된다. 장면이 한국을 떠나 있던 사이 국내의 정정(政情)은 여당인 자유당 창당과 이승만의 재집권을 위한 대통령직선제로의 개헌 추진 등 혼미를 거듭하고 있었다. 이에 1952년 1월 18일 대통령

직선제 및 양원제 개헌안이 국회 표결에 부쳐지게 이르렀고, 무소속의원 중심으로 구성된 원내자유당 인사들은 이승만 대통령의 독재를 견제하는 쪽으로 방향을 선회해 내각책임제 개헌을 추진하게 되었다. 그들은 이승만 대신 장면을 대통령으로 추대한다는데 합의한다. 이런 상황 속에서 국회는 정부가 제출한 개헌안을 143 대 19표로 부결시켰다.

이러한 반(反) 이승만 분위기가 국회를 지배하자 이승만 대통령은 1952년 2월 4일 파리에서 요양 중이던 장면에게 귀국을 명령한다. 결국 장면은 한국으로 돌아왔지만, 지병인 간염 악화로 부산의 미군병원에 입원해 치료를 받는다. 이어 4월 19일 신병으로 국무총리를 사임하고, 경향신문 고문으로 일하면서 정치에는 일체 간여하지 않는다.

1952년 8월 이승만 대통령은 발췌(拔萃) 개헌에 의해 직선으로 실시된 제 2대 대통령 선거에서 의도한 대로 재선(再選)에 성공하게 된다. 이후 이승만 대통령은 자신의 지지 세력을 확산할 목적으로 창당한 자유당을 중심으로 장기집권의 포석을 구축해 나간다.

민주국민당(이하 '민국당'으로 약칭)을 비롯한 야당의 개헌 반대 세력이 전열을 채 정비하기도 전인 1954년 9월 7일 자유당은 초대 대통령에 한해 중임 제한을 철폐하는 내용의 개헌안을 제출한다. 이에 자유당과 이승만 정부는 재빠르게 무소속 의원 포섭에 나서 개헌 가능 의석인 3분의 2를 확보하게 되고, 불법적인 4사5입(四捨五入) 개헌을 자행한다.

이처럼 이승만 정권의 독재정치가 계속되자 민국당을 비롯한 야당은 점차 반독재 투쟁 연합전선을 형성하기 시작한다. 1955년 초 민국당과 무소속동지회 소속 의원 60여 명이 호헌동지회를 구성한 뒤 원내교섭단체로 등록한다. 이어 반 이승만 세력을 결집한 야당은 그해 9월 민주당(民主黨)을 창당하기에 이른다. 이때 장면은 정일형·주요한 등 흥사단계, 오위영·김영선 등 원내자유당계, 현석호·이태용 등 자유당 탈당파 등이 중심이 된 신파(新派)의 중심인물로 부상한다.

1955년 9월 18일 서울 시공관에서 열린 민주당 창당대회에서 장면은 조병옥, 곽상훈, 백남훈과 함께 최고위원으로 선출된다. 대표최고위원에는 신익희가 선출되었다. 이로써 장면은 대한민국 출범 이후 유엔총회 파견 수석대표, 초대 주미대사, 2대 국무총리를 지내며 이승만 정권에서 줄곧 일해 오다 야당 지도자로 변신하게 된다. 민주당의 창당은 이승만의 자유당에 맞서는 최초의 의미 있는 야당으로서, 양당체제의 제도화 가능성을 보였다는 점에서 역사적 의의를 가진다고 볼 수 있다.

감시 받는 부통령

1956년 3월 29일 서울 시공관에서 열린 민주당 정·부통령 후보 지명대회에서 장면은 구파인 김준연과의 경쟁 끝에 754 대 207표로 부통령 후보로 지명된다. 같이 러닝메이트로 출마할 대통령 후보로는 신익희가 선출되었다. 5월 15일 실시될 정·부통령 선거는 민주당이 이승만을 누르고 평화적인 정권교체를 이룩할 절호의 기회였다. '발췌개헌'과 '사사오입 개헌'으로 이어진 이승만 정권의 영구집권 음모와 자유당의 실정(失政)에 많은 국민들이 갈수록 염증을 느끼는 상황이었다.

이승만 정권의 독재에 대해 민심 이반이 심해지면서 대통령 후보 신익희와 부통령 후보 장면의 정견발표회는 가는 곳마다 대성황을 이루었고, '못살겠다 갈아보자'는 선거구호는 회오리바람을 몰고 왔다. 이때 같이 유세를 다녔던 박순천(朴順天)이 들려주는 재미있는 일화(逸話) 한 토막.

> "민주당 유세반이 순천에서 연설회를 마친 뒤 모처럼 시간 여유가 생겨 근교의 갯마을에 들린 일이 있다. 이 갯마을 바닷가를 산책하고 있을 때 이곳 초등학교 선생이 이들 일행을 알아보고 아이들에게 교훈될 말을 해 달라고 청했다. 일행은 이 청을 받아들였다.
>
> 맨 먼저 신익희 선생이 교단에 올랐다. 코흘리개 50명 앞에서 무슨 얘기로 말문을 열까. 철부지 아이들에게 마땅한 말을 찾기는 쉽지 않을 듯

했다. “얘들아, 내 이름은 익희다. 너희들 깜짝 놀라면 ‘익키! 익키! 그러지?’ 그래 내 이름이 신익희다”하고 웃었다.

다음은 장면 박사의 차례였다. “얘들아, 지금 신익희 선생님이 ‘익키! 익키!’라고 그러셨지. 내가 학교 다닐 때 아이들이 나를 보고 ‘짜장면, 짜장면’하고 놀렸다. 그건 내 이름이 장면이었기 때문이다. 너희들은 짜장면이 뭔지 알겠니? 짜장면은 국수다, 국수.” 그제야 아이들은 까르르 웃었다.

1956년 대통령 선거 당시 대통령 후보 신익희와 부통령 후보 장면의 사진을 달고 가두 방송을 하고 있는 민주당 유세차량.

장 박사까지 그런 말씀을 하시고 나니 나는 할 말이 없었다. 하여간 나도 뭔가 그분들처럼 이름에 대해서 이야기 해야겠기에 “얘들아, 여기에서 가까운 순천이라는 데 있지? 내 이름이 바로 순천이다. 내 이름은 본래 순천이 아닌데, 내가 독립운동하다 쫓겨 다닐 때 감춰준 사람이 거짓말하기를, 자기 동생이 순천으로 시집을 갔다가 소박을 맞고 쫓겨 왔다고 해서 내 이름이 고만 순천이가 되어 버렸다고 말했다.”

그러나 선거에 의한 야당으로의 정권교체를 앞둔 5월 5일. 지방유세를 떠났던 대통령 후보 신익희가 ‘비내리는 호남선’에서 급서(急逝) 한다. 민주당으로서는 엄청난 충격이었다. 당 일부에서는 선거포기론까지 나오고, 신·구파의 갈등이 고개를 든다. 구파의 김준연은 대통령은 이승만을 지지한다고 독단적 성명을 내기까지 한다. 결국 최고위원회는 부통령 선거에 총력을 기울이기로 결의한다.

5월 15일 실시된 선거에서 장면은 총득표 401만 2654표(41.7%)로 380

만 5502표(39.6%)를 얻은 자유당의 이기붕 후보를 20여 만 표차로 누르고 부통령에 당선된다. 장면의 부통령 당선은 엄혹한 이승만 정권하에서 야당후보를 국민이 투표를 통해 선택했다는 점에서 민주주의를 새로운 이정표라고 할 수 있다. 당시 80세가 넘은 고령의 이승만 대통령 유고(有故) 시 권력을 승계해 집권할 수 있다는 점에서도 중요한 정치적 의미가 있었다. 그러나 역설적으로 이런 이유에서 장면은 헌법에 규정된 부통령의 권한(참의원 의장, 탄핵재판소 재판관, 헌법위원회 위원장)을 통해 행정부를 견제할 수 있는 길을 이승만 정권으로부터 교묘하게 제한당할 수밖에 없었다. 심지어는 민주당 구파도 그를 내심으로는 견제하는 상태였다.

이승만 대통령은 정적(政敵)으로 부상한 장면에게 상식 밖의 행동도 서슴지 않았다. 8월 15일 열린 정·부통령 취임식에서 이승만은 내외 귀빈을 전부 소개하면서 정작 취임식의 공동 주인공인 장면은 빼놓았다. 또 남산 국회의사당(이후 주민반발 등의 이유로 건설 백지화) 기공식에서 내빈의 자리를 준비하면서 부통령 좌석은 마련하지 않아 참석한 장면이 그냥 돌아갈 정도였다. 그리고 장면과 친분이 있던 베트남 고 딘 디엠 대통령의 한국 방문 때도 방한(訪韓) 사실조차 알리지 않아 몰래 만나는 일조차 있었다. 그리고 부통령에 취임한 지 한 달여 지난 9월 28일 장면은 이승만 정권에 의한 암살 기도를 가까스로 모면한다. 암살의 위험에도 불구하고 서울 시공관에서 열린 민주당 전당대회에 참석한 장면은 권력의 사주를 받은 저격범 김상붕이 쏜 권총에 왼손 관통상을 입는 테러를 당하게 된다. 다행히 총알은 손의 옆면을 뚫고 나갔고 뼈와 신경조직을 건드리지 않아 큰 부상은 면했다.

이승만 정권의 하부조직에서는 저격범 김상붕으로 하여금 "조병옥 만세"를 부르게 하고, 신익희의 사진을 휴대한 사실을 밝히면서 이 사건을 마치 구파에서 꾸민 것처럼 조작하려 했다. 그러나 그것을 믿을 국민은 아무도 없었다. 장면은 이후 자신에 대한 저격사건으로 사형선고를 받은 3명 중 한 명인 최훈에게 털옷을 사서 교도소에 넣어 주고 편지를 주고받

1956년 9월 28일 민주당 전당대회에서 김상붕이 쏜 권총에 왼손 관통상을 입은 장면 부통령.

기도 했으며, 나중에 총리가 됐을 때는 감형 조치를 통해 사형을 면하게도 해 주었다. 또 그를 직접 저격했던 김상붕도 복역을 마치고 나와 목사가 된 뒤 장면의 셋째 아들인 장익 주교를 만나 자신에게 면회까지 왔던 '인자한 장면'에 대해 고마워했다고 한다. 장면의 따뜻한 인품이 느껴지는 대목이다.

장면은 암살을 모면한 두 달여 뒤인 11월 13일 명륜동 자택에서 순화동 부통령 공관으로 이사하게 된다. 이후 4년여 동안 순화동 공관에 지내면서 민주당의 발전과 민권을 수호하는 일에 전념하게 된다.

민주당 대표최고위원으로 선출

장면은 민주당내 신·구파의 갈등이 갈수록 심화되어 가던 1959년 11월 26일 정·부통령 후보 지명 전당대회에서 481표를 얻어 484표를 획득한 조병옥에 패해 대통령 후보가 되는데 실패하고 다시 부통령 후보로 선출된다. 이때 표차가 불과 3표차에 불과하자 조병옥이 후보지명을 수락하지 않으려 했으나, 장면은 "한 표가 더 많아도 조 박사가 다수결로 지명받았으니 수락해야 됩니다. 나는 그것을 조금도 개의치 않으니 협력해서 일합시다"며 흔쾌히 결과에 승복한다.

장면은 대통령 후보 경쟁에서는 조병옥에게 졌지만, 당권 경쟁에서는 승리한다. 정·부통령 후보 지명대회 다음날인 11월 27일 다시 소집된 전당대회에서의 대표최고위원 경선 결과 이번에는 장면이 518표를 얻어 447표를 얻은 구파의 조병옥을 71표차로 누르고 야당 당수에 오른 것이다. 최고위원에는 구파의 조병옥, 백남훈, 윤보선과 신파의 곽상훈, 박순천이 선출되었다. 대통령과 부통령 후보를 선출한 민주당은 다시 한 번 정권교체의 기회를 잡게 되었다.

그러나 민주당은 대통령 후보 조병옥의 갑작스러운 별세로 인해 4년 전에 이어 또다시 절호의 기회를 놓치게 된다.

장면은 인생회고록에서 당시의 심정을 다음과 같이 토로했다.

> "1960년 2월 15일! 제 4대 정·부통령 선거일을 한 달 앞두고 나는 또 기구한 운명을 맞이했다. 수술차 도미(渡美) 했던 민주당 대통령 후보 조병옥 박사가 서거했다는 비보였다. 나는 선거에서 두 번씩이나 러닝메이트를 잃는 정말 기구한 운명의 주인공이 되었다. 1956년 제 3대 정·부통령 선거 때에는 선거일 열흘 전에 해공 신익희 선생이 돌아가는 비운을 당했고, 이번 또한 조 박사가 이국에서 불귀(不歸) 의 몸이 되니, 가위 얄궂은 불운의 연속이었다."

조병옥 사후 유세를 중단했던 장면은 2월 25일 조병옥의 국민장(國民葬) 을 치른 뒤에야 유세를 재개한다. 2월 28일 대구 수성천변에서 가진 유세에는 20만 군중이 운집했다. 문교부의 지시를 받은 경북도는 학생들이 유세장에 가는 것을 막기 위해 이날이 일요일인데도 고교생을 모두 등교 시킨다. 이에 경북고 학생 1천여 명을 비롯해 대구고·경북여고생들이 거리로 뛰쳐나와 이승만 정권의 비열한 책동에 항의한다. 이러한 '2·28 대구학생시위'는 4월혁명을 알리는 전주곡(前奏曲)이었다.

조병옥 대통령 후보 사후 리더를 잃은 민주당 구파는 충격에서 벗어나지 못한 채 선거를 거의 포기하다시피 한다. 자유당도 싫었지만 신파도 싫었던 것이다. 구파가 손을 놓는 바람에 장면은 사실상 신파 조직만으로 선거운동을 벌이며 고군분투한다. 3월 15일 투표가 시작되자 자유당 정권의 부정선거를 알리는 소식이 전국에서 쏟아진다. 이에 민주당은 오후 4시 "선거를 포기하며 이 선거는 원천적으로 무효"라고 선언한다.

개표 결과 대통령에는 이승만 후보가 963만 3376표를 얻어 당선되었고, 부통령에는 이기붕 후보가 833만 7059표를 얻어 184만 3758표를 얻은 장면을 누르고 당선된다. 자유당 정권에 의한 무차별적인 부정선거의 결과였다. 당시 한국의 정치 상황을 지켜본 영국 더 타임스의 기자는 "한국에서 민주주의가 꽃피기를 기다리는 것보다 쓰레기통에서 장미꽃이 피기를 기다리는 것이 낫다"는 뼈아픈 말을 남기기도 했다.

3·15의거, 그리고 4·19혁명

부정선거에 대한 국민의 분노는 마산에서 먼저 터져 나오기 시작한다. 선거 당일 학생·시민들이 시위를 벌이면서 경찰과 충돌하게 되는데, 7명이 숨지고 72명이 부상을 당한다. 이어 3월 17일 서울에서 성남고생 400여 명이, 24일 부산에서 고교생 1천여 명이 시위를 벌였다.

이후 다소 잠잠하던 시위는 4월 6일 서울에서 열린 민주당 주도의 대규모 시위로 다시 불이 붙기 시작한다. 이 시위는 시청 앞에서 불과 수백 명으로 시작했지만 을지로4가와 종로를 거치는 동안 수천 명으로 불어났으며 길가에서 수만 명의 시민들이 지켜보았다. 4월 11일 마산에서 2차로 군중시위가 일어난다. 1차 시위 때 행방불명되었던 마산상고생 김주열의 시신이 눈에 최루탄이 박힌 채 낚시꾼에 의해 마산 앞바다에서 발견된 것이다. 이 소식이 전해지자 저녁부터 모이기 시작한 2만여 명의 시민·학생들은 마침내 "이승만 정권은 물러가라" "이기붕을 처단하라"는 구호를 외치며 격렬한 시위를 벌인다. 경찰과 투석전이 벌어지고 경찰이 다시 발포하면서 2명이 죽고 14명이 중상을 입게 된다. 시위가 계속 이어지면서 마산 시내의 행정은 완전히 마비되고 상가는 대부분 철시한다.

마산에서의 시위가 격화되면서 이승만의 하야(下野) 요구까지 나오자 자유당 정권은 마산사태를 공산당의 사주에 의한 것으로 몰아가려 했다. 그러나 마산에 파견된 국회조사단은 민주당 측 조사를 토대로 사건의 원인을 첫째가 부정선거에 대한 불만, 둘째가 김주열의 참혹한 죽음, 셋째가 고문경찰의 처벌에 무성의한 경찰당국의 태도라고 발표한다.

한편 4월 14일 부통령 장면은 마산사태에 대한 수습방안을 이승만 대통령에게 건의한다. 이승만 독재정권을 향한 혁명의 불길이 전국에서 들불처럼 번져나가면서 그 열기는 마침내 서울로 옮겨 왔다. 4월 18일 고려대 학생들의 국회 앞 연좌시위와 이들에 대한 폭력단의 청계천4가 집단테러 사건이 발생하자 4월 19일에는 서울의 전 대학교 학생들과 일부 고교생들이 들고 일어났다. 이날 국회의사당(지금 태평로에 있는 서울시의회 건물) 앞 거리에 운집한 학생은 서울대 2천여 명, 고려대 2천여 명, 연세대 4천여 명, 경희대 1천 명 등과 동성고, 대광고 등 고교생을 합쳐 10만 명에 달했다.

이들 시위대는 경찰의 광화문 저지선을 뚫고 그중 일부가 경무대(景武臺: 지금의 청와대)로 향했다. 2천여 명의 학생들이 효자동 입구까지 밀려가자 당황한 경찰은 공포탄과 실탄 사격을 시작했고 수많은 사상자가 속출하였다. 총격을 피해 사방으로 흩어졌던 학생들은 다시 모여 반공회관에 불을 지르고 밤에는 서대문에 있는 이기붕의 집(지금의 4·19혁명도서관 자리)을 포위했으나 경찰의 발포(發砲)로 해산당한다.

이승만 정부는 이날 오후 3시 서울시 일원에 경계계엄령을 선포하고 시위 진압에 나섰으나 시민들의 합류로 시위대는 더욱 늘어나 시내 곳곳의 파출소가 습격당하는 등 최악의 상황으로 치달았다. 사태가 더욱 악화되자 정부는 다시 오후 5시에 부산·대구·광주·대전 등 4개 도시에 계엄을 추가로 선포하고, 저녁 7시부터 새벽 5시까지 통행을 금지시키고 제15사단을 서울로 진주시켜 시위대에 대한 대량 검거에 나선다.

이날 부산·대구·광주·인천·청주·목포 등 주요 지방도시에서도 학생들의 시위가 일어나 수많은 사상자를 냈는데, 사망자 186명 부상자 6,026명이었다.

부통령직 사임으로 이승만 압박

4월 23일 장면은 전격적으로 부통령 사임서를 국회에 제출한다. 장면은 기자회견을 갖고 "3·15부정선거로 인하여 3천만 동포의 울분은 드디어 절정에 달하고 마침내 민족의 정화(精華)인 청소년 남녀들이 총탄에 쓰러져 그 고귀한 피가 이 강산을 물들이게 됨을 볼 때에 하루라도 그 자리에 머무를 수 없는 비통한 심경에 다다른 것이다. 이 대통령은 3·15선거의 불법과 무효를 솔직히 시인하고 또 12년간 누적된 비정(秕政)에 대하여 책임을 지고 물러서야 할 것이다"며 이승만의 하야를 강력히 요구한다. 장면은 이틀 뒤 순화동 부통령 공관을 나와 명륜동 자택으로 돌아간다.

이승만의 하야를 3일 앞둔 시점에서 장면은 대통령 임기 계승권을 포기하고 만 것이다. 장면은 3·15 부정선거에서 이기붕에 패해 부통령을 낙선한 상태였지만 3대 부통령 임기가 아직 남아 있었다. 따라서 이승만이 물러나고 3·15선거가 무효로 되면 대통령 자리는 자연히 그에게 넘어오게 되어 있었다. 그런데도 그는 왜 부통령 자리를 던졌을까. 장면은 훗날 회고록에서 부통령 사임 이유를 이렇게 적고 있다.

"내가 이때 부통령직을 사임하게 된 이유는 다음 세 가지로 요약해서 말할 수 있다.

첫째, 당시 나의 최대의 목표는 이 대통령의 하야였다. 이러한 목적을 실현하기 위하여 이 박사의 하야를 촉진시키는 방법의 하나는 내가 부통령직을 사임하는 길이었다. 대통령직 계승권을 가지고 있다는 사실 자체가 항상 대통령 자신과 그 밑의 자유당원들에게 불안감을 주고 있었던 것이 사실인 만큼 이 정권이 풍전등화에 놓여 있는 계엄령하인 당시, 이 박사가 이를 막기 위해 어떠한 태도를 취하게 될 지 알 수 없었다.

둘째, 도의적인 면이다. 내가 비록 당이 다른 민주당의 부통령이라고 하지만, 이승만 정권하의 부통령임은 틀림없었다. 이 박사가 비정상적인 사태하에 이 실정의 책임을 지고 부득이 물러날 때 나는 당이 다르다는 이유만으로 물러서지 않을 수 없는 일이다. 형식적이나마 이 정권하에서 부통령직을 맡았던 나로서는 그 정권이 비상사태로 물러서는데 나 혼자만 책임을 회피하며 그 자리에 계속 머물러 있게 된다면, 정치 도의상 용납될 수 없는 것이라고 생각했기 때문이다.

셋째, 이 박사가 역경에 빠진 틈을 타서 내가 그 자리를 차지하겠다는 야심을 가진 것 같은 인상을 국민들에게 줄 수 없다고 생각했다. 남의 불행에 편승해서 내가 권력을 잡는다는 인상을 국민들에게 남긴다는 것은 부도덕한 일이기 때문이다."

장면의 부통령 사임을 접한 이승만은 전 국무위원의 사표를 수리하고 외무장관에 허정, 내무장관에 이호, 법무장관에 권승렬 등을 임명함으로써 행정부를 쇄신한다. 이때까지만 해도 이승만은 개각과 이기붕의 퇴진 정도로 사태가 수습되리라고 믿고 있었던 것 같다.

그러나 25일 서울 시내 각 대학 교수단의 시위는 이승만 정권의 붕괴를 가져오는 결정타로 작용하게 된다. 교수단은 14개항의 시국선언문을 통해 이승만의 즉각 하야와 자유당의 해체를 요구하며 시위를 벌인다. 이날 수만 명의 시민·학생들이 호응하여 서울 시내가 시위대로 뒤덮인다. 교수단의 시위는 그간 소강상태에 있던 학생 시위에 불을 댕겨 25일 저녁과

26일에는 수십만 명의 학생과 시민들이 거리를 메웠고 경찰은 이들에 대해 무차별 발포로 맞섰다.

이승만 정부는 26일 경계계엄을 비상계엄령으로 바꾼다. 그러나 민심을 확인한 계엄군도 시위를 적극 진압하기 보다는 중립을 지키는 자세를 보인다. 사태의 심각성을 인식한 송요찬 계엄사령관은 이날 경무대로 이승만을 찾아가 학생 대표와의 면담을 건의한다. 이에 이승만은 학생들과의 면담을 수용하고 시위대표 5명으로부터 재선거 실시 등 시국수습책을 건의 받는다.

이승만은 이들을 만난 후 "국민이 원한다면 대통령직을 사퇴하겠다"는 하야 성명을 라디오를 통해 발표하고, 26일 사임서를 국회에 제출한다. 이승만은 이튿날인 27일 12년간 살았던 경무대를 나와 사저인 이화장(梨花莊)으로 몸을 옮긴다. 그리고 바로 다음날 새벽. 서대문 자택을 포위한 시위대를 피해 포천의 6군단에 잠시 피신했다 다시 경무대 옆 별관에 들어와 숨어있던 이기붕 일가 4명이 자살로 모두 생을 마감하게 된다.

대통령제냐, 내각책임제냐

이승만 정권이 무너지고 허정 과도정부가 들어선 후 처음 등장한 이슈가 내각책임제 개헌 문제였다. 이승만 독재체제가 대통령제라는 제도적 결함에서 비롯됐다고 여기는 분위기가 형성되면서 여론은 대통령제를 폐지하고 내각책임제를 시행하자는 쪽으로 기울어졌다.

여기에는 각 정파별 이해관계도 개입하게 된다. 몰락한 자유당은 내각책임제가 되어야만 그나마 살아날 여지가 있다는 판단을 하게 되었고, 신익희와 조병옥을 잇달아 잃음으로서 유력한 대통령 후보가 없었던 민주당 구파도 내각책임제를 더 선호했다. 구파의 경우 새 리더로 김도연과 윤보선이 부각됐지만 대통령을 직선하는 경우 신파의 장면과 대결해 승산이 없었다. 그러나 국회 내 다수파가 집권하는 내각책임제에서는 충분히 집권이 가능하다고 생각한 것이다.

그러나 신파는 당 대표최고위원이면서 부통령을 지낸 장면이라는 유력한 대통령감을 보유하고 있었기 때문에 내심으로는 내각책임제보다 대통령제를 더 반기는 분위기였다. 정치 상황으로 볼 때 재선거를 하게 되면 장면이 민주당 후보가 될 가능성이 매우 높았고, 대통령 당선도 거의 확실한 상황이었기 때문이다.

당의 존폐가 걸린 자유당이 먼저 의원총회에서 내각책임제 개헌을 주장한다. 이어 민주당에서는 구파에서 개헌추진위원회 구성을 주도하는 등 선제공격에 나섰다. 4월 24일 민주당 신·구파 간부들은 순화동 장면 부통령 공관에 모여 개헌에 관한 의견을 나눈다. 이 자리에서 구파는 개헌을 거듭 주장했고, 신파는 정·부통령 재선거를 주장하며 맞선다.

그러나 민주당 신·구파의 대립에도 불구하고 국민 여론이 내각책임제 추진으로 흘러가자 장면은 4월 28일 자택에서 기자회견을 갖고 "나의 지상목표이며 철칙이 독재를 막기 위한 내각책임제 개헌이라는 것을 분명히 말해 둔다. 개헌을 현 국회가 하느냐, 새 국회가 하느냐에 관해서는 여러 의견이 있을 수 있으나 나로서는 현 국회가 할 수 있다면 그것이 가장 좋은 방안이라고 믿는다"고 밝힌다.

장면이 내각책임제 개헌 지지를 밝히자 이날 국회는 민주당과 자유당에서 각각 4명, 무소속 1명 등 9명의 위원으로 '국회 내각책임제 개헌안 기초위원회'를 구성한다. 이어 위원회는 5월 11일 '대통령은 상징적으로 국가원수 지위만을 부여받으며 민·참의원 합동회의에서 선출한다' '행정권은 국무총리를 중심으로 한 국무원(내각)이 맡는다' '입법부는 민의원과 참의원의 양원으로 구성한다'는 내용의 개헌안을 국회에 제출한다. 위원회는 즉시 개헌안 통과에 필요한 정족수 148명을 훨씬 넘는 국회의원 175명의 서명을 받았다. 공고기간을 거친 내각책임제 개헌안은 6월 15일 오전 국회 표결에 부쳐 재석 211명 중 찬성 208표를 얻어 통과된다.

민주당 신 · 구파의 대립

새 헌법이 공포된 뒤 그 부칙(附則) 규정에 따라 향후 정치 일정이 확정되었다. 국회의원 총선거일은 7월 29일로 정해졌다. 총선일자가 잡히자 민주당 신 · 구파는 치열한 당선경쟁에 들어간다. 민주당의 압승이 예상되는 상황에서 국회의원을 많이 당선시킨 쪽이 정권을 잡게 되어 있었기 때문이다.

선거를 앞두고 신파와 구파는 선거본부부터 따로 차렸다. 신파는 중앙당에, 구파는 삼각동 전업회관에 자리를 잡았다. 이어 공천 작업에 들어간 민주당은 현역의원들을 1차로 공천한 다음 나머지는 양 계파가 같은 수로 똑같이 나눈다. 겉으로 보기에는 매우 공평한 공천으로 보이지만 실상은 달랐다. 신파와 구파는 공천을 받지 못한 지역구에 자기 계파 후보를 무소속으로 내세웠다. 심지어 신파의 리더인 장면이 출마한 용산갑구에도 구파에서 후보를 내세웠으며, 구파의 리더인 윤보선의 종로갑구, 김도연의 서대문갑구에도 신파에서 자기 쪽 사람을 출마시킨다.

민주당 신 · 구파가 이렇게 치열한 공천 경합을 벌인 것은 총선 후 국회에서 있을 대통령 선거와 국무총리 인준에서 유리한 고지를 점하기 위해서였다. 양 계파는 자파의 무소속 후보에게 은밀하게 자금과 조직을 지원하는 '해당(害黨) 행위'를 자행했으며, 일부 지역에서는 폭력사태가 벌어지기도 했다.

7 · 29총선 결과 민주당은 민의원 233석 중 175석을 차지했고, 참의원은 58석 가운데 31석을 얻는 압승을 거둔다. 그러나 이 압승은 양 계파로 하여금 각각 단독집권을 꿈꾸게 한다. 8월 4일 구파는 자파 출신 도당위원장과 주요 간부 30여 명이 모인 가운데 앞으로의 정국대책을 숙의하고 대통령과 국무총리 동시 확보와 분당(分黨)을 선언하는 한편 이를 관철하기 위하여 23인위원회를 구성한다. 이에 신파는 8월 5일 간부회의를 열어 구파에 대응하는 13인위원회를 구성하고 구파에 대하여 "정당정치의 상

도(常道)를 벗어나 민주주의의 정신을 저버린 언행"이라는 비난성명을 발표한다.

8월 6일 민주당 신·구파는 각기 계파별로 당선자대회를 열었다. 구파가 소집한 '아서원대회'에는 민의원 74명·낙천당선자 9명·참의원 12명 등 95명이 참석하였고, 신파의 '대명관대회'에는 민의원 68명·낙천당선자 5명·무공천지구 당선자 2명·참의원 10명 등 85명이 자리를 함께 했다. 참석자수로는 구파가 10명이 많았지만 변수가 많아 실질적인 판도는 우열을 가리기 어려웠다.

한편 8월 8일 국회가 개원되고 민의원과 참의원 의장단 선거가 실시되었는데, 민주당 신·구파의 치열한 경쟁 끝에 양원 모두에서 구파가 승리하게 된다. 그러나 이것은 어디까지나 국회의장단 선출일 뿐 정작 정부를 구성하는 일은 미묘한 문제가 많이 남아 있었다. 우선 대통령과 국무총리를 독식하느냐 분리하느냐를 비롯해서 누구를 대통령으로 추대하고 또 누가 국무총리로 지명될 것이냐의 문제와 함께 무소속의 향배 등이 커다란 변수로 작용하게 되었다.

신파의 전략은 분명했다. 분당 반대를 주장하면서 '대통령-윤보선, 국무총리-장면' 패키지로 결정했다. 구파는 서열을 가리기 어려운 김도연, 윤보선 두 리더를 중심으로 국무총리에 윤보선을 미는 측과 김도연을 옹립하는 측으로 나뉘져 있었지만 결국 '대통령-윤보선, 국무총리-김도연'으로 입장을 정리하게 된다.

8월 12일 국회 양원합동회의 표결 결과 윤보선은 208표를 얻어 29표를 얻은 김창숙을 누르고 대통령에 선출되었다. 윤보선의 대통령 당선은 신·구파 양측의 공통된 전략에 따른 예정된 결과였다. 신파는 대통령과 총리직 안배라는 명분을 내세워 내각책임제하에서 형식적인 국가원수인 대통령 자리를 구파에 할애하고 실권 있는 총리 자리를 노렸으며, 구파는 우선 대통령직을 확보한 다음 총리 자리까지 확보하려 했기 때문이다.

내각책임제 총리에 오르지만

8월 16일 대통령 윤보선은 구파의 전략대로 국무총리에 김도연을 지명하여 민의원에 통고한다. 대통령에 의해 총리에 김도연이 지명되자, 구파는 인준을 위해 신파는 부결을 위해 치열한 득표전을 전개한다. 양 계파는 자파의 결속을 다지는 한편 열쇠를 쥐고 있던 무소속 의원 포섭에도 적극 나선다.

17일 김도연 총리인준 표결 결과 총투표 224표 가운데 찬성 111표, 반대 112표, 무효 1표로 과반수에 3표가 부족해 인준은 부결된다. 헌법 규정에 의하면 국무총리는 대통령이 지명하여 민의원의 동의를 얻도록 되어 있었다. 그러나 민의원에서 1차 지명자가 동의를 얻지 못할 경우 대통령이 그날로부터 5일 이내에 다시 지명하지 않거나 2차에 걸쳐 민의원이 대통령의 지명에 동의하지 않을 때는, 총리는 민의원에서 선거하는 것으로 되어 있다. 이상의 동의와 선거에는 민의원 재적 과반수의 득표를 얻어야 하고, 대통령이 총리를 지명할 때에 민의원은 그 지명을 받은 때로부터 24시간 이후 48시간 이내에 동의에 대한 표결을 하도록 하고 있었다.

이에 따라 대통령 윤보선은 2차로 총리에 신파의 장면을 지명했다. 신·구파 양측은 이번에는 반대로 인준과 부결을 위해 총력전을 펼친다. 8월 19일 우여곡절 끝에 총리 인준에 대한 표결이 있었는데, 표결 결과 총투표수 225표 중 찬성 117표, 반대 107표, 기권 1표로서 재적과반수에서 2표를 더 얻어 장면이 총리 인준을 얻는다. 이로써 민주당 신·구파 간 집권경쟁은 신파의 승리로 끝난다.

민주당 신·구파의 집권경쟁은 장면의 총리 인준으로 결말이 났으나 구파는 이에 승복하지 않았다. 구파측은 장면이 인준 받은 다음날 민·참의원 90명이 모여 독자 원내교섭단체 구성과 장면 내각에의 입각 거부를 결의함으로써 민주당은 사실상 분당(分黨) 상태에 들어간다.

8월 21일 장면은 당의 리더들인 윤보선, 곽상훈, 유진산 등과 4자회담

1960년 8월 1일 육군사관학교를 방문해 생도대표들과 악수하고 있는 장면 총리. 장면 오른쪽은 이한림 육사 교장.

을 갖고 연립내각 구성을 모색하지만 회담은 성과 없이 결렬된다. 이에 장면은 8월 23일 신파 중심의 내각을 구성한다. 그러나 내각 구성이 발표되자 구파의 규탄 못지않게 신파 소장그룹이 거세게 반발한다. 장면의 인준에 결정적 역할을 했다고 자부하고 있었던 이철승을 중심으로 하는 소장파 의원 18명은 '소장동지회'를 구성해 별도의 규약을 만들어 장면 내각을 공격한다.

한편 구파는 8월 31일 86명의 의원으로 '구파동지회'를 만들어 별도의 원내교섭단체로 등록하고 원내총무에 유진산, 부총무에 이민우 김영삼을 선출한다. 이러한 구파의 분당 움직임과 신파 소장파 그룹의 반발에 불안을 느낀 장면은 다시 거국내각을 구성하기 위해 9월 7일 홍익표 내무, 현석호 국방, 이태용 상공, 오위영 국무원 사무처장을 사임시킨다.

장면은 구파의 교섭단체를 인정한 후 구파 측과 다시 협의해 연립내각을 구성한다. 국방 권중돈, 부흥 김우평, 보사 나용균, 교통 박해정, 체신 조한백 등 5명의 구파 인사를 입각시키게 된 것이다. 이들 장관들은 연립내각의 성격상 구파에서 소환하면 언제라도 물러나도록 약속이 되어 있었다. 그러나 장면의 당 운영 정상화 노력에도 불구하고 계속 냉담한 태도를 견지하던 구파측은 9월 22일 김도연의 성명을 통해 정식으로 분당을 천명한다. 구파가 분당을 선언함에 따라 신파 역시 이튿날 '민주당'이라는 이름으로 원내교섭단체 등록을 하는데 소속 의원은 95명이었다.

피다 만 '민주주의의 꽃'

9월 28일 우여곡절 끝에 양 계파는 협상을 통한 당 정상화 방안을 모색하지만, 구파 측이 내세운 대표최고위원직의 양보를 장면이 거부함으로써 협상은 결렬된다. 구파 소장파 그룹의 합작 노력이 무위로 돌아가자, 김도연을 중심으로 하는 구파의 분당파는 10월 13일 신당 발족을 선언한다. 그들은 11월 8일 준비위원 321명이 참석한 가운데 발기주비대회(發起籌備大會)를 열고 주비위원장에 백남훈, 부위원장에 김도연, 간사장에 유진산을 선출하고 당명을 '새로운 민주당'이란 의미의 '신민당(新民黨)'으로 결정한다.

신당이 결성되어 가자 신·구파의 합작을 주장하던 구파의 소장파 그룹은 제3교섭단체 구성과 민주당 잔류의 양론이 대립하였으나 11월 22일 김판술, 이병하, 박해충 등을 비롯한 21명이 민주당에 잔류할 것을 결의한다. 이로써 장면 정권의 민주당은 과반수에서 8명이 초과하는 124명의 의원을 확보하게 된다.

이에 따라 합작파 소장 의원들의 거취문제로 진척이 늦어지던 구파의 신민당 창당은 1961년 2월 20일 서울 시민회관에서 창당대회를 가짐으로써 결실을 본다. 신민당의 창당으로 이제 민주당 신·구파는 당내 파벌이 아니라 여·야의 관계로 그 입장이 바뀌게 되었다. 이에 신민당은 구파에서 입각시켰던 5명의 장관을 소환한다.

장면은 구파 장관의 신민당 복귀에 따른 결원을 보충하기 위해 또다시 개각을 단행한다. 그는 개각에서 오위영과 현석호를 다시 입각시켜 노장파의 측근세력을 보강하고, 한통숙을 입각시켜 당 소속 참의원의 불만을 무마하려 했다. 또한 합작파의 김판술을 기용했고 신풍회(新風會)의 간부급인 김재순, 김준태를 정무차관으로 임명한다. 그러나 장면의 이 개각은 당내 계파간의 파쟁을 진정시키는 데 도움이 되지 못한다. 합작파와 신풍회는 장면의 배려에 결코 만족하지 않았다. 합작파는 보사부 장관 자리가 이철승에게 먼저 제의되었다가 거절되어 합작파에게 돌아온 사실에 격렬한 불만을 표시하고 정안회(政安會)를 구성하여 당내 야당을 자처하였다.

정국을 수습하려는 장면의 개각 노력에도 불구하고 민주당의 당내 갈등은 더욱 심각해져 갔다. 이때 민주당의 당내 계파는 노장파, 신풍회, 정안회, 그리고 노장파 중 비주류에 속하는 중도파 등으로 나뉘어 있었다. 이들 노·소장파간의 대립과 갈등은 지난날 신·구파간의 파쟁과 비견될 만한 것이었다. 신풍회의 불만은 실권을 장악한 노장파가 소장파들을 푸대접하고 있다는 것이었다. 또한 노장파 내에서도 소외된 비주류들은 신풍회와 제휴할 조짐을 나타내 민주당의 내분은 장면 정권에 커다란 불안감으로 작용했다.

이에 장면은 당내 계파의 각료직에 대한 불만을 무마하기 위해 4번째 개각을 단행하게 되지만, 결국 당내 파쟁을 극복하지 못하고 마지막 개각을 한지 12일 만에 5·16군사쿠데타로 정권을 잃고 만다.

한 알의 밀알이 죽지 않고는

5·16군사쿠데타 와중에 혜화동 칼멜수녀원으로 피신했다가 이틀 뒤인 5월 18일 각의(閣議)를 열어 비상계엄을 추인하고 내각총사퇴를 결의한 장면은 명륜동 가택에 연금당한다. 군인 20~30명이 집 안팎에서 상주하며 출입하는 사람들을 감시했으며, 심지어 가정부의 장바구니까지도 샅샅이 뒤졌다.

1961년 5월 18일 5 · 16군사쿠데타로 실각한 장면(왼쪽)이 칼멜수녀원을 나와 각의를 열어 비상계엄을 추인한 뒤 명륜동 자택으로 들어서고 있다.

장면의 가택연금은 1961년 11일 10일 풀렸다. 정치활동정화법 해당자에 포함돼 정치활동이 금지된 장면은 애써 정치를 외면하고 가톨릭서적 번역과 화초 가꾸는 일에 재미를 붙인다. 그 사이 세상은 박정희 군사정권의 뜻대로 착착 진행되었고, 장면 정부는 무능과 부패의 대명사로 낙인 찍힌다. 군사정권은 각종 혐의를 갖다 붙여 장면 정부의 장 · 차관과 민주당 간부들을 구속한다. 그 칼끝을 장면이라고 피해갈 수는 없었다.

1962년 8월 10일 장면은 '이주당(二主黨) 사건'의 배후자라는 혐의를 뒤집어쓰고 입건된다. 민주당 인사들이 일부 군 출신과 모의하여 군사정권을 전복하려 했다는 이른바 반혁명 음모의 하나였다는 것이다. 장면에게 덮어씌운 혐의는 반혁명이 성공할 경우 총리로 복귀한다는 조건으로 구(舊) 이주당의 간부이자 자신의 제자였던 김재우에게 쿠데타 자금 100만 환을 제공했다는 것이다.

이 사건으로 장면은 육본 보통군법회의 1심에서 징역 10년을 선고 받는다. 그러나 최종심에서 '징역 3년 집행유예 5년'으로 확정되고 결국 형 집행면제 처분으로 끝난다. 8월 28일 법정 구속된 장면은 10월 15일 보석(保釋)으로 출감한다. 이후 장면은 정치복귀의 꿈을 완전히 접고 칩거에 들어간다. 가톨릭 관련 행사나 영세(領洗)를 받은 옛 동료들에게 대부(代父)를 서 주느라 집 밖을 나서는 게 거의 유일한 외출이었다.

1966년 1월 27일 장면은 지병인 간염 악화로 성모병원에 입원한다. 지난 1948년 파리 유엔총회에 수석대표로 활동하면서 과로로 얻은 병이었다. 그는 이 무렵 문병을 온 정대철(전 새천년민주당 대표최고위원)에게 유언을 남기 듯 이런 말을 했다.

> "5·16쿠데타가 터지고 내가 수녀원에 있을 때 외부로부터 여러 곳에서 연락이 왔어. 내 행방을 수소문하는 거야. 자네 부친인 정일형 박사한테서도 연락이 온 것을 알고 있었지. 나는 그 연락을 받지 않고 또 연락도 안했어. 내가 고백할 게 있는데, 당시 박정희 뒤에는 최경록 장군이 있고 또 최 장군 뒤에는 자네 부친 정 박사가 있던 걸로 알고 있었어. 그래서 무척 당황했고, 어떻게 판단할지 몰랐어. 나가 봐야 소용없겠다는 생각도 들고…. 왜 그랬는지, 내가 참 그런 망령이 들었어…."

아마 평소에 '외무장관 정일형-전 육참총장 최경록-총리비서실장 김홍한' 3인이 권력을 장악할 야심을 갖고 있다는 모략을 듣고 오해를 했던 모양이다. 정일형은 최경록의 후원자인 동시에 김홍한의 장인이었다.

장면의 건강은 갈수록 나빠졌다. 6월 4일 장면은 명륜동 자택으로 돌아와 영면(永眠)했다.

"얘들아, 지금 신익희 선생님이 '익키! 익키!'라고 그러셨지.
내가 학교 다닐 때 아이들이 나를 보고 '짜장면, 짜장면'하고 놀렸다.
그건 내 이름이 장면이었기 때문이다. 너희들은 짜장면이 뭔지 알겠니?
짜장면은 국수다, 국수." 그제야 아이들은 까르르 웃었다.

윤보선(1897~1990)은 격동의 현대사에서 파란만장한 삶을 살았다. 명문가에서 태어나 젊은 시절엔 조국독립을 위해 싸웠고, 해방 후엔 이 땅의 민주주의를 위해 헌신했다. 그리고 짧은 권력 뒤에 민주투쟁의 긴 가시밭길을 걸었다. 다만 초지일관이 아쉬울 따름이다.

내각제 대통령, 그 빛과 그림자

"올 것이 왔구나."

1961년 5월 16일 오전 10시. 군사쿠데타를 일으킨 박정희 소장 등이 계엄령을 추인 받으려 찾아 왔을 때 대통령 윤보선이 했다는 말이다. 그의 이 말은 두고두고 시빗거리가 된다. 장면 정권으로부터 소외받던 윤보선이 마치 쿠데타를 기다리기라도 했던 것 같은 말투로 해석될 수 있었기 때문이다. 당시 일각에서는 윤보선과 군부의 내통설까지 흘러나왔다.

그러나 윤보선의 설명은 다르다. 쿠데타 세력을 접견하는 순간 너무도 한심스러워 무심결에 새어 나온 첫마디 말이 "온다던 것이 왔구나" 였다는 것이다. 3월 위기설이니 4월 위기설이니 하더니 '달갑지 않은 일이 기어이 터지고 말았구나' 하는 뜻으로 한탄하는 심정에서 나온 말이었다는 것이다. 그날 윤보선과 박정희 사이에는 어떤 말이 오갔을까.

박정희 "대통령 각하. 이렇게 근심을 끼쳐드려서 대단히 죄송합니다. 저희도 처자가 있는 젊은 몸으로서 오직 국가와 민족을 위하는 애국일념에서 목숨을 걸고 이 혁명을 일으킨 것입니다. 국방부와 육군본부, 방송국을 위시해서 서울 전역이 지금 혁명군 수중에 들어와 있고 계엄이 선포되었습니다."

윤보선 "그대들이 만일 애국하기 위해서 혁명을 했다면 애국하는 방향으로 일해야 하지 않겠소. 나로서는 아직 그대들의 충성을 액면 그대로 이해할 수가 없소. 오늘의 사태에 대한 책임은 물

> 론 우리 정치하는 사람에게 크다고 보지만 이왕 계엄이 선포되었다고 하니, 그대들의 말이 곧 법이요, 생사가 그대들 말 한마디로 결정될 것이 명백하오. 진정 애국에서 나온 거사라면 절대로 피를 흘리지 말아야 할 것이오."

훗날 대통령 선거에서의 두 번에 걸친 대결을 비롯해 첨예하게 정적(政敵)으로 맞섰던 두 사람은 이렇게 처음 대면한다.

곧이어 매그루더 유엔군 사령관과 마샬 그린 주한 미국대사가 윤보선을 방문한다. 그들은 "쿠데타 부대는 4천 명도 안 되는 병력이다. 이 병력의 10배가 되는 4만 명만 동원해 서울을 포위하면 간단히 제압할 수 있다"며 쿠데타 진압을 재촉한다. 그러나 윤보선은 쿠데타 진압에 반대한다. 나아가 비서관을 이한림 1군사령관에게 보내 쿠데타 진압 움직임을 만류한다. 군인끼리 싸우면 서울은 불바다가 되고, 그 틈을 노려 북한이 남침할 것이라는 게 그 이유다. 무엇보다 유혈사태를 걱정한 것이다. 이때 국군통수권자인 국무총리 장면은 "아군끼리 피를 흘릴 수는 없지 않느냐"며 쿠데타 진압을 포기하고 수도원으로 피신한 상태였다.

4·19혁명으로 집권한 제 2공화국의 두 지도자 장면과 윤보선. 두 사람의 쿠데타에 대한 인식과 대응은 그들이 속한 파벌인 신·구파의 거리만큼 차이가 있었지만, '유혈사태만은 절대 안된다'는 생각은 일치했다. 윤보선은 일제강점기 때 단 한 번도 일제와 타협하지 않았다. 그리고 해방 후 오랜 기간을 반독재 민주화 투쟁에 헌신했다. 그러나 역사는 그의 공(功)과 함께 과(過)에 대해서도 묻는다. 대통령 시절의 군사쿠데타 묵인과 전두환 정권에서의 표변이 그것이다. 한 사람의 삶이 한결같기가 얼마나 어려운지를 보여 주는 징표다.

명문가에서 출생

해위(海葦) 윤보선(尹潽善)은 1897년 8월 26일 충남 아산군 음봉면 신항리에서 대지주인 아버지 윤치소(尹致昭)와 만석꾼의 딸이었던 어머니 이범숙(李範淑)의 6남 3녀 중 맏아들로 태어났다. 태어날 당시 윤보선의 집안은 세도가로 이름 높았다. 그의 조부인 윤영렬은 구한말 육군참장과 삼남도포사를 지냈으며, 큰조부 윤웅렬은 김홍집 내각에서 경무사와 군부대신을 지냈고, 당숙인 윤치호는 중추원 부의장과 독립신문 사장 등을 지낸 유력인사였다.

윤보선은 10세 때인 1906년 서울로 이사하여 교동(校洞) 보통학교를 마치고, 1910년에는 일본인이 설립한 일출(日出) 소학교에 5학년으로 편입해 2년 뒤에 졸업한다. 이어 1913년 일본으로 건너가 경응의숙(慶應義塾)의 속성과인 정칙학교(正則學校)에 다니던 중 중국에서 일어난 신해혁명에 자극받아, 일본 유학을 중단하고 2년 만에 귀국한다. 귀국한 뒤 윤보선은 1917년 8월 집안 어른들의 반대를 설득해 여운형을 따라 중국 상해로 떠난다. 상해에 도착한 윤보선은 이시영·신규식·이동녕 등 명망 있는 민족독립운동의 지도자들을 만나게 되고, 중국인들에게 우리 민족의 실상을 알리는 주보(週報)인 〈진단보〉(震壇報)의 발행에도 참여한다. 이 무렵 윤보선은 신규식으로부터 해위(海葦)라는 호를 받게 되는데, 해위는 '바다의 갈대'라는 뜻으로 바닷가에 선 갈대처럼 연약해 보이면서도 억센 파도에도 꺾일 줄 모르는 사람이 되라는 의미로 지어 준 것이다.

1919년 3·1운동 직후 상해임시정부가 수립되면서 윤보선은 독립운동자금 조달을 맡게 된다. 그는 일본 관헌의 감시를 피하기 위해 일본으로 건너가 당시 동경에 유학중이던 친동생 윤완선을 국내로 보내 당시로서는 거액인 사재 3천 원을 가져오게 하여 임시정부에 전달한다. 한편 윤보선은 귀국한 동생의 독립자금을 기다리며 동경에 머무르는 짧은 기간에 백관수, 유억겸, 김도연, 김준연 등과 함께 이월회(二月會)라는 비밀연락

일본 정칙학교를 다니다 그만두고 귀국한 18세 때의 윤보선 모습.

기관을 조직하여 일본 유학생의 독립운동을 추진하기도 한다. 이들 대부분은 해방 후 윤보선과 함께 한국민주당에 참여하게 된다.

영국으로 유학

해외에서의 독립운동에 본격적으로 뛰어든 윤보선은 1920년 신규식의 천거로 20대 초반의 나이에 상해임시정부 의정원(議政院)의 최연소 의원이 된다. 상해임시정부에 몸담고 있던 동안 윤보선은 독립운동의 선배인 신익희로부터 장래를 위해 미국이나 유럽 등 선진국에 가서 공부를 계속하라는 충고를 듣고, 1921년 6월 중국을 떠나 당숙(堂叔)인 윤치왕이 공부하던 영국으로 유학의 길에 오른다.

윤보선은 일본 경찰의 눈을 피하기 위해 중국인 여권을 갖고 중국 유학생 틈에 끼어 프랑스로 향하는 배를 탄다. 당시 이 배에는 임시정부 국무총리였던 이동휘도 타고 있었다. 윤보선은 무사했지만 이동휘는 싱가포르에서 일본 경찰에 의해 강제로 하선당한다. 상해를 출발한 지 42일 만에 프랑스에 도착한 윤보선은 도버해협을 건너 그의 당숙인 윤치왕이 의학공부를 하고 있던 영국으로 들어간다.

영국에 도착한 윤보선은 우드브룩대학에서 1년간 영문학을 공부한 뒤, 다시 옥스퍼드대학으로 옮겨 3개월간 수학한다. 이어 윤보선은 에든버러대학에 입학해 고고학을 전공하는데, 재학 중 향수와 과로로 병이 나서 2년간 휴학하기도 한다.

1930년 에든버러대학을 6년 만에 졸업한 윤보선은 독립운동을 계속하기 위하여 미국행과 중국행을 놓고 망설이면서, 국제정세를 파악하고 견

1932년 장덕수 모친 회갑연때 명월관에 모인 축하객들. 앞줄 맨 왼쪽 김성수, 맨 오른쪽 여운형, 가운데줄 왼쪽부터 김도연, 허정, 한사람 건너 윤보선, 뒷줄 왼쪽 9번째부터 백관수, 허헌, 송진우.

문을 넓히기 위해 유럽대륙을 여행한다. 그러던 중 그의 졸업 소식을 전해들은 국내의 본가에서 귀국을 종용하는 기별이 오고 여비까지 떨어지자, 1932년 여름 10년이 넘는 해외생활을 마감하고 고국으로 돌아간다. 그가 자신의 회고록에서 밝히는 귀국 당시의 심경이다.

"기왕에 내가 독립운동을 하려면 여비조로 보내오는 돈만으로는 안 될 것이기에, 일단 귀국해서 부친과 이 문제를 상의하고 싶었기 때문이다. 즉 가산의 일부를 양도받아 다시 해외로 나와 독립운동을 하기 위해서 생활기금으로 그 가산을 운영해 볼 심산이었다.

그러나 내가 탔던 독일 선박이 유럽의 마지막 기항지인 제노바에 닻을 내렸을 때 내 심정은 또 격변하였다. 동양이 가까워 옴에 따라 아무래도 왜놈들의 꼬락서니가 눈앞에 선하였다.

순간적인 충동으로 땅에 내려섰으나 앞으로의 생활을 생각하니 너무 막연하므로 미친 듯 시가를 헤매다가 나는 다시 승선하여 귀국하게 되었다. 그래서 나는 상해시절까지 통산하여 10여 년 만에 실로 많은 돈을 써가며 해외유학을 마쳤다.”

귀국 후 윤보선은 가산(家産)의 일부를 양도받아 다시 해외로 나가 독립운동을 하겠다는 생각을 펴지 못하고 은둔생활에 들어간다. 일본 경찰의 감시가 극심했기 때문이다. 윤보선은 해방이 될 때까지 13년 동안 가끔 아산 고향집의 조부모께 문안드리려 가는 일, 함경남도 안변군에 있는 별장에 내려가 지내는 일 외에는 서울 안국동 집에서 칩거한다.

윤보선은 1945년 8월 15일 해방이 되자, 보수정치 세력의 중심적 역할을 하던 한국민주당(이하 '한민당'으로 약칭) 창당에 참여하면서 정치활동에 본격적으로 뛰어든다. 이어 영국 유학경험으로 인한 유창한 영어 실력과 유력 보수정치인들의 지원으로 미 군정청 농상국 고문으로 임명된다.

1948년 5월 10일 윤보선은 고향인 아산에서 한민당 후보로 제헌 국회의원 선거에 출마한다. 그러나 7,069표를 얻어 7명의 출마자 가운데 4등으로 낙선한다. 윤보선은 낙선 이후 이승만이 제헌국회 초대의장에 당선되자 잠시 국회의장 비서실장으로 활동한다.

서울시장-상공장관 활동

정부 수립 후 대통령에 취임한 이승만은 윤보선에게 중국대사를 제의한다. 그러나 윤보선은 개인적인 사정을 들어 이를 거절한다. 이승만은 다시 그에게 미국대사를 제의하지만, 윤보선은 관직에 들어갈 생각이 없을 뿐 아니라 〈민중일보〉를 운영하는 일이 더 중요하다고 생각해 거듭 거부의 뜻을 전한다.

그러자 이승만 대통령은 윤보선에게 동의를 얻지 않고 그를 서울시장에 임명한다고 미리 신문에 발표해 버린다. 이에 윤보선은 “행정 경험이 없어 서울시장이라는 대임을 맡을 수 없으며, 숙부인 윤치영이 내무장관으로 있어 숙질(叔姪) 간에 같은 계통에서 일하는 것이 다른 사람의 이목에 좋지 않다"는 이유를 들어 서울시장직을 고사(固辭)한다. 그러나 이승만 대통령은 숙질간이라 하더라도 공과 사는 분명히 구별되는 것이므로 이에 구애될 필요가 없다고 거듭 강조하며, 윤보선을 서울시장으로 임명한다는 담화를 발표한다. 이에 이승만 대통령의 간곡한 요청을 거절하지 못한 윤보선은 1948년 12월 서울시장 취임을 수락한다.

윤보선은 서울시장에 취임하자마자 각 구청으로 분산되어 있던 청소업무를 시로 일원화해 '깨끗한 서울'을 만드는 데 힘을 쏟아 '청소시장'이라는 별명을 얻게 된다. 그는 청소문제가 어느 정도 자리가 잡히자, 이번에는 민원업무를 신속히 처리하는 작업에 나서 성과를 거두기도 한다.

윤보선은 서울시장으로서의 공식적인 활동 외에 안국동 88번지에 있던 그의 집 번지수를 따서 만든 '88구락부' 활동도 활발히 하게 되는데, 허정·이기붕·오위영·신성모·장기영 등이 그의 집 사랑방에 모여 정국의 주요 현안들을 논의했다.

이 무렵 윤보선은 부친이 설립한 안동교회에서 인연을 맺은 신학대학교수 출신의 공덕귀(孔德貴, 1911~1997)와 결혼한다. 19세 때 혼인했던 민(閔)씨와의 첫 결혼에 실패했던 윤보선은 30여 년을 독신으로 지내다가 50세에 다시 재혼하게 된 것이다.

결혼 직후인 1949년 6월 윤보선은 상공부 장관에 임명되는데, 장관 재임 시 경성전기주식회사 사장교체를 둘러싸고 이승만 대통령과 갈등을 빚기도 한다. 이 사건으로 이승만은 '윤보선은 내 말을 안 듣는 사람이다'라는 생각을 갖게 되고, 윤보선은 1950년 5월 상공부 장관직을 사임하게 된다.

이어 윤보선은 6·25전쟁이 터지고 수도가 부산으로 피난 갔을 때 대한적십자사 총재를 맡게 되는데, 피난지 부산에서 상이군경과 전재민(戰災民)에 대한 구호물자 공급에 심혈을 기울인다. 이때 국민방위군의 멀쩡한 젊은이들이 정부의 잘못으로 굶주림과 질병으로 9만여 명이나 숨진다. 이로 인해 정부에 대한 비난이 커지고 민심이 흉흉해지는 현장을 목격한 윤보선은 이승만 대통령에게 자신이 직접 본 처참한 사실을 전한다.

그러나 이승만 대통령은 윤보선의 말을 가로 막으며 "윤 군도 고약한 놈들의 말을 들어가지고 와서 그런 말을 해!"라며 이를 세간(世間)의 모략으로 돌리자, 윤보선의 이승만에 대한 불신은 더욱 깊어진다. 그럼에도 불구하고 이때만 해도 윤보선은 다른 한민당계 인사들과는 달리 아직은 이승만과 가까운 교분을 유지하고 있었다. 그러나 1952년의 부산정치파동으로 인해 사실상 결별의 수순을 밟게 된다.

이승만은 전쟁의 와중에 대통령 직선제 개헌을 위해 각종 관변단체를 내세워 민의를 조작하는 것으로도 부족해, 5월 26일에는 잔여 공비(共匪)를 소탕한다는 명목으로 계엄령을 선포하는 등 독재체제를 더욱 강화하게 된다. 이에 윤보선은 대한적십자사 총재직을 버리고 민주국민당(이하 '민국당'으로 약칭)에 합류해 반독재 투쟁에 나서게 된다.

민주당 구파의 리더로 부상

윤보선은 1954년 5월 20일 실시된 제3대 총선에 민국당 후보로 서울 종로갑구에서 출마해 9,485표를 얻어 12명의 경쟁 후보자들을 따돌리고 무난히 당선된다. 그러나 이 선거로 말미암아 같이 출마해 낙선한 박순천, 주요한과는 이후 정치활동에서 앙숙이 된다.

원내 진입에 성공한 윤보선은 국회에서 주로 외무분과위원회의 소속으로 활동했으며, 한동안 민주국민당의 원내총무를 맡기도 한다. 이후 이승만의 독재체제가 강화되어 가면서 무르익어 가던 야당통합 움직임은 4사5입 개헌을 계기로 민주당의 창당으로 결실을 보게 된다.

통합야당인 민주당은 선거를 통한 이승만 정권 타도에 나선다. 1956년 대통령 선거에 신익희 후보가 선거 유세 도중 급서하게 되고, 1960년 선거에서는 조병옥 역시 선거 도중 신병치료를 위해 미국으로 떠났다가 별세함으로써 평화적인 정권교체는 무위로 돌아가고 만다. 이에 1959년 민주당 최고위원으로 선출된 윤보선은 신익희와 조병옥이 없는 민주당 구파의 지도자로 자연스럽게 부상하면서, 신파의 리더인 장면과 대척점에 서게 된다.

1960년 마침내 이승만 독재정권에 종지부를 찍는 4·19혁명이 일어나, 이승만 대통령의 하야로 이어졌으며 이후 자유당은 구심점을 잃고 와해 상태로 접어든다. 이러한 자유당의 붕괴는 상대적으로 소수파였던 민주당이 국회에서 주도권을 장악하는 계기가 되었으며, 이에 민주당은 한민당 시절부터 주장해 오던 내각책임제 개헌작업에 착수한다. 그리하여 1960년 6월 15일 내각책임제와 양원제를 골자로 한 새로운 헌법이 탄생한다.

국회를 해산하고 새로운 선거법에 의해 7월 29일 실시된 제5대 민의원 선거와 첫 참의원 선거에서 민주당은 압도적인 승리를 거둔다. 전국 233개 민의원 의석 가운데 75%인 175석을 차지했으며, 58개 참의원 의석 중 53%인 31석을 차지한 것이다.

그러나 민주당은 7·29총선의 압승에도 불구하고 창당 이후 지속된 신·구파 갈등이 갈수록 심화된다. 선거가 끝난 뒤 신파와 구파는 같은 민주당에 속해 있으면서도 완전히 별개의 정당처럼 행동한다. 그리하여 양 계파는 별도의 당선자 총회를 개최하고 각각 13인소위원회와 23인소위원회를 조직해, 소속이 명확하지 않은 중도파 의원이나 무소속 의원들을 상대로 적극적인 포섭경쟁에 돌입한다.

한편 정부 구성을 앞둔 민주당 신·구파 사이에 유일하게 합의가 이루어진 부분이 윤보선을 대통령으로 추대한다는 것이었다. 그 이유는 내각책임제를 채택한 새 헌법에 의하면 아무래도 대통령보다는 총리에게 실질적 권한이 있었던 게 원인이었다.

총선 결과 원내 의석분포에서 신파에 약간 앞선 구파는 세력의 우위를 바탕으로 대통령에 윤보선, 총리에 김도연을 내세워 두 자리를 독점하려고 하였다. 이에 반해 신파는 구파의 양 리더 중 김도연에 비해 상대적으로 유연하고 덜 부담스런 윤보선에게 대통령 자리를 양보하는 대신 자파의 리더인 장면을 내각제에서 권력 핵심인 총리 자리에 앉히려는 속셈이었다.

내각제 대통령으로 선출

신·구파 양 계파가 모두 윤보선을 대통령으로 추대한다는 데 이의가 없었기 때문에, 8월 12일 윤보선은 국회 양원합동회의에서 무난히 대통령으로 선출된다. 그러나 문제는 총리 지명이었다. 대통령으로 선출된 윤보선이 구파의 전략대로 국무총리에 김도연을 지명했으나 민의원 인준 투표 결과 총투표 224표 가운데 찬성 111표, 반대 112표, 무효 1표로 과반수에 3표가 모자라 부결되고 만다. 전형적인 당리당략이 가져 온 결과였지만, 신파는 장면의 단일노선인데 비해 구파는 윤보선과 김도연의 두 리더가 양대 축을 형성하고 있었던 것도 하나의 원인이었다.

결국 윤보선은 2차로 장면을 총리로 지명할 수밖에 없었다. 8월 19일 민의원 인준 투표 결과 장면은 총투표 225명 가운데 찬성 117표, 반대 107표, 기권 1표로 인준을 통과한다. 이로써 장면 정권이 성립되어 신파가 정부 구성의 주도권을 쥐게 된다.

신·구파의 집권경쟁은 끝났다. 그러나 구파는 패배를 인정하지 않았다. 어이없게 총리 자리를 신파에 내줬다고 생각한 구파는 장면이 총리로 인준되자 즉시 모임을 갖고, 정치적 생리를 달리하는 신파와는 더 이상 제휴할 수 없다는 데 의견을 모은다. 이들은 분당(分黨)을 통해 별도 원내교섭단체로 등록하기로 했지만, 계파를 초월해 거국내각을 구성하라는 여론에 밀려 일단 협상에 응하지 않을 수 없게 된다.

양 계파는 협상에서 신파 5명·구파 5명·무소속 2명으로 각료직을 안배해 거국내각을 구성한다는데 합의했지만, 결국 진통 끝에 8월 23일 발표된 내각 명단은 무소속 박제환 농림장관을 제외하고는 신파 일색으로 꾸려지고 만다. 이에 구파는 조각(組閣)에 대한 불만으로 8월 31일 김도연을 대표로 '구파동지회'라는 별도의 교섭단체를 등록한다. 이로써 민주당은 분당의 길로 접어든다.

구파의 반발이 거세지자 장면 총리는 조각 2주일 만에 국방, 부흥, 보사, 교통, 체신 등 5개 장관에 구파 인사를 임명하는 '신·구파 연립내각'을 구성한다. 그러나 장면의 정국 수습 노력에도 불구하고 구파는 당 중앙상임위원회 출석을 거부하며 사실상 당 기능을 마비시키다가, 9월 22일 신당 발족을 선언한다. 이에 맞서 신파는 이튿날 김상돈을 대표로 '민주당'이라는 명칭으로 따로 교섭단체를 구성해 구파와는 완전한 결별을 고한다. 신파와 결별한 구파는 1961년 2월 20일 대의원 873명이 참석한 가운데 서울 시민회관에서 창당대회를 갖고 '신민당'(新民黨)을 창당한다.

장면 총리와의 대립

민주당의 분열은 구파의 지도자 윤보선 대통령과 신파의 리더 장면 총리의 대립으로 번져 나간다. 내각책임제하에서 원칙적으로 대통령은 국가를 대표하는 상징적 존재이지만, 대통령 윤보선은 장면 내각에 대해 자신의 소신을 피력하면서 사사건건 간여한다.

이러한 갈등에는 두 사람의 대조적인 성격도 한 몫 한다. 어느 날 대통령 비서실이 내각에 대해 "내일 아침에 대통령이 지방 순시를 가니까 각료 전원이 서울역으로 배웅 나오라"는 지시를 내리자, 장면 총리와 각료들이 그 지시에 군말 없이 따랐다. 내각제하에서 굳이 총리가 대통령을 배웅할 필요는 없었지만, 온화한 성격의 장면은 다소 권위주의적인 윤보선과 싸우길 원하지 않았다.

장면 총리와의 불신이 심화되면서 대통령 윤보선은 구파를 대표하여 각료 인사에 참견했으며, 대통령 관저에 구파 인사들을 불러 장면 내각을 신랄하게 비난했다. 내각이 "왜 대통령이 사사건건 참견하느냐"고 반격하자, 윤보선은 "국가 대사에 대해 국민의 한 사람으로서 발언하는 것이다"고 맞대응했다. 한편 두 사람은 1961년 3월 23일 내각과 신민당의 주요 인사들이 참석한 대통령 관저 시국수습회담에서 충돌한다.

윤보선 "중대한 사태를 수습할 소신과 방안이 없을 바에야 거국내각이라도 구성해서 비상사태를 선언하고 국민에게 호소해 볼밖에 없지 않겠나 하는 생각인데 …. 장 총리, 혼란한 정국을 수습할 자신이 없소?"

장면 "지금은 자신이 있고 없고의 문제가 아니라 하는 데까지 최선을 다해야지 어떻게 합니까. 나뿐 아니라 모두가 협력해서 잘 되도록 힘써야 되지 않겠소."

윤보선 "약화된 경찰을 믿을 수 없고 군부의 태도도 믿을 수 없다는 불안한 정국에서 책임을 질 수 있겠소?"

장면 "이렇게 되면 처음과 얘기가 달라지지 않소. 이건 나더러 정권을 내놓아 라는 얘기 같은데 …."

윤보선 "다음에 정국을 담당할 사람이 이보다 더 못할 바 아니지만 …. 지금 현상유지책만으로 안된다면 한번 바꾸어 봐야 할 것 아니요."

장면 "나의 총리직은 법 절차에 의해서 맡게 된 것이므로 내 자신 정권을 내놓는다 안 내놓는다 할 수 없는 것이고 더욱이 당신의 강요에 따라 총리직을 사임하는 것은 아닌 줄 알아요."

윤보선과 장면. 두 사람은 이렇게 격렬하게 맞섰다. 결국 두 사람의 갈등은 제 2공화국의 단명을 재촉하는 한 원인이 되었다. 5・16군사쿠데타가 일어났을 때 두 사람은 힘을 모아 이를 진압하려고 노력하기는커녕 서로 연락조차 하지 않았다.

대통령 자리에서 하야

1961년 5월 16일 박정희 소장(少將)이 중심이 되어 일으킨 군사쿠데타로 윤보선은 정치활동에 중대한 도전을 받게 된다. 제 2공화국의 '힘없는 대통령' 윤보선은 장면 내각 총사퇴 다음날인 19일 하야 성명을 발표했다가 다음날 고별 기자회견에서 하야 성명을 번복한다. 자신이 하야함으로써 야기되는 국제외교상의 문제로 국민에게 돌이킬 수 없는 중죄(重罪)를 지을 수는 없다는 이유에서였다. 이후 그는 이듬해까지 대통령직에 남아 명목상의 직무를 수행한다.

윤보선은 군부를 향해 "되도록 빨리 민간에 정권을 이양하라"고 재촉하지만 묵살당한다. 총으로 권력을 장악한 군사정권이 쉽게 권력을 내놓을 리 만무했다. 1년 가까이 불편한 자리를 지키던 윤보선은 정치활동정화법에 서명한 후인 1962년 3월 22일 대통령직을 사임한다. 물러나지 않으면 쫓겨나야 했기 때문이다. 그는 이후 9개월간 사실상 연금 상태에 놓인다. 이때의 심경을 밝힌 그의 회고록 《구국의 가시밭길》의 한 대목이다.

> "대통령직을 사임하고 청와대에서 안국동 집으로 돌아온 후 나는 죄 없는 죄수 생활을 하는 처지였다. 집 주위를 수십 명의 정보요원이 둘러싸고 밤낮 없이 감시를 계속했다. 나를 중대한 범인으로 감시하는 듯한 살벌한 인상이었다. 인근 높은 곳에서 집안을 내려다보는가 하면 드나드는 사람들은 일일이 검문을 받았다. 들리는 말에 의하면 도청기로 집안의 대화가 새나가고 일거일동이 촬영되었다는 것이었다. 나는 이러한 정보부의 감시와 사찰을 조금도 개의치 않았다.
>
> 나는 중대한 일을 저지른 범인이 아닐 뿐만 아니라, 내게서 그들이 얻어갈 정보도 없었으며 설령 얻어간다 하더라도 별로 문제될 것이 없었기 때문이다. 그들의 감시와 사찰엔 신경을 쓰지도 않았지만, 일체의 외출을 삼가고 찾아오는 사람을 아무도 만나지 않았다. 이런 식의 감시는 그해 말까지 계속되었다."

1961년 7월 4일 박정희 국가재건최고회의 의장(가운데)과 송요찬 내각수반(왼쪽)의 예방을 받고 있는 윤보선 대통령.

한편 5·16군사쿠데타로 실권을 장악한 군부(軍部)는 민주당을 포함한 모든 정당들을 해산한다. 뿐만 아니라 1962년 3월 16일 국가재건최고회의를 열어 소급입법인 '정치활동정화법'을 통과시켜 기존 정치인들의 정치활동을 전면 금지한다.

군사정부는 3월 16일과 4월 15일 두 차례에 걸쳐 3,374명의 정치활동 금지대상자를 발표했으며, 이들을 대상으로 적격판정 신청을 받았는데 2,958명이 응한다. 군사정부는 자신들의 정권 장악 준비 작업이 어느 정도 진행된 시점인 12월 31일 피규제대상자 4,369명 가운데 적격판정을 받았던 1,336명을 제외한 3,033명 중 1차로 171명에 대해 해금(解禁) 조치를 발표한다. 군사정부는 이어 1963년 2월 1일 기성정치인 273명에 대한 2차 해금을 발표하고, 2월 27일에는 269명을 제외한 나머지 2,322명에 대한 해금조치를 단행한다.

기성정치인에 대한 대폭적인 해금조치가 이루어지고 대통령중심제 개헌안이 확정됨에 따라 신당 창당 움직임도 단연 활기를 띤다. 새로 제정된 헌법은 대통령 선거나 국회의원 선거에서 무소속 출마를 허용하지 않아 야당 파벌들은 새로운 정당을 만들지 않으면 정치활동에 참여할 수 없었기 때문이다.

'정신적 대통령'

각 정파의 기성정치인들은 1963년 벽두부터 정치활동이 재개되자 범야 단일정당 결성을 위한 확대회의를 열어 정치적 진로를 논의한다. 이에 1월 3일 윤보선, 김병로, 이인, 전진한 등은 4자회담을 열어 범야신당 창당 가능성을 모색한다. 그러나 통합야당 협상은 구(舊) 민주당 측에서 단일야당의 선행조건으로 윤보선, 김병로, 이인, 박순천, 전진한, 김법린 등 6인에 대해 대통령 후보에서 제외할 것을 주장해 결렬된다.

이에 따라 민주당 측을 제외한 윤보선 등 각 정파의 대표들은 당의 지도체제를 집단지도체제로 합의하는 등 창당작업에 박차를 가한다. 윤보선을 중심으로 한 구(舊) 신민당과 구 민주당 비주류, 구 자유당계, 무소속 인사 등은 1월 27일 발기인 150명이 참석한 가운데 발기인대회를 갖고 당명을 '민정당'〔民政黨: 5공화국 때의 민정당(民正黨)과는 당명의 한자(漢字)가 다름〕으로 확정한 뒤 창당준비위원회 대표지도위원에 김병로, 지도위원에 윤보선·이인·김법린·전진한·서정귀 등을 선출한다.

2월 2일 2차 해금된 백남훈·조한백·이충환·김영삼·이상돈 등 전 민·참의원 의원과 구 신민당 간부들을 영입한 민정당은 5월 14일 서울 시민회관에서 대의원 850명이 참석한 가운데 창당대회를 갖고 대표최고위원에 김병로, 최고위원에 백남훈·김도연·이인·전진한·김법린·서정귀 등을 선출해 지도부를 구성한다. 윤보선은 이날 창당 전당대회에서 만장일치로 대통령 후보로 추대된다.

1963년 10월 15일 실시될 제5대 대통령선거를 앞두고 민주공화당의 박정희에 맞서 야당에서는 민주당이 불참한 가운데 민정당의 윤보선, 국민의 당의 허정, 정민회의 변영태, 자민당의 송요찬, 추풍회의 오재영,

1963년 10월 15일 대통령 선거에서 어머니 이범숙, 부인 공덕귀와 함께 투표하는 윤보선.

신흥당의 장이석 등 6명이 나선다. 처음 대통령선거의 경쟁구도는 윤보선과 박정희, 그리고 허정의 3파전으로 예상됐다. 그러나 선거가 본격화 되면서 점차 윤보선과 박정희의 맞대결로 압축되어 갔다. 이에 야당후보 단일화 작업이 꾸준히 추진되어 10월 2일 국민의 당 후보 허정이 사퇴하고, 10월 8일에는 자민당 송요찬이 사퇴함으로써 윤보선은 사실상의 야당 단일후보로서 박정희와 맞서게 된다.

윤보선은 선거를 20여 일 앞두고 "여순반란사건의 관련자가 현 정부 안에 있다. 박정희의 사상이 의심스럽다"며 박정희의 남로당(南勞黨) 관련 경력을 거론하면서 이른바 사상논쟁을 불러일으킨다. 요즘말로 하면 이른바 '색깔론'에 불을 붙인 것이다. 이에 맞서 박정희도 유세에서 "내가 빨갱이라면 전방 사단장, 야전군 참모장을 할 수 있었겠는가. 내가 사단을 몰고 이북에 넘어가면 어떻게 할 뻔 했는가"라며 정면 대응한다. 또 박정희는 윤보선을 지주와 귀족의 후예로 수구세력을 대표한다고 공격한다.

선거 결과 윤보선은 45.1%에 해당하는 454만 6614표를 얻어 470만 2640표(46.6%)를 획득한 박정희에 불과 15만 표차이로 석패(惜敗)하게 된다. 표심(票心)은 추풍령을 경계로 확연하게 남북이 갈렸다. 서울·경기·강원·충청은 윤보선이 우세했고, 영남·호남·제주는 박정희가 앞섰다. 이른바 '남여북야'(南與北野) 현상이었다. 세간에서는 "남북한을 가르는 38도선에 이어, 남한을 가르는 36도선이 생겼다"는 농담이 돌기도 했다.

윤보선은 결과에 승복하지 않았다. 그는 "투표엔 이겼지만 개표에서 졌다"고 밝히면서, 실제로는 자신이 당선된 것이나 마찬가지라고 주장한다. 선거 후 윤보선은 스스로를 '정신적 대통령'이라고 불렀다.

'일급참모' 유진산과의 결별

한편 대통령 선거에서 패배한 윤보선은 다음 달 실시된 제6대 국회의원 선거에서 당선되어 4선의원이 되지만, 그가 이끄는 민정당은 참패한다. 민정당은 국회 개원과 더불어 강력한 대여공세를 펴면서 겉으로는 결속을 유지하는 듯 했지만, 언론윤리법의 국회통과를 계기로 잠복되어 있던 당 내분이 표면화되기 시작한다.

윤보선을 지지하고 있던 정해영계는 언론윤리법 처리에 있어 유진산과 공화당의 사전 묵계가 있었다고 주장하게 되고, 유진산계는 대표최고위원인 윤보선의 양해 아래 퇴장한 만큼 그 책임은 윤보선에게 있다고 반박한다. 마침내 윤보선은 언론윤리법 통과의 책임을 물어 유진산에 대한 제명(除名)을 들고 나온다. 그는 당 간부들에게 "묵계설의 장본인이 진산(珍山)이라는 게야. 그동안의 행동도 줄곧 석연치 않았어. 스탈린과는 당을 같이 할지언정 진산과는 같이 당을 할 수가 없어"라며 강경 입장을 밝힌다. '윤보선이냐, 유진산이냐'의 양자택일을 강요한 것이다.

당에서는 즉각 '묵계설 진상조사 7인위원회'가 구성된다. 조사위원회는 유진산계가 퇴장한 가운데 보고서를 채택했으며, 이에 맞서 유진산계도 묵계설은 근거가 없다는 별도의 보고서를 제출한다. 대립이 격화되자 정성태, 고흥문 등이 중재에 나서 윤보선과 유진산의 면담이 이루어졌지만 서로의 주장이 팽팽히 맞서면서 회담은 결렬된다. 이에 서면으로 보고서를 받은 민정당 감찰위원회는 유진산의 제명을 결의한 데 이어 당무회의도 제명 결정을 내린다. 대표최고위원인 윤보선이 이를 즉각 승인한다. 이에 대응해 유진산계가 자파만이 모인 중앙상임위원회에서 묵계설과 반당행위설은 사실무근임을 결의하고 감찰위원회의 서면결의도 무효임을 선언함으로써 혼란은 거듭된다.

윤보선은 유진산계의 제명을 의원총회에 통고하는 한편 정당법에 따라 소속의원의 과반수 동의를 얻는 대로 제명을 강행한다는 방침을 정했으며, 유진산계는 전당대회 소집을 요구하며 실력으로 맞선다. 민정당 의원총회에서의 실력대결에 의한 파국을 막기 위해 윤보선계의 정해영・유옥우, 유진산계의 권중돈・고흥문, 중도파의 서범석 등이 협의해 타협안을 마련하지만, 윤보선의 거부로 성과를 거두지 못한다.

1964년 10월 8일 민정당 중앙위원회는 유진산의 제명을 확정하려는 윤보선계와 이를 저지하려는 유진산계의 반대로 격론을 벌인 끝에 유진산의 제명 여부를 투표에 부친다. 투표 결과 찬성 189표, 반대 171표, 무효 4표, 기권 1표로 유진산의 제명을 결의한다. 이로써 2개월 동안 끌어 왔던 민정당의 내분은 일단 윤보선의 승리로 막을 내렸고, 유진산은 당을 떠나게 된다. 유진산 제명문제를 마무리한 민정당은 제 1야당의 위치를 확고히 하는 한편 윤보선의 입지 강화를 위해 그동안 물밑에서 추진해 왔던 자민당과의 합당을 본격화한다.

윤보선의 민정당은 자민당과 11월 26일 합동회의를 개최하고 자민당 흡수통합을 선언한다. 이어 윤보선은 자민당의 김도연, 김준연, 서민호를 당무위원에 임명한다. 자민당과의 합당으로 당을 장악한 윤보선은 12월 16일 전당대회장에서 유진산의 복당문제를 제기하면서 소란을 피운 책임을 물어 이민우 등 비(非) 윤보선계 간부 13명을 제명한다. 이에 비주류는 즉각 전당대회 소집을 요구하게 되고 급기야는 분당의 위기까지 치닫는다. 그러나 사태가 악화되자 윤보선계의 윤제술・정해영・유옥우・김재광, 비윤보선계의 고흥문・서범석・권중돈・김의택 등을 중심으로 다시 타협안이 마련되어 징계조치가 백지화된다.

민정당은 당 내분이 점차 가라앉자 무기연기 되었던 전당대회를 1965년 2월 22일 개최한다. 이날 전당대회는 재야정당과의 통합을 중앙상무위원회에 일임한 뒤 단일지도체제의 당헌을 채택하고 윤보선을 총재로 추대한다. 총재로 선출된 윤보선은 다음날 중앙상무위원회에서 야당통합을 선언한다.

통합야당의 출범

4개 정파의 난립으로 제 6대 총선거에서 참패를 당한 야권은 제 6대 대통령 선거와 제 7대 국회의원 총선거를 앞두고 야당통합에 적극 나선다. 민정당과 민주당 양당은 1965년 3월 25일 각기 전당대회에서의 양당 통합 원칙 결의에 따라 15인씩 통합추진 전권대표를 뽑아 '야당통합 전권대표 30인위원회'를 구성해 통합을 추진한다. 30인 대표들은 4월 21일 회의를 열고 '선통합 후조정' 원칙을 결의한다.

통합위원회는 사전조정 문제를 다루기 위해 민정당 측의 윤제술 · 조한백 · 정해영 · 김재광 · 김익기 · 김영삼 등 6명과 민주당 측의 이재형 · 정헌주 · 김대중 · 한건수 · 조연하 · 송원영 등 6명으로 12인 소위원회를 구성한다. 이어 제 1차 회의에서는 민정당 총재 윤보선과 민주당 대표 박순천을 공동대표로 하며 당명은 '민중당'(民衆黨)으로 하는 데 극적으로 합의한다.

이후 창당 준비를 착착 진행한 민중당은 6월 14일 서울 시민회관에서 대의원 991명이 참석한 가운데 통합전당대회를 열어 단일야당을 출범시킨다. 이는 이승만 정권 시절의 민주당에 이어 두 번째 단일야당의 성립이었다. 통합전당대회에서 민중당은 집단지도체제를 채택하고 대표최고위원과 최고위원을 선출한다. 당권 경쟁은 민정계 윤보선과 민주계 박순천의 대결로 압축되었다. 투표 결과 윤보선은 460표 득표에 그쳐 513표를 얻은 박순천에 예상 밖의 패배를 당한다. 뜻밖의 패배에 충격을 받은 윤보선은 최고위원직 수락마저 거부한다.

이 투표는 당시 양당의 지분과는 완전히 다른 의외의 결과로서 박순천의 당선은 민주계에다 비윤보선계 및 자민계 일부의 지원을 받은 영향으로 보인다. 민중당은 형식적으로 통합야당의 모습을 띠면서 박정희에 대한 대항세력의 모습을 갖추었으나, 여전히 어느 한 계파도 과반수 세력을 확보하지 못했다. 다수파인 민정계의 윤보선이 당권 경쟁에서 소수파인 민주계의 박순천에게 패배함으로써 당의 앞날에 암운이 드리운다. 당의 주도권이 뒤바뀌어 세력판도가 판이하게 달라진 이 같은 민중당의 불안정한 체제는 계파 사이에 잠재된 분열의 불씨를 안은 채 한일협정 파동과 더불어 윤보선 중심의 강경파와 박순천-유진산 연합의 온건파 사이에 끊임없는 갈등을 빚어낸다.

1965년 6월 22일 한일(韓日) 협정이 정식으로 조인되자 윤보선은 한일협정에 반대하는 무기한 단식농성에 들어간다. 이에 민중당도 7월 12일로 예정된 임시국회 개회를 앞두고 의원직 사퇴를 포함한 강경한 대응을 통해 윤보선의 단식을 지원하기로 한다. 국회가 개회되자 민중당은 한일협정 비준안의 국회 본회의 보고를 저지하기 위해 단상을 점거, 이틀 동안 공화당과 대치한다.

7월 14일 윤보선을 중심으로 한 야당의 강경투쟁에도 불구하고 정부와 공화당이 비준 동의안을 발의하자 여·야 의원들이 집단 충돌해 의사당은 아수라장으로 변하고 다수의 의원들이 부상당한다. 민중당은 본회의가 산회한 직후 공화당이 일방적으로 발의한 동의안에 대해 무효를 선언하고 한일협정 비준 동의안을 저지하지 못할 경우 의원직을 사퇴하기로 결의한다. 그러나 민중당의 강경 대응에도 불구하고 한일협정 비준이 굳어져 가자, 윤보선은 민중당 탈당과 더불어 의원직을 사퇴하는 초강경 승부수를 던진다.

대통령 후보 단일화 추진

한일협정을 반대해 민중당을 탈당하고 의원직을 버린 윤보선은 1965년 10월 13일 "민중당이 준(準) 여당으로 전락하고 만 시점에서 선명야당의 탄생이 절실하다"고 밝히면서 본격적인 신당 창당에 나선다. 신당추진 세력은 1966년 1월 18일 윤보선, 김도연, 윤제술, 정일형, 정해영, 서민호, 정성태, 김재광 등 의원직 사퇴자 8명과 장택상, 민장식, 윤택중, 신태악, 조한백 등으로 발기인 추진위원을 선정한다.

윤보선이 창당 작업을 본격화하자 독자적인 창당 작업을 추진할 만한 유력인사가 없던 민주구락부 측이 조건 없이 신당에 참여하기로 하였으며, 이 과정에서 군부세력이었던 김재춘과 혁신계의 서민호·정화암·임철호 등이 신당 대열에서 이탈한다.

당초 새한당으로 추진되던 신당은 당명을 '신한당'(新韓黨)으로 바꾼 뒤 2월 15일 105명의 발기인이 참석한 가운데 창당발기인대회를 개최하고 창당준비위원회 수석대표에 윤보선, 대표위원에 김도연·정일형을 선출한다. 창당 작업을 끝낸 신한당은 3월 30일 서울 시민회관에서 대의원 747명이 참석한 가운데 창당대회를 갖고 단일지도체제의 당헌을 채택한 뒤 윤보선을 당 총재와 대통령 후보로 추대한다. 이에 창당을 마친 신한당은 1967년 들어서면서 민중당과 본격적인 대통령 후보 단일화와 야당 통합을 추진하기 시작한다.

윤보선에게 있어서 야당 대통령 후보 단일화는 절실했다. 지난번 박정희와의 첫 대결에서 석패(惜敗)한 그는 자신이 만든 신한당에서 대통령 후보로 지명 받았으나, 야당 후보 단일화가 이루어지지 않는 한 서서히 정치기반을 굳혀 가고 있는 박정희를 이기는 것이 사실상 불가능하다고 판단했다.

한편 이 무렵 대통령 후보감이 없던 민중당은 이범석·백낙준·유진오 3명 중에서 대통령 후보를 옹립하기로 하고 접촉에 나서, 우여곡절 끝에 유진오를 후보로 추대하기로 결정한다. 이로써 신한당 후보 윤보선과 민중당 후보 유진오의 단일화 논의가 본격적으로 전개되지만, 민중당 지도층에 대한 인책 주장 등을 내세운 신한당 측의 강경 입장으로 교착상태에 빠진다.

그러나 혼미 속으로 빠져들던 후보 단일화 및 통합 추진은 1967년 1월 23일 윤보선의 새로운 방안 제시로 돌파구를 마련한다. 윤보선은 단일화 추진위원회 해체식에 서한을 보내 대통령 후보 단일화와 야당통합 문제를 신한·민중 양당의 대통령 후보인 자신과 유진오, 그리고 민중당이 대통령 후보로 교섭한 바 있는 이범석·백낙준 등 4명이 참석하는 4자회담에서 결정하자는 내용의 6개항 단일화 방안을 제시한 것이다. 이에 윤보선과 유진오는 두 차례의 회담을 가진 뒤 "신한·민중 양당은 빠른 시일 내에 합당하기로 한다"고 합의함으로써 후보 단일화와 야당 통합은 급물살을 탄다.

1월 26일 열린 1차 4자회담에서는 양당 통합의 실무적인 절충을 위해 신한·민중·추진위 각 3인씩의 대표를 뽑아 '9인위원회'를 구성키로 한다. 연이어 열린 2차 4자회담에서는 그때까지 신한·민중 양당의 통합방법을 둘러싼 중요한 쟁점이던 '신설통합이냐, 흡수통합이냐'는 문제에 대해 신설통합의 방식을 택하기로 합의하여 통합작업은 진일보 한다.

박정희에 또다시 패배

이어 신한당에서 조한백·정해영·신태악, 민중당에서 서범석·김의택·김판술, 추진위에서 임철호·정운갑·이상돈이 선출되어 통합실무기구인 9인위원회가 구성된다. 실무협상을 진행시켜 나가던 9인위원회는 1월 30일 첫 회의를 열고, 2월 7일에 통합창당대회를 열기로 합의한다. 또 2월 1일과 2일 연이은 회의에서 통합신당 당명을 '국민당'(國民黨)으로 정했다가 중앙선관위에 먼저 등록된 정당이 있음을 알고는 신당의 명칭을 신한당의 '신'(新)과 민중당의 '민'(民)을 따서 '신민당'(新民黨)으로 변경하기로 결정한다.

2월 4일 신한·민중 양당은 각기 중앙상임위원회와 임시전당대회를 열어 통합을 결의하고 수임기구 구성을 당 간부진에 일임했으며, 2월 5일 4

1967년 4월 17일 유진오 신민당 당수와 함께 대구 시내를 행진하며 지지를 호소하고 있는 윤보선 후보.

자회담에서는 대통령 후보에 윤보선, 당수에 유진오를 추대한다는 합의를 이끌어 낸다. 이에 2월 7일 서울 시민회관에서 신한·민중 양당의 통합선언대회가 열려 신민당이 정식으로 발족한다.

한편 신민당은 3월 25일 중앙선관위에 윤보선을 대통령 후보로 등록하고, 이날 선거대책본부 간부회의를 열어 대통령 선거에 내놓을 당의 공약과 정책을 발표한다. 이어 4월 1일 광주를 시작으로 본격적인 유세에 돌입한 윤보선은 공화당의 '100가지 공약'을 빗대 '100가지 부정부패'를 발표하는 등 박정희 정권의 실정(失政)을 폭로하기 시작한다.

선거가 종반전에 접어들면서 신민당은 대통령 후보 윤보선과 함께 유진오, 박순천, 장준하 등이 막바지 유세에 나서 공화당을 맹공(猛攻)한다. 그러나 윤보선은 신민당의 총력전에도 불구하고 선거 막판까지 박정희에 비해 다소 불리한 상황으로 몰린다. 이때 윤보선에게 호재가 생기는데, 선거를 5일 앞둔 4월 28일 대중당 대통령 후보인 서민호가 윤보선 지지를 표명하면서 후보를 사퇴한다. 신민당과 대중당은 이튿날 공명선거투쟁위원회를 공동으로 구성하고 위원장에 서민호, 지도위원에 유진오 · 함석헌 · 김도연 · 김성숙 등을 선출해 공화당에 대한 부정선거 규탄에 나선다.

이러한 노력에도 불구하고 5월 3일 실시된 대통령 선거에서 윤보선은 참패한다. 4년 전 박정희와의 첫 대결에서는 15만여 표 차이로 석패했으나, 이번 선거에서는 116만 표라는 큰 표 차이로 분루(憤淚)를 삼키게 된 것이다. 승부는 사실상 영남권의 투표 향배에 의해 갈라졌다. 박정희는 자신의 고향인 경북에서 63만 표, 경남에서 56만 표를 이겨 경남 · 북에서만 윤보선에 119만 표 앞섰다. 여기에 부산에서 17만 표를 추가해 영남권에서 136만 표를 앞선 것이다. 이외에 서울 · 경기 · 호남 등에서 윤보선 지지가 높았고, 강원 · 충북 등에서는 박정희가 앞섰다. 지난번 선거의 '남여북야'(南與北野)가 이번엔 '동여서야'(東與西野)로 변했다.

민주투쟁의 가시밭길

박정희와의 두 번에 걸친 숙명(宿命)의 대결에서 패배한 윤보선의 정치적 생명은 끝난 것으로 보였다. 그러나 1969년 들어서면서 박정희 대통령이 3선개헌을 추진하고 이에 대한 국민의 비판이 고조되자, 윤보선은 국가원로로서의 새로운 역할을 수행하게 된다. 그는 신민당과 재야인사 등을 비롯한 반정부세력의 결집체인 '3선개헌 반대 범국민 투쟁위원회' 결성을 주도하고, 시국강연회 등 3선개헌 반대 활동에 적극 나선다.

이러한 야당과 재야세력의 반대에도 불구하고, 공화당은 9월 14일 새벽 2시 국회 본회의장이 아닌 제 3별관으로 몰래 자리를 옮겨 변칙으로 개헌안을 통과시킨다. 3선개헌으로 박정희는 1971년에 실시될 대통령 선거에 출마할 수 있게 되었고, 이에 신민당도 유진산을 당수로 선출하고 대통령 선거 준비에 착수한다.

그러나 두 차례에 걸쳐 야당후보로 대통령 선거에 출마해 패배한 윤보선에게 또다시 기회가 주어질 수는 없었다. 윤보선은 1970년 2월에 신민

1980년 3월 24일 안국동 자택을 방문한 김영삼 신민당 총재와 시국문제에 관한 의견을 교환중인 윤보선.

당을 탈당하고 새로운 야당의 창당에 나선다. 그는 박기출, 장준하, 조한백, 장기영, 신태악 등과 함께 1971년 1월 6일 '국민당'(國民黨)을 창당하고 총재를 맡는다. 윤보선은 자신이 출마하는 대신 박기출을 국민당의 대통령 후보로 내세우지만, 공화당의 박정희나 신민당의 김대중에 맞서기에는 세(勢) 불리를 인정하지 않을 수 없었다.

1970년 4월 27일 실시된 대통령 선거에서 박정희는 김대중에 힘겹게 승리한다. 이에 직접선거로 인한 정권유지에 위협을 느낀 박정희는 1972년 10월 17일 이른바 '10월유신'이라 불리는 특별선언을 통해 국회를 해산하고 정당 및 정치활동을 중지시킨다.

10월유신을 계기로 한국 정치는 새로운 상황을 맞게 된다. 박정희의 유신체제는 그동안 정치일선에서 물러나 있던 윤보선에게 새로운 역할을 부여한다. 윤보선은 내각책임제였지만 대통령을 지냈고, 야당의 대통령 후보를 두 차례나 역임한 정치원로로서 유신체제와 맞서 싸우는 민주세력의 정신적 지주로 등장한다.

윤보선은 1973년 11월에 시작된 '민주회복국민회의'에서 유신체제를 정면으로 공격하는 주도적 활동을 하게 되는데, 이 활동이 빌미가 되어 1974년 8월 비상보통군법회의에서 징역 3년에 집행유예 5년을 선고 받았고 10월 비상고등군법회의에서 같은 형량을 확정 받는다.

그러나 윤보선은 박정희 정권의 유신체제에 굴복하지 않는다. 그는 1975년 3월 1일에 '3,500만 동포에게 호소함'이라는 성명을 발표하고 국민들에게 반(反) 유신 운동에 참여할 것을 권고한다. 이어 윤보선은 이듬해 3·1절을 기해 김대중·함석헌·정일형·문익환·안병무·이우정·김관석 등 20인과 함께 명동성당에 모여 유신헌법 철폐, 긴급조치 철폐, 박정희 대통령 사퇴를 요구하는 '민주구국선언'을 발표한다.

유신정권은 곧 윤보선을 비롯한 '민주구국선언' 참여자 전원을 긴급조치 9호 위반 혐의로 기소하고, 법원은 그들 전원에게 실형을 선고한다. 윤보선에게도 징역 8년, 자격정지 8년이 선고됐으나 고령을 감안해 형이 집행되지는 않았다. 윤보선의 반유신 투쟁은 그 뒤에도 계속된다. 그는 1976년 8월 14일 외신기자들을 안국동 자택으로 초청해 박정희 정권을 비판하는 성명을, 1977년 3월에는 유신헌법 철폐와 정보정치 종식을 요구하는 '민주구국헌장'을 발표했고, 1978년 2월 24일에는 각계 인사 63명과 함께 '3·1민주선언'을 발표한다.

유신체제가 막바지로 치닫던 1979년 3월 1일 윤보선은 김대중·함석헌과 3인 공동의장을 맡아 '민주주의와 민주통일을 위한 국민연합'을 발족시키고, 3인 공동의장의 이름으로 '3·1운동 60주년에 즈음한 민주 구국선언'을 발표한다. 윤보선의 반유신 운동은 박정희 대통령이 암살된 1979년 10·26사태 이후에도 그치지 않는다. 그는 비상계엄령 아래서도 유신헌법의 철폐와 조기 민주화를 요구한 'YMCA 위장결혼사건'을 뒤에서 지원했으며, 이 일로 계엄 군사재판에 기소되어 징역 2년을 선고 받았으나 형 집행은 면제됐다.

흔들리는 갈대

그러나 1980년 전두환을 중심으로 하는 신군부(新軍部)가 정권을 장악하자, 윤보선은 1981년 3월 18일 "정권을 무너뜨리는 것이 민주투쟁은 아니다"라는 뜻을 밝히면서 돌연 전두환 정권 지지를 밝힌다. 윤보선은 그 뒤 부인 공덕귀와 함께 미국과 유럽 5개국을 순방했으며, 한국복지협의회 명예회장과 윤관장군기념사업회 명예회장 등을 지낸다. 박정희 정권에 맞서 그렇게 외골수로 투쟁했던 그가 같은 군사정권인 전두환 정권에 대해서는 협력적이었던 이유가 과연 무엇이었을까? 그는 "박정희는 대화를 거부했기에 투쟁했지만, 전두환은 대화에 응했기에 지지했다"고 말했다고 한다. 그것만이 진짜 이유였을까.

1982년 실족(失足)으로 서울대병원에 입원한 윤보선은 이듬해 낙상(落傷)으로 또 병원 신세를 지는 등 갈수록 건강이 악화된다. 윤보선은 1990년 3월 30일 다시 서울대 병원에 입원했으며, 7월 18일 93세의 나이로 타계한다. 유족의 뜻에 따라 장례는 가족장으로 치러졌다. 그는 역대 대통령들이 묻혀 있는 국립묘지 대신 고향 아산의 선산에 잠들었다.

박
순
천(1898~1983)은 일제강점기엔 만세운동을 주도한 독립투사로, 해방 후에는 여성운동가로, 군사정권 시절엔 야당지도자로 활동했다. 그는 남성 중심의 한국 정치사에 여성 정치의 씨앗을 뿌렸다. 만일 그가 없었다면 한국엔 남자의, 남자에 의한, 남자를 위한 정치만 존재할 뻔했다.

'여풍당당' 최초의 여성 당수

박근혜, 추미애, 이미경, 전재희, 전여옥, 나경원, 이혜훈…. 현재 활발하게 활동중인 대표적인 여성 정치인들이다. 이 중에는 대권후보로 거론되는 국회의원도 있다. 여성 정치인의 숫자도 많이 늘었다. 18대 국회의 경우 여성 의원이 무려 41명에 달한다. 가히 여성 정치인 전성시대라 할 만하다. 그러나 지난 시절 정치판은 여성들에게 불모지나 다름없었다. 단 한 사람만 빼고는…. 그 한 사람이 바로 박순천이다. 우리나라 최초의 여성 당수이자 5선 의원인 그가 없었다면 한국의 여성 정치사는 얼마나 공허했을까.

지금도 국회의원 이름을 딴 ○○○법이 간혹 있지만, 1950년대의 '박순천법'은 여권 신장의 디딤돌이었다. 그는 2대 국회에서 여성문제를 다루는 상임위인 보건사회위원회에서 활동하면서 축첩제 폐지와 간통죄에서의 남녀쌍벌제를 적용하는 입법을 주도한다. 당시만 해도 곳곳에 첩(妾) 둔 남자들이 많았고 남자들이 바람을 피워도 여자들만 처벌하던 시절이었다. 또 월 1회 유급 생리휴가 실시와 산후 60일 휴가를 주장해 관철한다. 그 무렵 산후 60일 휴가를 법으로 규정한 것은 한국이 처음이었다.

얼핏 보기에 박순천은 남자 못지않게 대가 찬 여걸(女傑) 이미지가 떠오르지만, 알고 보면 그의 리더십 근원은 모성이다. 그 자신이 7남매의 어머니로 한때는 13년 동안 농촌에서 촌부로 생활했고, 상경한 뒤에는 생계를 위해 공장에서 여공감(女工監)을 지내기도 했다. 그는 여성운동과 정치활동을 통해 양성평등을 실천적으로 이루어 낸 선구자였다. 그러나 그를 진보적 여성운동의 시각으로만 평가하면 오류를 범하기 쉽다. 그의 여성 지위향상을 위한 끊임없는 노력은 결코 페미니즘(*feminism*) 에 대한 일방적 추종이 아니었다. 그것은 자식 가진 어머니로서의 모성에 기인한 것이었다.

그의 삶도 다른 사람들이 그랬던 것처럼 공과(功過) 가 공존했다. 그러나 모든 걸 떠나 그의 뛰어난 정치 리더십은 여성의 정치활동 공간을 확대하고, 많은 여성 정치인들의 역할 모델을 만들었다는 점에서 누구도 그 기여를 부인할 수 없을 것이다.

마산에서 만세운동 주도

박순천(朴順天) 은 1898년 9월 10일 경남 동래군 기장면 대변리(지금의 부산시 기장군) 에서 한학자였던 아버지 박재형(朴在衡) 과 어머니 김춘열(金春烈) 의 무남독녀로 태어났다. 그의 본명은 명련(命連) 인데, 그의 부모는 손이 귀한 집안 외동딸의 명줄이 길기를 바라는 뜻에서 이름을 이렇게 지었다고 한다.

박순천의 부모는 당시 개화파로 기독교 신자였다. 박순천은 10살 때 장로교회에서 세례를 받았으며, 5·16 군사쿠데타 이후 장면의 권유로 가톨릭으로 개종할 때까지 기독교인이었다. 그의 부모는 여자가 글을 배우는 것이 드물었던 당시에 남장(男裝) 을 시켜 딸을 서당에 보낼 정도로 남다른 교육열을 가지고 있었다.

이후 박순천은 기장의 집에서 50여 리 떨어진 부산 일신(日新) 여학교에 입학한다. 이어 일신여학교 고등과를 졸업한 박순천은 1917년 마산에 있는 의신(義新) 여학교 교사로 부임한다. 의신여학교는 호주 선교재단에서 운영하였는데, 그는 이 학교에서 성경과 생물을 가르쳤다. 당시 의신여학교에는 한국인 교사 8명과 일본인 교사 2명이 있었는데, 한국인 교사의 월급은 일본인 교사의 반(半) 밖에 되지 않았다. 박순천은 그 이유가 한국이 나라를 빼앗겼기 때문이라고 생각하고 울분을 품게 된다.

의신여학교 교사로 부임한 지 3년째 되던 1919년 이른 봄, 박순천은 서울에서 내려온 세브란스의전 학생인 이갑성(3·1운동 민족대표)을 비밀리에 만난다. 이때 이갑성은 2·8독립선언 소식과 3·1만세운동 거사(擧事) 준비에 대해 소상하게 알려 주고 협조를 당부한다.

이갑성과의 비밀회동 이후 거사를 준비하기 시작한 박순천은 서울에서 밀파된 배동석으로부터 독립선언서와 독립신문을 몰래 전달 받는다. 그리고 제자인 최봉선의 집에서 독립선언서를 등사하고 태극기를 만드는 등 마산의 만세운동을 준비한다. 하지만 거사를 준비하던 박순천은 만세시위 전날일 3월 4일 이를 눈치 챈 호주인 교장의 만류에 그만 발이 묶이고 만다. 그러나 "박순천 선생을 놓아 달라"는 여학생들의 집단 항의에 힘입어 학교를 겨우 빠져나온 박순천은 의신여학교 교사와 학생들을 이끌고 장터로 나가 만세시위를 주도한다.

박순천은 만세시위로 한 달 동안이나 유치장에 갇혀 있다가 한석진 목사와 이승규 장로의 신원보증으로 가까스로 석방된다. 그런데 그가 석방되던 바로 그날, 그의 기숙사 방의 천정에서 태극기와 독립선언서 등이 발견되어 지명수배 된다. 그는 다시 쫓기는 몸이 되었다. 박순천은 머슴으로 변장하고 밤길을 걸어 마산에서 30리 떨어진 함안 칠원에 있는 최용구의 집으로 피신한다. 최용구는 박순천의 제자인 최봉선의 오빠로 최봉선의 어머니가 주선해 준 피신처였다.

박순천은 칠원에서 최봉선 올케의 극진한 보살핌을 받으며 하루하루를 보낸다. 그런데 뜻하지 않게 그가 만세사건에 연루되어 피신해 왔다는 소문이 온 동네에 퍼진다. 이에 당황한 최봉선의 올케가 급하게 말을 둘러댄다. "얘는 내 친정동생인데 전라도 순천(順天)에 시집갔다가 소박맞고 돌아왔어요"라고. 이때부터 그는 '순천댁'으로 불리게 되었는데, 이것이 본명인 '명련'을 버리고 '순천'이라는 이름을 쓰게 된 동기가 되었다.

일본으로 유학

함안 칠원에서 피신생활을 하던 박순천은 광주리장사로 변장하고 찾아온 의신여학교 제자들과 함께 다시 마산으로 돌아간다. 이때 박순천은 그가 유치장에서 풀려날 때 신원보증을 섰던 한석진 목사의 딸 한소제를 만나게 된다. 한소제는 여름방학을 맞아 집에 돌아와 있던 도쿄 유학생이었다. 박순천은 한소제와 사귀면서 그의 영향으로 일본으로 유학을 떠날 결심을 한다.

1919년 9월 왜경(倭警)의 눈을 피하기 위해 기생 차림으로 변장하고 부산으로 간 박순천은 그곳에서 훗날 평생 친구가 되는 황신덕을 만난다. 황신덕은 평양에서 숭의여학교를 마치고 도쿄에서 유학중이었는데 여름방학을 마치고 학교로 돌아가는 길이었다. 박순천은 다시 기모노 차림으로 바꿔 입고 무사히 도쿄에 도착한다. 그는 한소제의 소개로 소마 곳고(相馬黑光)라는 일본인 집에서 하숙을 하게 된다. 그는 약소민족에 대해 깊은 동정심을 갖고 있는 사람으로 많은 한국인 유학생들이 그의 집에 드나들었다.

1920년 박순천은 소마 부부가 개최한 신년회에서 훗날 남편이 될 변희용(卞熙瑢, 1894~1966)을 만난다. 변희용은 경북 고령 출신으로 일본 게이오대에서 경제학을 공부하고 있었다. 그는 이 무렵 한국인 유학생 조직인 '학우회'(學友會) 총무를 맡고 있었기 때문에 일본 경찰의 감시를 받고 있었다. 박순천 역시 왜경들의 눈을 피해 도쿄로 건너가긴 했지만 칠원에 숨어 있을 때 마산지법 궐석재판에서 1년 징역을 판결 받은 상태여서 여전히 불안한 나날을 보내고 있었다.

이런 불안 속에서도 박순천은 1920년 3월 요시오카여의전(吉岡女醫專)에 입학한다. 그는 장래 훌륭한 의사가 될 결심으로 열심히 공부했다. 또 황신덕 등과 함께 어울리면서 유학생활에 재미를 붙여 나간다. 그러던 어느 일요일 아침. 모처럼 늦잠을 즐기고 있던 박순천에게 느닷없이 형사가 찾아온다. "당신이 박명련이요?" 박순천은 당황했다. 잡아떼려는 생각도 해 보았지만 곧 모든 것이 탄로 났다는 사실을 깨닫고 체념했다. 그의 부모가 학비를 송금하면서 순천이라는 이름 대신 명련이라는 본명을 적어 보내는 바람에 정체가 탄로 난 것이다.

1919년 마산에서 3·1만세운동을 벌이다 일경에 체포되어 1년 징역을 선고받고 수의를 입은 모습의 박순천.

박순천은 도쿄 감옥에서 두 달의 수감생활을 마친 뒤 시모노세키와 부산을 거쳐 마산형무소로 이송된다. 그는 2년 전의 궐석판결을 보충하기 위한 재판을 받고 1년형을 선고 받는다. 죄수번호 98번이었다. 1922년 8월 박순천은 1년 4개월의 형기를 마치고 마침내 출옥한다. 몸도 마음도 지친 박순천은 고향에 돌아와 요양을 취한다. 이때 변희용이 고향인 고령에서 방학을 보내고 도쿄로 돌아가는 길에 박순천의 집을 방문한다. 박순천의 출옥 소식을 듣고 한달음에 달려온 것이었다. 변희용은 60리 길을 말을 타고 와서 하룻밤을 묵고 갔는데, 이날 은근히 딸의 혼사문제를 걱정하고 있던 박순천의 아버지와 그와의 사이에 혼담이 오갔다.

박순천의 아버지는 변희용을 사윗감으로 마음에 두고 그의 고령 집을 방문해 좋은 집안임을 확인하고는 딸에게 결혼을 권유한다. 그러나 박순천은 한마디로 거절한다. 이에 박순천의 아버지는 "그렇다면 내게도 생각이 있다. 그 청년과 결혼할 마음이 없다면 일본에 갈 생각은 아예 하지도 말라"며 조건을 내건다. 도쿄 유학을 갈망했던 박순천은 할 수 없이 부모에게 그와 결혼하겠다고 대답하지만 결혼할 마음은 아직 없었다.

이에 박순천은 여류 비행사의 꿈을 안고 두 번째 일본 유학길에 오른다. 그는 도쿄에 있는 니카이도(二階堂) 체육전문학교에 입학한다. 체육전문학교의 2년 과정을 마친 다음 항공학교에 들어갈 생각이었다. 그러나 도중에 폐가 나빠지는 바람에 1년 만에 체육전문학교를 그만 두고 황신덕과 함께 일본여자대학 사회학부 여공보전과(女工保全科)에 입학한다. 여기서 그는 같은 과 1년 선배인 박승호를 만나 황신덕과 함께 '삼총사'라고 불릴 정도로 절친한 우정을 나눈다.

결혼, 그리고 시집살이

방학을 맞아 평양의 황신덕 집에서 지내고 있던 박순천은 충격적인 간토(關東) 대지진 소식을 듣게 된다. 이에 참상을 전해들은 박순천 등 유학생들은 조사단을 꾸려 간토대지진 과정에서 자행된 조선인 학살에 대한 진상조사에 착수한다. 진상조사단은 일제의 피압박 민중에 대한 잔혹한 범죄를 국내외에 알려 상해 임시정부까지 이 문제에 나서게 하는 성과를 거둔다.

간토대지진 진상조사 활동 이후 박순천은 학우회 총무를 맡아 같이 활동했던 변희용과 급속하게 가까워진다. 두 사람은 이미 부모의 허락까지 받은 상태였기 때문에 결혼을 망설일 필요도 없었다. 이에 변희용이 일본에서 학교를 마치고 귀국해 중외일보(中外日報) 기자로 취직해 있던 1925년 12월 24일 서울 무교동의 음식점인 '태인관'(泰印館)에서 조촐한 결혼식을 올린다. 결혼 당시 신랑 변희용은 32세였고 신부 박순천은 28세였다. 주례도 없이 가까운 친구 몇 명만이 모여 식사를 하면서 결혼을 선포한 것이다. 박순천은 그 무렵 무정부주의와 비슷한 생각을 가지고 있어서 사회제도나 형식을 부정했는데, 결혼식도 재래의 결혼식과는 다르게 수수한 흰 저고리와 까만 치마를 입고하였다.

결혼 후 다시 도쿄로 돌아간 박순천은 유학 중 맏아들 광호를 낳는다.

그리고 학업을 마친 1926년 마침내 귀국한다. 이 무렵 서울의 진명여학교에서 일본에까지 사람을 보내 월급 100원(圓)의 교사로 오라는 교섭이 있었기 때문이다. 그러나 남편 변희용은 생각이 달랐다. 귀국하는 것은 좋으나 고향 고령에 있는 고모를 다만 1년이라도 모셨으면 했다. 남편 변희용이 일찍 부모를 여의고 고모 손에서 자랐기 때문이다. "우리가 결혼도 하고 학업도 마쳤으니 얼마만이라도 모셔야 도리가 아니겠냐"는 것이 남편의 간절한 주장이었다.

박순천도 이를 무시할 수 없어 딱 1년만 모시기로 약속을 한다. 그러나 시고모는 성격이 매우 강한 사람이었다. 호된 시집살이가 시작되었다. 한평생을 혼자 늙은 시고모는 조카 부부를 친자식같이 여겼으나, 박순천이 유학생 조카며느리라고 해서 지레 기(氣)를 꺾어 놓으려 했던 것이다. 몸이 고된 것은 둘째고 마음고생이 너무 심했다. 박순천이 매운 시집살이를 조금이라도 피하기 위해 친정에 편지를 보내 어머니가 편찮다는 전보를 보내 달라고 부탁할 정도였다. 이런 가운데 박순천은 이웃 주민들과 벽을 허물기 위해 무명옷에 고무신 차림의 전형적인 시골 아낙네로 변신했다. 일본유학생 티를 없애기 위해 시계니 구두니 하는 '문명'(文明) 들은 모두 없애 버리고 팔을 걷어 부치고 닥치는 대로 일을 했다. 이렇게 막일을 해대자 주민들은 신여성 박순천에게 조금씩 마음을 열기 시작한다.

박순천 부부는 1년만 고모를 모시기로 했지만 1년쯤 지났을 때 시고모가 노환으로 눕게 되자, 애초의 계획을 연기하지 않을 수 없었다. 그러나 시고모는 1년 투병 끝에 결국 별세한다. 부부는 고모의 장례를 치른 뒤 고향에서 좀 떨어진 다른 곳으로 이사한다.

농촌계몽활동

이사한 곳은 경북 고령군 고령면 지산리. 50여 호가 사는 작은 마을이었다. 시골이라 당연히 농업을 주업(主業)으로 하였지만 수확량이 많지 않아 매우 빈곤하게 살았다. 그러면서도 유교문화에 깊이 물든 주민들은 가난하면서도 일하는 것을 기피했다. 이러한 마을주민들은 외지에서 들어온 박순천 부부를 결코 반기지 않았다. 상투 튼 마을 양반들이 머리 깎은 남편 변희용을 좋아할 리 만무했고 여자들은 일본 유학파 박순천을 숫제 일본사람으로 취급했다.

박순천은 이들의 의식을 변화시키고 경제활동의 중요성을 일깨우기 위해 농촌계몽운동에 적극 나서기로 결심한다. 박순천이 훗날 신동아에 기고한 '나의 30대 — 개화에 발버둥 치던 촌부(村婦)'의 한 대목이다.

> "이사하자마자 이 마을 사람들은 나에게 손짓 발짓을 하며 일본말을 걸어오는데 하도 어처구니가 없어 그저 입이 딱 벌어질 지경이었다. 얼마 안 있어 내게는 '연락댁(連絡宅)이'라는 사투리 별명이 붙었다. 내가 연락선을 타고 일본을 다녀왔대서 '연락'이라는 택호(宅號)를 붙인 것이다.
>
> 시간이 지남에 따라 이 '연락댁이'를 반가운 얼굴로 대하는 사람들이 하나 둘 늘어 갔다. 마을 사람들과 어느 정도 인간관계가 형성되자 나는 이들을 '근대'와 '연락'시킬 결심을 했다.
>
> 제일 먼저 빈곤 퇴치 방법으로 절미(節米) 운동을 벌였다. 끼니때마다 조금씩 모아 둔 쌀로 친화계(親和契)를 조직했다. 또 한편으로는 노동이 신성한 것이라는 의식을 심어주기 위해 내가 앞장서서 들일을 나갔다. 일본 가서 대학을 나온 이른바 하이칼라가 벗어 붙이고 들에 나간다는 사실은 천 마디의 열변보다 효과가 있었다."

박순천의 계몽활동으로 마을 사람들의 의식이 크게 달라지고 생활도 점차 나아졌다. 박순천이 이사했을 때 머리 깎은 남편을 비웃던 주민들이 이제는 한 사람만 빼고는 모두가 상투를 잘랐다. 더욱 중요한 변화는 그들 부부의 야학 덕분으로 한글을 모르는 주민이 거의 없을 정도로 문맹퇴치가 이루어졌다는 것이다.

그러나 이러한 변화를 일본 경찰이 그대로 두고 보지는 않았다. 그때까지도 박순천 부부에게는 과거의 전력 때문에 '불령선인'(不逞鮮人) 이라는 꼬리표가 붙어 있어서 항상 일경의 감시를 받았다. 그냥 두어서는 안 되겠다고 생각했던지 일제는 창씨개명을 요구하고 마을에 신사(神社) 를 짓기 시작했다. 박순천 부부는 이제 이곳을 떠나야 할 때가 왔다고 생각했다. 아무 대책도 없이 빈손으로 서울에 가면 심한 생활고를 각오해야 했지만 일경의 감시 눈초리를 피하기 위해서 서울행은 불가피한 선택이었다. 가만 앉아서 창씨개명과 신사참배의 굴욕을 감수할 수는 없었다.

박순천 부부가 차를 타기 위해 읍내로 떠나던 날, 수많은 마을 사람들이 자기들을 덮어 주던 '이불'이 떠난다고 서운해 했다. 온갖 일에 자기들을 감싸 주었다고 해서 '이불'이라고 부른 것이다. 이제 나무를 베다가 잡혀가면 누가 빼주며 밀주(密酒) 를 담갔다고 붙들려 가면 누가 힘써 주겠냐고 울먹이는 아낙들도 있었다. 그렇게 13년간의 파란만장한 농촌생활을 마치고 박순천은 서울로 떠났다. 그의 나이 41세 때였다.

여학교를 설립하다

1940년 서울로 이사한 박순천은 조선공예사와 금강전구 공장 등에서 여공감(女工監) 으로 일했고, 남편인 변희용은 광산업에 손을 댔다. 박순천은 서울에서 생활고에 시달리면서도 오랜 숙원이던 여학교 설립에 나선다. 그가 학교 설립에 대한 꿈을 키운 것은 1936년 '손기정 일장기 말소사건'으로 인한 동아일보 정간(停刊) 사건 때문이었다. 당시 경북 고령의 농촌에서 생활하던 박순천은 서울에 볼일이 있어 상경했다가 동아일보 기자로 있던 절친한 친구 박승호, 황신덕과 함께 동아일보 윤전기가 멈춰서는 마지막 모습을 지켜보았다.

윤전기가 멈출 때 '마치 사람 하나가 숨을 거두고 죽어가는 것처럼' 느낀 세 친구는 광화문의 동아일보 편집국(현재의 일민미술관) 한 구석에서

1940년 경성가정여숙 개교 직후 교문 앞에서 학생들과 기념촬영. 뒷줄 왼쪽부터 교장 황신덕, 교사 박승호, 부교장 박순천.

비통한 심정과 울분을 나누면서 같이 힘을 모아 민족교육을 위한 학교를 세우기로 마음을 모았다. 그러나 학교 설립이 그리 쉬운 일은 아니었다. 당시로서는 설립자금을 마련하지 못해 꿈을 접을 수밖에 없었다.

그러다가 박순천이 상경하자 이들 세 친구는 다시 학교 설립에 본격적으로 나선다. 자금 마련이 급선무였다. 박순천과 황신덕은 도쿄로 가서 유학시절 하숙집 주인이었던 소마 부부를 만난다. 커다란 제과점을 하고 있던 그들 부부는 10년 만에 만난 박순천 일행에게 학교 설립 자금 1만원을 선뜻 내어 놓는다.

이에 1940년 10월 박순천 등 세 친구는 서대문의 이우(李鍝: 의친왕의 차남으로 히로시마 원폭투하 때 33세로 요절) 공(公) 저택을 헐값에 사들여 경성가정여숙(京城家政女塾: 중앙여고의 전신)을 설립한다. 이에 황신덕이 교장을 맡고 박승호는 교사가 되었지만, 박순천은 마산 만세운동으로 인한 전과(前科)로 교사 인가를 내주지 않아 서무를 책임지는 부교장을 맡는다. 학교의 행정을 맡은 박순천은 월 60원의 운영비를 마련하기 위해 이리 뛰고 저리 뛰어야 했다. 가난한 아이들의 학비를 받지 않았기 때문에 달마다 교사들의 봉급을 지급하는 것도 여간 어려운 일이 아니었다. 이 무렵 박순천은 훗날 친일 의혹을 받는 몇 가지 일에 간여하게 된다. 전쟁에 광분한 일제는 여성을 전쟁에 징발하기 위해 '조선임전보국단'(朝鮮臨戰報國團)이라는 단체를 만들어 여성교육자들을 동원했다.

박순천은 1941년 12월 27일 이 단체에서 주최한 '결전부인대회'(決戰婦

人大會)에서 최정희, 모윤숙, 김활란 등과 함께 전쟁 동원을 촉구하는 연설을 한다. 제목은 '국방가정'이었다. 또 1942년 1월 5일 발표된 조선임전보국단 부인대의 지도위원에 위촉됐으며, 두 차례의 방송연설에 참가했다. 끝까지 창씨개명을 거부하고 궁성요배(宮城遙拜)에 적극적으로 저항했던 박순천이 왜 친일행적을 보였을까. 학교를 지키기 위한 희생적 선택이었는지 아니면 강압에 의한 굴복이었는지는 오직 자신만이 알 뿐이다.

대한부인회 회장 맡아

1945년 8월 15일. 마침내 해방이 되었다. 박순천에게 새로운 삶의 전환이 시작된다. 박순천은 8월 16일 황신덕, 박승호, 노천명, 황기성, 유영준, 정칠성, 이각경 등과 함께 건국부녀동맹결성준비위원회를 결성한다. 또 다음날에는 기독청년회 강당에서 건국부녀동맹결성준비위원회의 여성 140여 명이 모여 건국부녀동맹(建國婦女同盟)을 발족시켰는데, 박순천은 부회장을 맡았다.

그러나 건준(建準)이 인민공화국 수립을 발표하고 건국부녀동맹 내부의 좌우익 대결이 심각해지자, 박순천은 "건국부녀동맹의 회원들 대부분이 순수한 여성운동보다는 좌익계열의 지령을 받아 움직이는 꼭두각시이기 때문에 탈퇴한다"는 성명을 발표하고 건국부녀동맹을 떠난다.

이에 건국부녀동맹을 탈퇴한 박순천 등 우익 여성들은 1946년 4월 5일 반탁(反託)을 지지하는 독립촉성(獨立促成)애국부인회를 만든다. 이번에도 박순천은 부회장을 맡았고, 회장에는 박승호가 선출된다. 독립촉성애국부인회는 여성운동보다는 격렬한 반탁운동에 나섰는데, 이때 박순천은 반탁은 애국, 찬탁은 매국이라고 생각했다.

박순천은 반탁운동을 통해 여성조직의 통합을 이끌어 낸다. 1948년 2월 6일 독립촉성애국부인회는 군소여성단체를 통합해서 '대한부인회'(大韓婦人會)를 새로 발족하고 박순천을 초대회장에 추대한다. 박순천은 대한부인회를 이끌면서 〈부인신보〉 사장을 맡아 자금난에 시달리면서도 6·25전쟁 때까지 발행한다.

한편 박순천은 1948년 5월 10일 제헌의원 총선거에 서울 종로갑구에서 무소속으로 입후보한다. 이때 이승만은 느닷없이 "종로갑구의 입후보자들은 모두 이윤영 씨에게 양보하기 바랍니다"라는 담화를 발표한다. 화가 난 박순천은 곧장 이승만이 기거하는 이화장(梨花莊)으로 달려가 단도직입적으로 따진다.

박순천 "선생님, 저 종로갑구에서 입후보했습니다."

이승만 "아, 입후보자가 바로 자네였나? 내 하나 제안을 하지. 지금 이천 주민들이 입후보할 사람을 데리러 왔는데, 내 자네를 추천해 줄 테니 거기로 가 보지 그래."

박순천 "그건 싫습니다. 종로갑구는 동(洞)이 42개뿐이지만 이천은 구역도 넓고 또 완고한 시골이라 여자에게는 불리한 곳인데 왜 옮기겠습니까?"

이승만 "안 옮기면 자넨 당선될 수가 없어."

박순천 "아니, 선생님도 동대문갑구에 출마했으니 저와 같은 입후보자인데 누가 누구를 추천합니까? 만일 선생님께서 추천할 권한이 있다면 210명의 전체 국회의원들을 다 추천하지 그러세요."

박순천은 출마를 강행했다. 그러나 박순천은 5,518표를 얻는 데 그쳐 낙선의 고배를 마신다. 이승만이 적극적으로 밀어 준 이윤영이 압도적으로 당선된 것이다. 이때만 해도 여성에게 있어 정치의 벽은 너무 높았다. 5·10 총선거에 박순천 외에도 김활란, 박승호, 황애덕, 최은봉 등 18명의 여성이 출마했지만 단 한 명도 당선되지 못했다.

재수 끝에 국회의원 당선

5·10총선거에서 낙선한 박순천은 1950년 5월 30일 제2대 총선거에 다시 종로갑구에서 출마해 당선된다. 대한부인회의 적극적인 선거 지원 덕택이었다. 그때 그의 광화문 선거사무소에는 대한부인회 회원들이 보낸 금비녀, 금가락지 등 패물과 떡, 과일이 넘쳐 났다. 대한부인회 회원들은 마치 자기 일처럼 그의 선거를 도우며 신바람을 냈다. 2대 국회에 등단한 박순천은 김동성, 곽상훈, 오위영, 윤길중, 엄상섭 등과 함께 무소속으로 구성된 원내 교섭단체에 참여한다.

그러나 그가 의정활동을 시작한 지 6일 만에 6·25전쟁이 발발한다. "아침은 서울에서, 점심은 평양에서, 저녁은 신의주에서"를 외치며 북진통일을 주장하던 이승만 정권은 전쟁이 일어난 뒤에도 마치 국군이 승리하고 있는 것처럼 국민을 속이고는 예고도 없이 한강다리를 끊어 버린다.

이미 국회의원 3분의 2가 피난했지만 박순천은 서울에 남았다. 그는 재동 모처에서 박승호, 이예행과 함께 은신했지만 결국 북한 인민군에 체포되고 만다. 체포된 박순천은 북한에 협조할 것을 종용 받지만 "어제까지 우익에서 부르짖던 사람이 하루아침에 편을 바꾸어 봐야 사람들이 믿어주지 않을 것"이라며 단호히 거절한다.

박순천은 7월 8일 정치보위부로 넘어 갔다가 북한에서 국회의원 공작대가 도착한 13일 다른 6명의 의원과 함께 석방된다. 인민군은 국회의원들에게 성남호텔에 집결할 것을 명령했지만 박순천은 불응한다. 이에 무장한 인민군이 17차례나 찾아와 가택을 수색하고 1개 소대가 집을 포위하는 위협을 당하는 등 곤욕을 치른다.

한편 부산으로 피난한 박순천은 전쟁 중 일어난 국민방위군 사건과 거창사건을 현장조사 하면서 이승만 정권의 독단과 부패를 체감한다. 이런 와중에 임시수도 부산에서 이승만 정권은 정권연장을 위한 개헌안을 밀어붙인다.

1952년 7월 4일 밤 9시 30분. 국회는 정부의 직선제 개헌안과 야당의 내각제 개헌안의 일부를 절충해 만든 발췌(拔萃) 개헌안을 기립표결로 통과 시킨다. 이승만 정부가 경찰과 헌병대를 동원해 의원들을 국회로 쓰고 있던 경남도청에 감금한 지 이틀만의 일이었다. 무술경관들이 겹겹이 둘러싼 반연금 상태의 공포분위기 속에서 지친 국회의원들은 대부분 소신을 접고 독재정권의 들러리가 될 수박에 없었다. 재석의원 166명에 찬성 163표였다. 기립하지 않고 표결을 거부한 의원은 단 3명, 박순천도 그 3명 중 한사람이었다.

박순천의 이승만에 대한 반대가 표면화 되면서, 정권의 대한부인회에 대한 탄압도 가중된다. 그것은 대한부인회에 대한 탄압이 아니라 박순천에 대한 탄압이었다. 당시 내무장관은 박순천이 회장으로 있는 한 대한부인회를 도울 수 없다고 공개적으로 말할 정도였다.

박순천은 정권의 탄압 속에서 자신이 창립한 대한부인회 회장직에서 물러날 수밖에 없었다. 대한부인회를 두 토막 내지 않기 위해서였다. 박순천이 손을 떼자 대한부인회는 곧 권력의 시녀가 된다. 회장으로 이기붕의 부인 박마리아를 선출한 것이다. 이로써 박순천은 한때 우호관계에 있던 이승만과 완전히 결별한 뒤 야당의 길로 들어서게 된다.

민주당 창당에 참여

대한부인회 회장직에서 물러 난 박순천은 1954년 5월 20일 제 3대 국회의원 총선거에 다시 출마하지만 낙선한다. 총 13명의 후보가 입후보 했는데 9,458표를 얻은 윤보선이 당선되었다. 박순천은 4,306표를 얻어 3위에 그쳤다.

3대 국회는 자유당이 장악했다. 총의석 203석 가운데 과반이 훨씬 넘는 114석을 차지한 것이다. 이에 반해 야당인 민국당은 15석에 불과해 원내교섭단체 구성도 어려운 형편이었다. 이승만 정권에 맞서기 위한 야당통합 모색이 불가피했다.

이에 신당 창당준비위원회의 책임을 맡은 조병옥은 최희송, 이선행 등을 보내 박순천에게 신당 참여를 권유한다. 하지만 박순천은 주저한다. 비록 지금은 결별했지만 해방 후 이승만과 노선을 같이 하며 반탁운동과 단정(單政) 수립 운동을 함께 했던 그로서는 야당으로의 전환이 선뜻 내키지가 않았던 것이다. 그러나 이승만 정권의 불법적인 4사5입(四捨五入) 개헌 강행은 박순천으로 하여금 독재정권에 정면으로 도전하는 길을 택하게 만든다.

1955년 9월 18일 서울 시공관에서 열린 '민주당'(民主黨) 창당대회에서 박순천은 당 고문 겸 중앙위 부의장으로 선출된다. 이때 민주당은 민국당 중심의 구파(舊派)와 신당 창당과 더불어 입당한 신파(新派)로 나뉘었다. 원외에 있던 박순천은 장면, 곽상훈 등과 함께 신파로 분류됐지만 본인은 '민주당파'로 자처했다.

한편 박순천은 대통령 후보인 신익희의 급서(急逝) 이후인 1956년 9월 28일 열린 민주당 전당대회에서 장면, 곽상훈, 백남훈과 함께 최고위원으로 선출된다. 대표최고위원은 조병옥이 맡았다. 박순천은 이어 이듬해 10월 19일 전당대회에서도 최고위원으로 선출되어 민주당 신파의 지도자로 자리매김한다.

민주당의 지도부로 자리를 굳힌 박순천은 1958년 5월 2일 제 4대 국회의원 총선거에서는 지역구를 옮겨 부산 동구갑에서 출마한다. 그는 이 선거에서 2만 2907표를 얻어 1만 1803표를 얻은 자유당의 김기옥을 압도적으로 누르고 당선된다.

총선이 끝나자 민주당은 곧바로 1960년에 있을 대통령 선거 준비에 들어간다. 하지만 민주당은 대통령 후보 지명을 앞두고 '신파의 장면이냐, 구파의 조병옥이냐'를 놓고 신・구파 간에 심각한 갈등을 보인다. 우여곡절 끝에 민주당은 1959년 11월 26일 열린 민주당 대통령 후보 지명대회에서 구파의 조병옥을 대통령 후보에, 신파의 장면을 다시 부통령 후보에

1959년 민주당 최고위원들을 중심으로 당 간부 기념촬영. 앞줄 왼쪽부터 곽상훈, 장면, 조병옥, 백남훈, 박순천.

지명한다. 그러나 선거를 한 달 앞둔 1960년 2월 15일 미국에서 치료 중이던 대통령 후보 조병옥이 갑자기 세상을 떠난다. 민주당은 신익희에 이어 두 번째로 선거 직전에 대통령 후보를 잃은 것이다.

이제 선거는 대통령 보다 부통령 선거가 더 중요하게 됐다. 당시 이승만이 이미 80세가 넘는 고령이었기 때문에 자유당은 무슨 수를 동원해서라도 이기붕을 당선시키고자 했다. 대통령 유고(有故) 시 부통령이 대통령직을 승계하게 되어 있었기 때문이다.

1960년 3월 15일. 이승만 정권에 의한 부정선거가 전국에 걸쳐 대대적으로 자행됐다. 선거 결과를 조작한 정부와 자유당에 의해 무려 700여 만 표 차이로 장면은 낙선한다. 먼저 마산에서 불붙은 시위가 서울로 번진다. 4월 19일 서울에서는 대학생과 고교생 등 20만 명이 넘는 사람들이 시위에 참가했다. 경찰이 시위대에 발포(發砲)하면서 전국적으로 186명의 사망자와 6,026명의 부상자가 발생했다.

또 4월 25일에는 258명의 교수들이 "학생들의 피에 보답하자"는 플래카드를 들고 교수단 시위를 벌였다. 이때 시위대의 맨 앞에서 플래카드를 들고 시위를 주도한 사람이 바로 박순천의 남편인 변희용 성균관대 교수(시위 직후인 5월 교수들의 직접선거로 성균관대 총장이 되었으며, 이듬해 5·16 군사쿠데타로 총장직에서 퇴진)였다. 마침내 이기붕 일가는 자살하고, 이승만은 하야한다.

장면 정권의 입각제의 거부

이승만 정권이 무너지자 민주당에서는 내부 갈등이 표면화된다. 구파는 내각제 개헌 이후 총선을 주장했고, 신파는 대통령의 재선거를 먼저 한 후 개헌하자는 입장이었다. 그러나 자유당 출신 의원들이 민주당 구파의 의견에 동조하면서 6월 10일 내각제 개헌안이 통과된다.

이어 7월 29일 총선거가 실시되어 민·참의원(民·參議院) 양원 의원이 선출된다. 신파공천이니 구파공천이니 하는 말이 공공연하게 나돌 정도로 민주당내 양 계파의 집권경쟁은 치열했다. 이때 박순천은 부산 동구갑에 다시 출마해 혁신계의 장건상을 꺾고 3선의원이 된다.

한편 민주당 구파는 총선이 끝난 지 6일 만인 8월 4일 공식적으로 분당(分黨)을 선언한다. 선거 결과 구파는 신파 보다 당선자수에서 약간 우세한 편이어서 분당을 하더라도 제 1당이 되어 대통령과 국무총리를 다 차지할 수도 있다고 본 것이다.

이에 민·참의원 합동회의에서 대통령으로 선출된 구파의 윤보선은 자파의 의도대로 같은 구파의 김도연을 국무총리로 지명한다. 그러나 국회의 인준 투표에서 찬성 111표, 반대 112표, 무효 1표로 과반수에 단 3표가 모자라 부결되고 만다. 과욕이 불러온 결과였다. 윤보선은 할 수 없이 신파의 장면을 지명할 수밖에 없었는데 이번에는 찬성 117표, 반대 107표, 기권 1표로 과반수에 단 2표가 많아 가결되었다.

내각책임제 총리로 장면이 인준되자 최은희, 임은희, 장선희 등 100명의 여성운동가들은 여권 신장을 위해 여성의원인 박순천을 사회부 장관에 임명하도록 해달라는 청원서를 제출한다. 그러나 민주당 내 복잡한 사정으로 인해 박순천의 입각(入閣)은 불발된다. 또 1961년 4월 28일의 3차 개각 때는 장면으로부터 문교부 장관에 입각할 것을 요청받았지만 거절한다. 박순천은 신파에 속해 있었지만 이 무렵 장면 정권의 실정과 부패를 보고는 비판적인 입장을 가지고 있었기 때문이다.

박순천은 민주당의 분열과 장면 정권의 혼란을 막아보려 나름대로 노력했지만 잘 되지 않았다. 그는 정치에서의 무력함을 느끼고 그가 남다른 애정을 갖고 있던 여성운동 쪽으로 방향을 전환한다. 대한부인회 회장으로 복귀한 것이다. 4·19혁명으로 회장인 박마리아 일가가 자살하자 대한부인회는 표류하고 있었다. 이에 대한부인회 간부들은 임시 전국대회를 열어 박순천을 회장으로 다시 선출한다.

이에 박순천은 정치를 택하느냐, 여성운동을 택하느냐의 고민 속에서 마침내 민주당에 탈당계를 내고 대한부인회 일에 전념하기로 결심한다. 그러나 그의 이런 결심은 5·16 군사쿠데타로 인해 전혀 새로운 상황에 직면하게 된다.

민주당 재창당 주도

5·16 군사쿠데타 이후 군사정권의 정치규제에 묶인 박순천은 정치에 대해 깊은 회의와 자괴감을 느낀다. 그는 합정동 집에 파묻혀 화초나 가꾸며 두문불출(杜門不出)했다.

박순천은 당시 기자들과의 인터뷰에서 "섣불리 정치하다가 오장육부가 다 썩어서 지난번에 맹장을 수술했습니다. 역사소설도 가끔 읽는데 그 말썽꾸러기인 신문기자들을 보지 않아서 좋지요. 그런 무안을 당했는데 이제 또 무슨 정치 이야기요, 당치도 않는 소리 마시오. 정치의 '정'자도 잊을랍니다"라며 정계 복귀에 대해 거부감을 나타낸다.

그러나 정치인이 정치를 떠나기가 그렇게 쉬운 일인가. 박순천이 1차 해금(解禁) 명단에 포함되자, 1963년 정초부터 그의 집에는 전 민주당 인사들이 모여 들어 정치활동을 재개할 것을 요청한다. 장면이 없는 신파의 민주당 재건파들에게 박순천은 선택이 아니라 필수였다. 박순천은 "정치 그만 두고 여성운동이나 하겠다"며 고사(固辭) 했지만 당원들의 간곡한 요청을 끝까지 뿌리칠 수는 없었다. 그는 다시 민주당 재건운동에 참여한다.

민주당 재건 과정에는 우여곡절이 많았다. 민주당을 고수하려는 고수파와 다른 정당과 합류해 신당을 창당하자는 합당파의 의견이 크게 갈렸다. 명분을 중시하는 고수파와 실리를 주장하는 합당파 사이에서 박순천이 전자를 선택한 이유는 그가 처음 정당생활을 시작했고, 신익희 · 조병옥 · 장면으로 이어지는 민주당의 정통성을 복원해야 한다는 생각에서였다. 또 대법관과 선관위원장을 지낸 노진설의 영입을 둘러싸고도 갈등이 노출됐다.

이런 논란 속에서 박순천 등은 마침내 1963년 7월 18일 서울 시민회관에서 770명의 대의원이 참석한 가운데 민주당 창당대회를 갖고 5 · 16 군사쿠데타로 해산당한지 2년 2개월 만에 당을 재건한다. 당 총재에는 예정대로 박순천이 추대된다. 박순천이 우리나라 정당 사상 최초의 여성 당수(黨首)가 되는 순간이었다.

민주당 총재가 된 박순천은 11월 26일 실시된 국회의원 총선거에서도 가볍게 당선된다. 지역구를 바꿔 서울 마포에서 출마한 박순천은 5만 250표를 얻어 전국에서 두 번째로 많이 득표한다. 그러나 그의 전국 유세 강행군에도 불구하고 민주당은 13명(전국구 5명 포함) 당선에 그쳐 군소정당으로 전락하고 만다.

그는 선거를 치를 때마다 남성 출마자들로부터 "암탉이 울면 집안이 망한다"는 공격을 많이 받았다. 그때마다 그는 "나라일이 급한데 암탉 수탉 가리지 말고 써야지, 언제 저런 병아리를 길러서 쓰겠느냐"며 우회적으로 반박하는 재치를 보였다.

한편 총선에서의 참패로 당세가 약화된 민주당은 한일 굴욕외교 반대 투쟁을 하면서 야당통합의 필요성을 절감한다. 이에 민주당은 자유민주당, 국민의 당과 더불어 원내교섭단체를 등록하고 공동보조를 취한다. 교섭단체의 이름은 3당의 당명에 공통적으로 들어 있는 '민'자를 따서 삼민회(三民會)라 지었다. 민주당은 이어 1964년 12월 12일 시민회관에서 통합전당대회를 열어 국민의 당을 흡수한다. 박순천이 대표최고위원에, 허정이 최고위원에 선출됐다. 이로써 야권은 민정당(民政黨)이 자유민주당을 흡수 통합하였기 때문에 신파의 민주당과 구파의 민정당으로 양립하게 되었다.

통합야당의 대표에

이제 야권은 마침내 민주당과 민정당이 서로 손을 맞잡을 차례가 왔다. 민주당은 국민의 당과의 통합전당대회에서 '재야정당 통합을 추진할 것'을 결정하고 전권을 중앙상무위원회에 위임했으며, 민정당도 전당대회를 열어 '재야정당 통합의 건'을 만장일치로 결의하고 그 권한을 중앙상무위원회에 맡긴다.

두 당의 통합 협상은 순조롭게 풀려 나갔다. 양당은 각각 15인씩 대표를 선출해 '야당통합 전권대표 30인위원회'를 구성해 창당준비를 착착 진행한다. 당명(黨名)은 '민중당'(民衆黨)으로 하기로 합의한다. 마지막 난제는 진산파동으로 인한 유진산의 전당대회 참석 문제만 남았다. 당시 유진산은 윤보선에 의한 제명(除名)으로 민정당을 떠나 무소속으로 있었다. 그러나 유진산은 법원의 제명 효력정지 가처분 결정을 근거로 창당대회의 대의원 자격이 있다고 주장했다.

하지만 윤보선은 "유진산이 참석하는 대회라면 절대 참석할 수 없다"며 완강한 입장을 보였다. 결국 유진산이 통합전당대회에 참석하지 않는 대신 민중당의 당원 자격은 인정하는 것으로 절충한다. 통합전당대회를 앞둔 민중당의 당권경쟁에 있어 유진산계의 표가 어디로 갈지 주목을 받게 되었다. 원래는 다수당인 민정당 당수 윤보선의 당권 장악이 유력한 상황이었지만 유진산계가 반(反) 윤보선 전선에 가세할 경우 당권 향방은 예측할 수 없는 상황이 될 수도 있었기 때문이다.

결국 유진산계는 윤보선의 강경 입장에 대한 서운함으로 박순천을 앞세운 반윤보선 연합전선에 동조한다. 반윤보선 세력은 여세를 몰아 허정과 김도연의 당수 경쟁 포기도 이끌어 낸다. 이제 당권경쟁은 박순천과 윤보선의 대결로 압축된다.

1965년 6월 14일 서울 시민회관에서 대의원 991명이 참석한 가운데 민중당은 통합전당대회를 개최한다. 민중당은 집단지도체제를 채택한 이날 대회에서 당수인 대표최고위원을 선출하게 되는데, 투표 결과 총 994표 가운데 박순천 513표 · 윤보선 460표 · 기타 21표가 나왔다. 박순천의 예상 외 승리였다. 의외의 일격을 당한 윤보선은 최고위원직 수락까지 거부한다.

이는 누구도 예상치 못한 결과였다. 원내 15석의 민주계 대표가 49석의 민정계 대표를 누르고 당수가 된 것이다. 박순천의 당선은 민주계만으로는 어림도 없는 일이었다. 민정계이면서도 윤보선으로부터 버림받은 유진산계의 캐스팅보트 역할이 결정적인 원인이었다.

통합야당인 민중당의 대표로 선출된 박순천의 앞날은 순탄하지 않았다. 당권 경쟁에서 패배한 강경파 윤보선의 끊임없는 비판에 시달려야 했다. 또 한일협정 국회 비준을 일사분란하게 저지할 책임을 떠안았다.

민중당은 한일협정 비준을 결사 저지하기로 결의하고 6월 25일 소속 의원 전원이 국회의사당에서 24시간 단식농성에 들어간다. 이 과정에서 당수 박순천이 혼수상태에 빠져 국회 의무실에서 응급처치를 받은 뒤 세브란스 병원으로 후송되기도 했다.

7월 14일 야당의 결사반대에도 불구하고 정부와 공화당이 한일협정 비준 동의안을 발의하자, 민중당 소속 62명의 의원 전원이 의원직을 사퇴하기로 하고 사표를 당수인 박순천에게 맡긴다. 그러나 윤보선계는 탈당계 동시 제출과 당 해체 결의라는 초강경책을 주장해 박순천을 궁지에 몰아넣는다.

이에 박순천은 경색정국을 풀기 위해 7월 20일 청와대에서 대통령 박정희와 여야 영수(領袖) 회담을 갖고 정국수습을 위한 5개항에 합의한다. 그러나 영수회담의 합의 내용은 오히려 민중당의 내분을 표면화시키는 계기가 된다.

박순천 중심의 주류는 한일협정 비준을 일단 국회에서 다루지 않고 연기하게 된 것이 커다란 성과라고 평가한 대신 윤보선측의 비주류는 매국적인 협정에 대해 야당으로서 강경투쟁을 포기한 것은 국민을 기만하는 중대한 문제라고 주장했다.

한일협정 비준 놓고 당내 갈등

영수회담 합의내용에 불만을 품은 윤보선계는 당 해체 운동을 벌여 나가기로 한다. 이 같은 움직임에 대해 박순천의 주류 측은 이를 해당(害黨) 행위로 간주하고 맞대응함으로써 당내 갈등은 더욱 격화된다.

이에 민중당은 7월 26일 중앙상무위원회를 열어 윤보선의 '당 해체 · 소속 의원의 탈당' 주장 대신에 '의원직 사퇴 · 당 해체 주장 불논의'를 재적 252명 중 151명의 찬성으로 가결시킨다. 그러나 윤보선계는 중앙상임위원회의 결의에 관계없이 서면 결의에 의한 당 해체를 계속 추진하면서 전당대회 소집을 요구하고 나선다.

주류와 비주류의 대결은 이제 분당(分黨)을 향해 나아갔다. 이 무렵 민중당은 분열된 당론에 따라 회의가 소집될 때마다 욕설이 난무하고 육박전을 벌이는 등 난장판이 되었다. 여성 당수 박순천으로서는 감내하기 힘든 나날이었다. 마침내 강경파 비주류는 탈당을 감행한다. 당 소속 의원들의 사퇴서를 보관하고 있던 박순천이 사퇴서 제출에 미온적인 태도를

1965년 6월 22일 청년당원들의 부축을 받으며 한일협정 비준에 반대하는 시위를 벌이고 있는 박순천 민중당 대표.

보이자, 8월 4일 윤보선을 비롯하여 김도연・서민호・정해영・윤제술・정성태・김재광 등 8명이 탈당계를 제출해 의원직을 상실한다.

한편 8월 11일 공화당은 여야 영수회담의 합의를 깨고 한일협정 비준안을 국회에서 날치기 통과시킨다. 이에 민중당은 이튿날 긴급 의원총회를 열어 의원직 총사퇴를 결의하고 당수 박순천이 이효상 국회의장을 찾아가 61명의 사퇴서를 제출한다. 63명의 소속 의원 중 사퇴서 일괄 제출을 거부한 의원은 최희송 강문봉 두 사람이었는데, 당은 이들을 의원총회에서 제명한다. 이 같은 극한 상황에 대해 당수 박순천은 한일협정 비준안이 국회를 통과한 것은 무효이므로 현 국회를 해산하고 새로 구성되는 국회에서 협정비준안을 처리해야 한다고 주장한다.

여야의 극한 대치 속에서 위수령(衛戍令)이 발동된 가운데 소집된 정기국회는 공화당 의원만이 참석해 민중당 의원들이 낸 사퇴서를 일괄 반려한다. 이에 민중당은 또다시 의원직 사퇴 문제를 둘러싸고 강경파와 온건파가 정면 대립한다.

9월 28일 온건파들로 구성된 민중당 최고위원-지도위원 합동회의는

"당초의 의원직 사퇴는 당이 잘못 선정한 지도노선이었으며, 그 후에도 이를 시정치 못하고 계속 질질 끌려가서 오늘의 상태에 이르게 된 것을 국민 앞에 사과하며 사퇴서를 냈던 소속 의원들은 원내에 복귀하여 박정희 독재정권에 맞서 투쟁한다"는 내용의 결의문을 채택해 원내복귀를 선언한다. 결국 민중당은 당초 결의대로 국회에 들어가지 않는 측과 당초 결의를 번복하고 원내에 복귀하는 측으로 나눠지게 된다. 이제 박순천의 당권파와 윤보선의 비주류는 더 이상 협상이 불필요했고 분당은 기정사실화되었다.

지도노선의 혼란 속에서 민중당은 소속 의원 가운데 당수 박순천을 비롯해 전진한, 조윤형, 김영삼, 김대중, 고흥문, 이중재, 유진산 등 33명이 10월 11일 국회 본회의에 출석한다. 60일 만의 원내복귀였다. 당수 박순천은 원내복귀 연설에서 참여 속의 투쟁 의지를 밝힌다.

> "갖은 잡음을 무릅쓰고 원내 복귀를 단행함에 즈음하여 민주정치의 상도(常道) 위에 서서 국민 앞에 우리의 잘잘못을 또한 아울러 솔직히 밝히고자 한다. 지난날 군사통치하에서 군정의 일방적 의사에 의하여 제정되었다 하더라도 그러한 법 절차에 따라 선거에 임했다고 하면 건전한 의회정치의 발전을 바라는 한 이 나라 야당은 선거 결과에 따라 헌정복귀를 긍정하였다. 한일협정 반대 투쟁을 명실상부한 국민적 기반 위에서 보다 효율적인 투쟁으로 전개하지 못한 채 자체분열로서 많은 오점을 남긴 것에 대해 국민 앞에 깊이 사과드린다."

원내에 복귀한 민중당 의원들은 의원총회를 열어 원내총무 정성태 후임으로 김영삼을 선출하고 새로이 전열을 정비한다.

밀려나는 여성 당수

1966년 1월 20일 민중당 대표 박순천은 국회 본회의 기조(基調) 연설을 통해 물리적 대결이 아닌 정책대결을 선언하고 국군의 월남 파병에 대해서도 온건적 태도를 취한다. 그는 이날 연설에서 지방자치제 실시와 대중자본주의를 제창한다.

민중당은 7월 19일 두 번째 전당대회를 열어 당 체제를 정비한다. 이날 전당대회는 민주계의 박순천-이상철-김대중 라인과 민정계인 유진산을 묶는 새로운 주류를 탄생시킨다. 그러나 민주계 계파가 박-이-김 계열과 홍익표-홍영기 계열로 갈려 양 계파의 경쟁이 표면화된다.

홍익표-홍영기 계열은 전당대회를 앞두고 허정계 및 유진산계 일부와 제휴하여 허정의 당수 추대를 추진한다. 민주계 내 두 계파의 갈등은 예편장성 등 재야세력 합류 문제에 대한 견해 차이와도 얽혀 한층 더 복잡한 양상을 빚어낸다. 또 전당대회 후에 열린 중앙상임위원회에서의 정책위의장 선거에서도 대립을 빚게 된다. 민주계 주류에 의해 내정된 김대중에 맞서 홍-홍 계열 등 비주류가 홍영기를 내세움으로써 투표가 3차까지 가는 접전 끝에 근소한 표차로 김대중이 당선되기도 했다.

한편 민중당은 대통령 선거를 앞두고 고민에 빠지지 않을 수 없었다. 제 1야당임에도 불구하고 대통령 선거를 몇 달 앞둔 상황에서 마땅한 후보감을 찾지 못하고 있었기 때문이다. 당연히 당수인 박순천이 먼저 떠올랐지만 당시 분위기로 볼 때 여성이라는 제약과 일제 말기의 친일행적 등으로, 부당수인 유진산은 리더 보다는 참모로서의 이미지가 너무 강해 직선제하에서의 대통령 후보로는 부적격한 것으로 여겨졌다.

또 유력한 후보의 한 사람인 허정의 경우에도 4년 전 대통령 선거에서 민주당과 재야의 적극적인 지지에도 불구하고 막상 유세에 돌입해서는 윤보선에 한참 뒤지는 지지도를 보여 할 수 없이 사퇴한 전력이 있어 또다시 나서기는 어려운 상황이었다. 따라서 민중당은 당 외에서 제 3의 인물을

1966년 9월 2일 베트남을 방문해 재구부대 11중대 장병들과 인사를 나누는 박순천 민중당 대표.

물색하지 않으면 안 되었다. 이에 포용력과 나름대로의 명망을 가졌다고 생각되는 이범석, 백낙준, 유진오 3명 중에서 후보를 옹립하기로 하고 이들과의 접촉에 나선다.

이 가운데 이범석은 본인이 후보 거절 의사를 밝혀 먼저 교섭 대상에서 제외된다. 다음으로 비주류 측이 중심이 되어 백낙준과의 교섭을 전개한다. 그러나 그는 야당통합 또는 대통령 후보 단일화가 이루어지지 않는 한 민중당의 요청을 받아들일 수 없다는 입장이었다.

이에 박순천 등 민중당 지도부는 유진오와 적극적으로 교섭해 긍정적인 반응을 얻게 되었고, 10월 17일 최고의결기구인 운영회의에서 유진오를 대통령 후보로 추대하기로 합의한다. 민중당의 대통령 후보로 추대된 유진오는 후보수락 연설에서 신한당 대통령 후보 윤보선과의 야당후보 단일화를 주장한다.

이 과정에서 1967년 1월 24일 양당 대통령 후보인 유진오, 윤보선과 민중당이 후보로 교섭한 바 있는 백낙준과 이범석이 참석하는 4자회담이 열린다. 그러나 박순천은 제 1야당인 민중당의 대표임에도 불구하고 4자회담 논의과정에 철저히 소외된다.

박순천은 "여자라고 해서 자신을 무시하는 것 아니냐. 여성 동지들의 힘으로 야당의 대표까지 되었는데 이제 와서 여자이기 때문에 배제된다면 전체 여성들이 무시당했다고 느낄 것"이라며 울분을 표현한다. 또 "당원도 아닌 사회 인사가 무슨 권리로 남의 당의 일에 끼어들어 너는 당수가 되라, 너에게는 후보를 준다는 식으로 떡 잘라 주듯이 할 수 있느냐"며 당외 인사의 간여에 대해 불만을 토로한다.

말년의 친일 논란

4자회동의 진전은 결국 민중당과 신한당의 통합야당을 탄생시킨다. 1967년 2월 7일 양당은 신민당(新民黨) 통합전당대회를 열어 대통령 후보에 윤보선을, 당 대표에 유진오를 추대한다. 박순천은 당 대표로서 전당대회에 참석해 웃으면서 합당결의문에 서명했지만 마음속 서운함은 어쩔 수 없었다.

마음이 상한 박순천은 전당대회에서 당 고문(顧問)으로 추대되지만 정치 일선에서 물러나기로 결심한다. 여성 정치인으로서의 한계와 불투명한 정당 운영에 대해 깊은 회의를 느꼈기 때문이다. 그는 창당 과정에서의 소외에도 불구하고 6월 8일 실시된 국회의원 총선거에서 전국구 1번을 받아 전국 유세에 나선다. 이후 소극적 정치활동을 전개하던 박순천은 1971년 5월 25일 실시된 국회의원 선거에 출마하지 않음으로써 사실상 정계를 은퇴한다.

그는 1972년 근명학원 이사장·중앙여고 이사, 1976년 육영수 여사 추모사업회 이사장, 1980년 국정자문위원을 역임한다. 또 1982년 독립기념관 건립추진위원장을 맡기도 하지만 친일 논란으로 인해 불명예 퇴진한다.

우리나라 최초의 여성 당수 박순천. 그는 1983년 1월 9일 85년의 파란만장한 삶을 마감했다.

유진산

유진산(1905~1974)은 한국 야당사에서 신익희, 조병옥, 윤보선 등 초창기 지도자와 김영삼, 김대중, 이철승 등 뉴리더를 잇는 징검다리다. 막후정치에 능한 그를 정적들은 '사쿠라'로 폄하했다. 그는 분명 야당 투사는 아니었다. 그러나 대화와 타협을 중시한 영원한 당인임을 누가 부정하랴.

타협의 달인(達人), 영원한 당인(黨人)

'사쿠라'

세상은 아직도 유진산을 이렇게 기억한다. 벚꽃의 일본말로 변절한 정치인이나 지조 없는 정치인을 지칭하는 이 말은 제 1차 진산파동 이후 항상 그를 따라다녔다. 그는 투쟁보다는 타협을, 공식회의보다는 비공식 회의를, 대중집회보다는 사랑방 흥정을 더 선호했다. 몸에 배인 당인(黨人)의 정치체질 때문이었을 것이다. 그러다 보니 '진산작풍'(作風)이니 '권모술수의 화신'이니 하는 말도 많이 들었다.

그도 이 같은 세평(世評)을 잘 알고 있었다. 회고록 《해뜨는 지평선》 서문의 한 대목이다.

> "세상에서 나를 두고 흔히 권모술수의 능수(能手)로 악의에 찬 비난과 오해 아닌 곡해들을 하고 있는 모양이지만, 여기에 대해서 굳이 해명을 늘어놓고 싶지도 않다. 권모술수라는 말 자체가 반드시 나쁜 것만도 아니지만, 나로서는 우리 민족과 이 나라를 위하는 길이라면 항상 당당하게 또 꿋꿋하게 걸어 왔음을 자위해 보고 싶다. 나는 남에게 추파나 던지며 속중(俗衆)의 호감을 사려는 것을 극력 회피해 왔다. 그러한 위선의 자행은 말할 수 없는 사회적인 해독을 초래하기 마련이다. 누구보다 위선을 싫어하는 나는 우선 성격적으로 일반의 시세에 편승하지 못 한다…."

그는 철저한 '현실주의자'였다. 그래서 '원칙과 현실 사이에서 원칙의 수준을 현실이 수용할 만큼 낮추는 것이 곧 정치'라고 생각했다. 그는 또

'51%주의자'였다. 그에게 '전부냐 전무냐'는 정치가 아니었다. 그래서 1970년 단일지도체제의 신민당 당수(黨首)가 됐을 때도 정무위원과 당직을 자파만으로 독점하지 않았다. 타협과 안배의 정치가 최고의 정치라고 생각한 것이다.

5·16 군사쿠데타 후에 유진산은 이렇게 말했다고 한다. "군인들이 시퍼런 칼을 들고 나섰으니, 우리들은 광목을 몇 필이고 풀어 그 시퍼런 칼을 둘둘 감아 무디게 해야 되지 않겠나."

영원한 당인(黨人), 유진산은 그런 사람이었다. 한 저명한 정치평론가는 유진산을 한국 현대사에서 재평가가 가장 필요한 정치인 중 한 명으로 꼽기도 했다. 정치를 이기고 지는 게임으로만 생각할 뿐 타협과 공존의 정치가 실종된 작금의 정치, '사쿠라' 유진산에 대한 새로운 인식은 답답한 한국정치에 대한 역설적 비판이 아닐까.

'진산'에서 태어나다

옥계(玉溪) 유진산(柳珍山)은 1905년 10월 18일 충남 금산군 진산면 읍내리(당시는 전북 진산군 서산면 읍내리, 1914년 진산군이 금산군과 합쳐져 충남에 편입)에서 부농(富農)이었던 아버지 유경덕(柳敬德)과 어머니 김경후(金敬厚)의 외아들로 태어났다. 유진산의 본명은 항렬을 따라 지은 영필(永弼)이고, 호(號)인 옥계는 향리의 한 지명에서 따온 것이다. 고향의 지명을 그대로 딴 진산이라는 이름은 그가 제헌국회의원 선거에 출마할 때부터 본명인 영필 대신 줄곧 사용했다.

유진산은 여섯 살 무렵 국문을 다 떼고, 천자문·동몽선습·소학 등 한문을 배웠다. 그는 진산보통학교를 나와 한학을 공부하다가 14세 때인 1918년 상경해 경성고보(京城高普: 경기고의 전신)에 입학한다. 그러나 3·1운동 때 항일 벽보사건으로 경성고보에서 퇴학을 당하고 보성고보(普成高普)로 전학해 학업을 마친다.

보성고보를 졸업하고 고향으로 돌아온 유진산은 19세 되던 1923년 금산읍에서 천석꾼 소리를 듣던 김재훈(金在薰)의 차녀 김현신(金賢信)과 결혼한다. 고향에서 신혼생활을 보내던 유진산은 일본 유학길에 오른다. 와세다대학 부속 제1고등학교에서 3년간 영어와 수학을 집중적으로 공부하면서 대학 진학을 준비한 그는 1927년 와세다대학 정경학부에 입학한다.

1918년 2월 경성고보 입학 기념사진. 앞줄 왼쪽이 유진산이다.

유진산이 와세다대학에 들어가자 그의 아버지는 입학 선물로 신주쿠(新宿)에 집을 한 채 마련해 준다. 그는 그곳을 '태백장'(太白莊)이라 명하고 가까운 친구들과 교유한다. 이 무렵 그는 함상훈, 전진한, 이선근, 김원석 등 친구들과 '한빛'이라는 항일 비밀결사단체를 만들어 동아리 활동을 펼친다.

그러나 그의 일본 유학생활은 그리 길지 않았다. 3학년 때인 1932년 신간회(新幹會) 지부 설치와 신흥과학연구회 독서회를 주도한 혐의로 이찌다니(市谷) 형무소에 투옥된 것이다. 증거 불충분으로 한 달 만에 출감한 그는 이후 태백장에서 두문불출한다. 출감 후 일경의 감시를 받고 있던 그는 이제 일본에서의 생활에 진저리가 났다. 의욕을 상실한 그는 더 이상 일본에서 공부를 계속할 마음도 생기지 않았다. 그는 결국 귀국을 결심한다.

고향에서 농민회 조직

일본 유학생활을 접고 고향에 돌아온 유진산은 쌍엽농민회(雙葉農民會)를 만들어 농민운동을 시작한다. 쌍엽농민회는 농민의 권익보장을 위한 협동조합운동으로 꾸준한 활동 결과 금산 일대에서는 비교적 조직화 된 힘을 가지게 된다. 이에 일제는 농민회에 대한 간섭과 탄압을 가하기 시작한다. 현지 일본인 유력자를 고문(顧問)에 추대하라는 요구를 거절하자, 농민회 장부 일체를 압수해 간 다음 몇 달을 두고 조사를 하기도 한다.

그러던 중 일은 엉뚱한 곳에서 터진다. 유진산이 어느 날 금산읍에 나가 술을 마시다가 시비가 붙어 최봉립이라는 순사(巡查: 현재의 순경에 해당)를 혼내주는 사건이 발생한다. 그러나 이 사건은 보름 뒤에 또 다른 사건으로 확대된다. 이번엔 유진산에 대해 괘씸한 생각을 갖고 있던 일본인 경찰서장과 부딪히는 일이 생긴 것이다. 유진산이 하루는 금산읍의 술집인 명월관에 들렀다가 우연히 옆방에서 경찰서장과 일본인 지주들이 하는 이야기를 듣게 된 것이다.

지주　　“유진산이 농민회 활동을 하면서 내가 고문이 되겠다는 것을 거절했소. 지난번엔 술자리에서 우리 순사를 폭행까지 하고 …. 그런 자를 잡아넣을 방법이 없단 말이오.”

서장　　“글쎄, 그 자가 일본에 가서 돈이나 쓰다 왔는지 뭘 좀 배우고 왔는지 하는 짓이라니 원 …. 좌우간 지금 구실을 찾고 있는 중이니 좀 기다려 봐요. 그건 시간문제일 테니까 ….”

유진산은 격분했다. 그날 박윤봉이라는 친구와 술 한 잔을 나누고 있던 그는 충격적인 대화 내용에 위험을 무릅쓰고 그들의 방문을 열어 제쳤다.

유진산　“당신이 서장이요?”

서장　　“그렇소. 당신 누구요?”

유진산　"방금 당신들이 큰소리로 떠드는 소리를 옆방에서 들었소. 뭐 나를 잡을 모의 중인 모양이시군. 내가 장본인이니 어디 체포하려면 해봐요. 지금이라도 이유를 대고 체포해보란 말야."

서장　"이 건방진 놈이! 감히 어딜 들어와."

유진산　"그래, 너희들이 일본에서 학교는 어디까지 다녔느냐? 한국에 와서 권력을 쥐고 부자가 됐으면 그걸로 만족하고 직무에나 충실할 일이지, 일개 서장이 술집에 와서 민간인과 어울려 특정인을 잡아넣겠다는 얘기나 하는, 이따위 수작이 어디 있느냐!"

일갈(一喝)한 유진산은 서장을 세게 밀쳐 넘어뜨리고는 그 위에 주전자에 담긴 술을 쏟는다. 순식간의 일이었다. 그러나 사태는 크게 악화된다. 서장을 구타까지 했으니 구속이 되는 건 시간 문제였다. 마침내 그는 고향을 떠나 친한 선배인 김산이 있는 평남 용강(龍崗)의 사과밭 오두막에서 1년을 은신한다. 숲이 많은 탓인지 여름밤에는 모기떼가 극성을 부렸다. 끼니는 김산의 집에서 밥을 날라다 먹었다. 이어 친구 오정한이 사는 함남 이원(利原)으로 옮겨 3개월을 더 숨어 지내게 된다.

숨어 지내는 동안 유진산은 많은 고민 속에서, 중국 망명을 결심한다. 중국에 건너가 강서성 남창(南昌)에서 '한인회'(韓人會)를 조직하는 등 독립운동을 벌이던 그는 1934년 한구(漢口)에서 일본 경찰에게 체포된다. 그는 일본총영사관 유치장에 억류된 후 신의주를 거쳐 서울로 압송된 뒤 풀려난다. 이후 유진산은 해방이 될 때까지 일본의 요시찰 인물로 감시를 받으면서 칩거의 시간을 보낸다.

민국당 총무부장에

1945년 8월 15일. 마침내 광복이 찾아 왔다. 해방이 되자 유진산은 정당운동에 앞서 청년운동의 필요성을 절감하고 청년조직 구성에 착수한다. 청년의 활동력만이 나라를 적화(赤化)로부터 구할 수 있다고 믿었기 때문이다.

그는 1945년 10월 김산, 함상훈, 황학봉 등과 함께 '흥국회'(興國會)를 결성한다. 이어 조선건국청년회, 대한혁신청년회, 조선청년회 등과 제휴하여 '대한독립촉성건국청년총연맹'을 조직한 뒤 부회장으로 활동한다. 여기에 김두한이 이끄는 별동대까지 규합하여 '대한민주청년연맹'으로 청년단체를 정비한 유진산은 회장을 맡아 우익 청년운동을 주도한다.

유진산은 1948년 5월 10일 제헌 국회의원 선거에 무소속으로 서울 마포구에서 출마하지만, 조선일보 기자 출신의 김상돈에 패해 낙선한다. 선거에 패했지만 그는 정치를 떠날 수 없었다. 유진산의 본격적인 야당 정치활동은 1951년 민주국민당(이하 '민국당'으로 약칭) 총무부장을 맡으면서 시작된다. 그가 총무부장을 맡은 것은 당시 거창사건으로 내무장관을 사임한 뒤 민국당 사무총장으로 있던 조병옥의 권유에 따른 것이었다.

1, 2대 국회의원 선거에서 연이어 낙선한 유진산은 마침내 1954년 5월 20일 제3대 국회의원 선거에 고향인 충남 금산에서 무소속으로 출마해 처음으로 금배지를 단다. 상공장관을 지낸 여성 현역의원 임영신을 누르고 당선된 것이다. 그의 나이 50세 때였다.

이 총선거에서 자유당은 개헌선인 3분의 2 이상의 의석을 차지하기 위해 무리수를 둔다. 헌법의 3선금지 조항을 풀어 1956년 대통령 선거에 이승만을 다시 출마시키기 위해서였다. 이에 이승만 정권은 방대한 경찰 조직과 행정력을 동원해 대대적인 야당 후보 탄압에 나선다. 유진산이 민국당 당적을 가지고 있으면서도 무소속으로 출마한 이유도 사실은 이 같은 관권의 탄압을 조금이라도 피해보려는 생각에서였다.

이승만 정권이 4사5입 개헌을 자행하자 야당계 의원 50여 명은 매일 같이 곽상훈 국회부의장실에 모여 이승만 정권을 성토하면서 야당 통합을 모색한다. 이에 11월 30일 민국당, 무소속동지회 등 60여 명의 의원들이 뭉쳐 '호헌동지회'(護憲同志會)를 구성한 뒤 원내교섭단체로 등록한다.

혁신계인 조봉암의 참여 문제로 논란을 거듭하던 야당 통합은 마침내

'민주당'(民主黨) 창당으로 결실을 맺게 된다. 민주당은 1955년 9월 19일 서울 시공관에서 발기인대회 및 창당대회를 갖고 대표최고위원에 신익희, 최고위원에 조병옥·장면·곽상훈·백남훈 등 4인을 선출한다. 민주당이 명실상부한 통합 야당으로서 자유당에 맞설 대항세력을 구축한 것이다.

1958년 5월 2일 국회의원에 재선된 뒤 고향 자택에서 포즈를 취한 유진산과 부인 김현신.

한편 유진산은 1958년 5월 2일 제4대 국회의원 총선거에서 재선(再選)에 성공한다. 재선에 성공한 그는 정치적 도약을 위해 민주당 원내총무에 도전한다. 경쟁은 구파 유진산과 신파 오위영의 대결로 압축된다. 유진산은 의원총회에서 신·구파간의 치열한 경쟁 끝에 오위영을 43대 39로 누르고 원내총무에 당선된다.

조병옥의 참모로 맹활약

원내총무 경선을 계기로 유진산은 구파의 리더 조병옥의 성실한 막료로 활동하게 된다. 당내의 비난을 들어가면서까지 의기투합해서 추진했던 이른바 '협상선거법' 파동이 당 대표인 조병옥과 원내총무인 유진산의 밀월을 잘 말해 준다.

이승만 정권은 지난 지방의회 선거 때 곳곳에서 등록방해 사건을 일으키는 등 관권선거를 자행했다. 이에 맞서 야당과 무소속도 강경투쟁을 선언하고 국민주권옹호투쟁위원회를 구성하고 의정사상 최초의 국회의원

시위까지 감행한다.

장충단 집회 방해사건도 이때 일어났다. 투쟁위원회가 주관한 이 연설회는 개회되자마자 자유당이 동원한 정치깡패들에 의해 아수라장이 되어 유회(流會)된다. 이런 격렬한 충돌로 정국은 극한 대립으로 빠져든다. 이러한 정치권의 긴장상태를 해소하기 위해 자유당의 이기붕 의장, 민주당의 조병옥 대표, 투쟁위원회의 장택상 위원장이 3자회담을 갖고 선거법을 개정하기로 합의한다. 이 합의에 따라 자유당에서는 한희석·조순·박세경·박홍규·정존수, 민주당에서는 유진산·조재천·김의택, 무소속에서는 김홍식·황남팔 의원 등이 대표가 되어 협상선거법을 마련한다.

주요 내용은 정당추천위원회의 선관위 참여, 기탁금 50만 원제, 운동원 제한 및 선거공영제, 참관인 권한 확대 및 선거사범의 엄벌 등이었다. 이 법에 힘입어 민주당은 1958년 5월 2일 국회의원 총선거에서 의석을 42석에서 79석으로 크게 늘렸다. 그러나 이 법 내용 가운데 언론관계 조항이 언론계의 거센 반발을 몰고 왔다. 문제의 조항은 신문 발행인 편집인 기자가 향응 금품을 받고 어떤 특정인의 당락에 영향을 미치는 기사를 제작하고 보도했을 때 처벌하도록 규정한 부분이었다.

언론계의 반발이 심해지자 민주당 신파 측에서 먼저 제동을 걸고 나섰다. 신파 측 협상대표인 조재천은 언론규제 조항은 위헌적 요소가 있다는 견해를 밝히고 발을 뺀다. 야당의 당론이 분열되자 무소속과 자유당에서도 반대론이 머리를 들기 시작한다. 그러나 조병옥은 유진산에게 자유당과 공동제안자가 되도록 단안을 내렸고, 유진산은 선뜻 따랐다. 결국 이 법은 우여곡절 끝에 통과되었지만 당내 후유증으로 인해 조병옥이 일시적으로 당 대표를 그만두지 않으면 안 되었다.

한편 1959년에 들어서면서 민주당은 대통령 후보에 조병옥이냐, 장면이냐를 둘러싸고 신·구파 간에 치열한 공방을 벌인다. 이때 조병옥은 당내 갈등을 수습하기 위해 일시 후보경쟁 포기를 선언하는데, 그가 속마음을 처음 털어놓은 사람이 바로 유진산이었다.

조병옥의 후보 경쟁 포기는 뒤에 구파 중진들의 거센 반발로 다시 번복하게 되고, 마침내 장면을 꺾고 대통령 후보로 선출된다. 유진산은 당연히 조병옥의 최측근 선거참모가 된다. 그러나 위장병이 크게 악화된 조병옥은 신병 치료차 도미(渡美) 했다가 그곳에서 숨을 거두고 만다. 이때를 회고한 그의 자서전 《해뜨는 지평선》의 한 대목을 보자.

> "1960년 2월 15일 밤 12시가 넘어 내가 마침 첫 잠이 들었을 때 비보(悲報) 가 왔다.
>
> 우리 집에서 잔일을 돌봐 주던 최금택 씨가 급히 나를 깨우더니 떨리는 목소리로 조 박사가 돌아가셨다는 전갈을 하는 것이었다. 그때 최씨가 하는 말은 도무지 사람이 하는 말이 아니라 무슨 귀신이 하는 말 같았다. 눈앞이 캄캄하고 현기증이 일어날 것만 같았다. 운전수를 깨워 돈암동으로 달려가 보니 준형, 윤형, 순형 등 조 박사의 아들과 비서들이 비통에 잠겨 있었다.
>
> 벌써 책상 위에는 사진이 놓여 있었으나 나는 어안이 벙벙했다. 도저히 사실로 믿어지지 않았다. 분향도 하지 못하고 나는 멍하니 앉아 허탈상태에 빠져 버려 정신을 잃어갔다. 이러할 때 정신착란증이 일어날 수도 있는가 보았다.
>
> 그 자리에서 날을 세우고 보니 조병옥 박사의 서거는 꿈이 아닌, 현실임을 다시 확인하게 되었다. 이것이 또 무슨 운명의 장난이냐. 4년 전에는 국민에 의한 정권교체 직전에 해공 신익희 선생을 잃었고 오늘 또 다시 한국정치의 거목인 조병옥 박사를 잃어버리다니 … ."

조병옥의 급서(急逝) 로 구파가 받은 충격은 너무도 컸다. 구파 간부들 입에서 "조 박사를 돌아가시게 한 것은 신파다"라는 원망과 비난이 서슴없이 나왔다. 조병옥이 대표직을 내놓아야만 할 정도로 집요했던 공격과 후보경쟁 포기를 선언해야 할 만큼 극성스러웠던 중상모략 등 파쟁의 시달림 속에서 병들고 죽게 됐다는 것이 구파의 절규였다. 이러한 신·구파의 반목과 대립은 4·19혁명 이후 민주당의 집권경쟁으로 옮겨 간다.

신·구파의 집권경쟁

4·19혁명의 수혜로 민주당은 1960년 7월 29일 실시된 민·참의원(民·參議院) 국회의원 선거에서 압도적인 승리를 거두게 된다. 그러나 이것은 신·구파 간 집권경쟁의 시작이기도 했다. 이 선거에서 유진산은 고향인 금산에서 민의원 후보로 출마해 서울에서 '구파조직'을 챙기느라 선거운동 기간 단 하루밖에 선거구에 들리지 않았는데도 불구하고 압도적으로 당선되어 3선의원이 된다.

선거를 전후해 이른바 '신파공천'이니 '구파공천'이니 하는 말이 공공연히 나돌았다. 선거가 끝난 8월 6일 민주당 신·구파는 별도의 당선자 대회를 열어 분당 가능성을 예고했다.

구파 측은 아서원에서 95명의 당선자가 모여 대회를 열었고, 신파 측은 대명관에서 85명의 당선자를 모아 별도의 대회를 열었다. 이어 구파의 윤보선이 대통령으로 선출된 뒤, 국무총리 국회 인준을 놓고 당내 대립은 더욱 확대된다. 구파인 김도연이 인준에 실패하고 결국 신파의 장면이 국회 인준을 거쳐 총리가 되자 구파 원외동지회에서는 즉각적으로 분당(分黨)을 천명한다.

한편 총리가 된 장면은 국회의장 곽상훈을 동반하고 윤보선 대통령을 방문해 구파의 입각(入閣)을 요청한다. 이날 유진산까지 포함한 '청와대 4자회담'에서는 각료 구성을 신파 5석, 구파 5석, 무소속 2석으로 안배해 연합내각을 구성하기로 결정한다.

이에 무소속 인사로는 문교장관 오천석, 농림장관 박제환이 입각한다. 그러나 문제는 구파에서 5부 장관을 파견하는 일이었다. 우여곡절 끝에 구파는 5부 장관을 파견하기로 하고 명단 작성까지 하게 되지만, 장면의 조건부 탈당 입각 제시로 연합내각 구성은 무산된다.

구파는 8월 31일 86명의 의원으로 '구파동지회'를 구성해 별도의 원내 교섭단체로 등록한다. 이때 유진산은 원내총무를 맡았고, 부총무에는 김영삼과 이민우가 선출됐다. 이러한 구파의 결별 움직임에 위기를 느낀 장면은 다시 연합내각을 구성하기 위해 9월 7일 홍익표 내무, 현석호 국방, 이태용 상공, 오위영 국무원 사무처장을 사임시킨다. 장면은 구파 측과 다시 협의해 국방 권중돈, 부흥 김우평, 보사 나용균, 교통 박해정, 체신 조한백 등 5명의 구파 인사를 입각 시킨다.

이러한 장면의 당 정상화 노력에도 불구하고 구파는 마침내 분당을 선택한다. 구파는 1961년 2월 20일 대의원 873명이 참석한 가운데 서울 시민회관에서 전당대회를 열고 신민당(新民黨)을 창당한다. 김도연이 위원장을 맡았고, 유진산은 간사장으로 선출됐다.

신민당의 창당으로 이제 민주당 신·구파는 당내 계파가 아닌 여·야 관계로 서로 맞선다. 이에 신민당은 구파에서 입각시켰던 5명의 장관을 소환하게 되고, 장면은 또다시 개각을 하지 않으면 안 되었다. 개각에도 불구하고 민주당의 당내 파쟁은 수그러들지 않았다. 결국 장면 정권은 이러한 당내 대립을 극복하지 못하고 5·16 군사쿠데타로 정권을 잃고 만다. 민주당에서 분당한 신민당도 별다른 활동도 해보지 못한 채 창당 3개월 만에 다른 정당들과 함께 해산되는 운명을 맞는다.

민정당(民政黨) 창당 주도

1961년 5월 16일. 유진산은 군사쿠데타를 일본 교토(京都)에서 맞았다. 아시아 반공대회연차대회 참석차 모윤숙, 이종린, 박준규 등과 함께 일본 방문 중에 있었기 때문이다. 유진산은 귀국을 망설였다. 그러나 어떠한 불이익이 있더라도 조국을 등질 수는 없는 일이었다.

우여곡절 끝에 5월 20일 귀국한 유진산은 군부에 의해 마포형무소에 수감됐다가 4개월 만에 출감한다. 쿠데타로 실권을 장악한 군사정부는 '정치활동정화법'을 통과시켜 기존 정치인들의 정치활동을 전면 금지시킨다. 그러나 순차적인 해금(解禁) 조치와 대통령 중심제 개헌안의 통과로 신당 창당 움직임은 활기를 띠기 시작한다. 새 헌법에서는 대통령이나 국회의원 선거에서 무소속 출마를 금지했기 때문에 정당을 만들지 않으면 정치활동 자체가 불가능했기 때문이다.

이윽고 정치활동 재개의 막이 오르는 1963년의 새해가 밝았다. 유진산은 청와대를 나와 야인이 되어 안국동 자택으로 돌아온 윤보선을 내세워 야당 창당에 본격 나선다. 이에 윤보선과 김병로를 중심으로 한 구(舊) 신민당과 구 민주당계 비주류, 구 자유당계 등 인사들은 5월 14일 서울 시민회관에서 대의원 850명이 참가한 가운데 전당대회를 열고 민정당(民政黨)을 창당한다.

민정당의 창당은 사실상 유진산의 작품이었다. 창당 과정에서 유진산은 '① 당의 주축을 구 민주당 구파 중심으로 한다. ② 윤보선을 당의 대통령 후보로 함과 동시에 경쟁자인 김도연을 다음 서열로 정한다. ③ 당 요직을 대부분 자파 중심으로 한다'는 자신의 기본 구상을 대부분 실현시킨 것이다.

그러나 이러한 유진산의 독주는 결국 소선규 그룹의 탈당을 불러 온 '계산(桂山: 소선규의 아호) 파동'을 야기한다. 소선규 그룹의 탈당은 명분을 어떻게 내세웠던 민정당의 주도권 경쟁에서 김도연계의 2인자 소선규가 윤보선의 오른팔 유진산에 패함으로써 일어난 일이었다.

소선규 그룹의 탈당은 민정당의 윤보선과 유진산에게 적잖은 타격이었다. 소선규 그룹과 군부가 제휴해 만든 범국민정당의 규모가 만만치 않았기 때문이다. 거기에다 민주당에 이어 또 다른 수개의 재야 정당들도 창당을 구체화하기 시작한다. 이러한 정치적 변화 속에서 민정당의 범야 단일정당이란 명분은 퇴색되고 말았다. 결국 민정당은 다시 야당통합의 물결 속으로 빨려들어 간다.

윤보선에 대통령 후보 사퇴 종용

1963년 9월 5일. 가을 문턱의 서울 시민회관은 이른 아침부터 인파로 붐비고 있었다. 전 국민의 눈이 집중됐다. 군사정부에 맞서 야당인 민정당과 창당중인 신정당(新政黨), 민우당(民友黨)이 손을 잡고 새로운 통합야당 '국민의 당'을 창당하는 날이었다.

처음 출발은 좋았다. 대회는 우렁찬 박수로 대표최고위원에 김병로, 최고위원에 허정 · 이범석 · 김도연 · 이인을 선출한다. 그러나 중요한 사안인 대통령 후보 지명에서 문제가 발생한다. 무기명투표 선출 방식을 놓고 윤보선계와 허정계가 대립하면서 파국을 초래한다. 의사진행 발언을 제지하려는 대의원과 이를 막아서는 청년당원들이 단상에서 충돌하면서 대회장은 아수라장으로 변하고 만다. 창당대회 의장인 유진산이 진정을 호소했지만 허사였다. 이튿날 무학성예식장으로 자리를 옮겨 속개된 대회 역시 초반부터 대립을 피할 수 없었다.

먼저 이범석이 나서 "항일 애국자요, 정계의 원로인 가인(街人) 김병로 선생을 대통령 후보로 선출합시다"며 눈물을 흘리면서 연설을 마친다. 이어 윤보선이 등단하여 "가인은 애국자로 국민과 나도 존경하는 분이지만 그분의 신체적 조건이 젊은 박정희 후보와 대결하기에는 적당치 못한 인물이니 연부역강(年富力强) 한 야당후보가 되어야 할 것입니다"며 반박 논리를 편다. 윤보선이 김병로의 신체조건을 거론하자 대회장은 더욱 격렬한 난동이 일면서 막을 내렸다.

그날 오후 유진산은 윤보선의 안국동 자택을 찾는다. 그는 윤보선에게 "최선의 방법이 안 되면 차선의 방법이라도 강구하지 않으면 안 될 사정이 되고 말았으니 해위(海葦: 윤보선의 아호)께서 대국적인 견지에서 허정 씨에게 양보하는 것이 좋겠습니다"며 대통령 후보 양보를 종용한다.

윤보선은 대로(大怒) 한다. 그는 "어떤 의도에서 그런 말을 하는지 모르지만 나는 나이 많은 가인에게는 양보할 수 있어도 우양(友洋: 허정의 아호)에게는 양보할 수 없소"라며 자리를 박차고 일어난다. 찰떡궁합 두 사람의 결별 전조였다.

이 무렵 정가에서는 '허정-유진산 야합설'이 크게 번져 허정이 대통령이 되면 유진산에게 국무총리 자리를 주기로 했다느니, 유진산이 허정으로부터 3억 원을 받았다느니 하는 말들이 나돌기도 했다. 그러나 유진산은 야합설을 일축했다. 파동이 끝난 뒤 측근들에게 밝힌 자신의 심정이다.

> "이 사람들아, 우선은 야당세력이 단합하는 것이 가장 중대사가 아닌가. 그런데 당의 사정을 보게나. 우양을 따르고 지지하는 사람들은 대개 과거 고급관직에 있었거나 자유업 종사자들이야. 그들은 원래부터 당인(黨人)들이 아니야. 말하자면 우양이 대통령이 될지 모르니까 일시적으로 뭉친 사람들이야. 그러니 우양이 대통령 후보가 안 되면 보따리 싸고 갈 사람이야. 그러나 우리 쪽을 보게. 우리는 원래 정당 주변에서 살아온 사람들이야. 그러니 혹 해위가 대통령 후보가 안 되더라도 당을 떠날 방법이 없어. 그렇다고 보면 당의 단결을 위해 어느 쪽이 후보가 되어야겠나."

'허정-유진산 야합설'의 진위는 차치하고라도 당인 유진산의 현실주의적인 생각을 보여 주는 대표적 사례가 아닐까 한다.

유진산은 국민의 당 창당 실패의 책임을 지고 모든 당직에서 물러난다. 사실상 보스 윤보선과의 결별 선언이었다. 이로써 민정당 창당 과정에서 계산파동으로 윤보선-유진산 대 김도연-소선규로 갈린 구파는 윤보선과 유진산의 결별로 또다시 나뉘게 된다. 그리고 두 사람의 갈등은 이듬해 '진산파동'으로 폭발한다.

제1차 진산파동

“왜 법안을 막지 않고 퇴장했느냐, 이 사쿠라들아!”

언론윤리법이 통과된 다음날인 1964년 8월 3일 오전 11시 30분. 태평로 국회의사당 3층의 민정당 의원총회 회의장이 당원들에 의해 아수라장이 된다. 언론윤리법이 국회에서 통과된 것은 유진산이 여당인 공화당과 묵계했기 때문이라는 것이다.

사무총장 조한백을 비롯한 20여 명의 당원들이 회의장에 몰려들었다. 같은 시각 윤보선계의 정해영 의원이 원내총무 책상에 뛰어올랐다. 정해영은 유진산을 가리키며 “사쿠라는 진산이다!”라고 외친다. 원내총무 책상위의 대형 유리가 구둣발에 밟혀 깨지고 잉크병이 바닥에 나뒹굴었다. 당원들은 원내총무실 집기들을 마구 집어던지며 소동을 벌인다. 원내총무실은 삽시간에 난장판이 되었고 국회 경비대가 출동해서야 사태가 가라앉는다. 그러나 이러한 폭력사태는 제 1야당 민정당을 2개월에 걸친 파벌의 극한 대립으로 몰고 간 이른바 ‘진산파동’의 신호탄이 된다. 원내총무실의 난동사태는 8월 5일 민정당 중앙상무위원회에 올려진다.

이 자리에서 당 대표 윤보선은 “우리당 안에 속칭 사쿠라가 있다는 풍설을 그대로 둔 채 나는 더 이상 당의 대표 자리에서 머물 수 없다”는 말을 불쑥 던지고는 곧장 퇴장 버린다. 유진산을 당에서 내보내지 않으면 당 대표인 자신이 물러가겠다는 배수진이었다.

중앙상무위는 대표 사의를 즉석에서 반려하고, 조한백 · 김의택 · 권중돈 · 신각휴 · 장영모 · 신태악 등으로 ‘묵계설 진상조사 7인위원회’를 구성한다. 그러나 윤보선은 진상조사를 기다리지 않았다. 그는 당 간부들을 자신의 안국동 집으로 불러 유진산의 제명 결심을 밝힌다. 윤보선계의 공세에 대해 유진산계도 정면으로 맞서면서 조사위원회마저 분열된다.

조사위의 윤보선계는 묵계의 증거는 제시할 수 없지만 유진산의 애매

1964년 8월 7일 새벽 진산파동과 관련해 윤보선을 방문한 뒤 안국동 자택을 나오는 유진산.

한 행동이 당을 해롭게 했다고 결론짓고, 유진산을 감찰위원회에 고발한다. 이에 맞서 유진산계는 묵계설은 전혀 근거가 없는 낭설이라는 별도 보고서를 작성해 중앙상무위원회에 제출한다.

양측의 대립이 격화되자 정성태, 고흥문 등이 중재에 나서 윤보선과 유진산의 면담이 주선된다. 8월 7일 새벽. 유진산이 윤보선의 안국동 집 대문을 두드렸다.

유진산 "의견의 불일치를 조정해서 일치점을 발견해 나가는 것이 민주주의와 민주정당에서 당연히 있어야 하는 일이라고 믿고 있지만 그 과정에 있어 해위 선생의 감정에 거슬린 점이 적지 않다고 자인하고 있기 때문에 오늘 사과를 드리는 것 아닙니까."

윤보선 "하여간 묵계의 사실은 밝혀야 할 것 아니오."

유진산 "묵계라고 하는 말의 진의가 도대체 무엇이오…. 언론윤리위원회법 통과 과정에서 우리 측의 협상대표는 선생께서 전권을 갖고 뽑았지 않습니까. 그런 대표들이 여당 대표들과 장시일 두고 토의한 나머지 합의된 바도 있고, 당일 공화당의 다수가 일방적으로 삼민회 수정안을 통과시킬 때 원내반대 투쟁의 총책임은 선생께 있지 않소."

윤보선 "어쨌든 간에 신문에서 여당과 야당 간에 묵계를 했다고 하지 않았소."

유진산 "조사가 끝나기도 전에 나하고는 당을 같이할 수 없다고 선생이 성명한 것은 나 자신에 무슨 묵계가 꼭 있다는 것을 알고 한 일도 아닌 것이 아니오."

윤보선 "나 아직 조반도 안 먹었으니 얘기 그만 합시다"

윤보선은 말을 잘랐다. 회담은 결렬됐다. 면담 뒤 윤보선은 "묵계설의 진상을 캐는 것은 당이 깨어지는 한이 있더라도 포기할 수 없다"는 성명을 발표한다. 8월 24일 민정당의 당무회의가 윤보선의 안국동 자택에서 열린다. 유진산의 제명을 결의하기 위한 회의였다. 21명의 당무위원 가운데 윤보선, 신각휴, 신태악, 조한백, 황남팔, 이정래, 안필만, 정해영, 김형일, 유옥우, 김익기 등 11명이 출석해 간신히 성원(成員)이 되었다. 유진산·윤제술·김의택·권중돈·고흥문·이충환·김기옥 등 7명은 출석을 거부하였고, 이상돈과 강문봉은 해외에 체류 중이었다.

윤보선에 의해 제명

윤보선계 당무위원 11명이 참석해 당무회의를 시작하려던 바로 그 시각, 유진산계 당원 30여 명이 윤보선의 안국동 집에 몰려 왔다. 그들은 대표 3명을 뽑아 윤보선에게 면담을 신청했다. 그러나 굳게 닫힌 대문은 열리지 않는다. "정해영을 끌어내라" "이정래 나와라" 화가 치민 당원들은 안국동 8번지의 담장을 뛰어 넘는다. 이민우, 이중재 등 3인의 대표가 윤보선 앞에 나섰다.

당원대표 "끝내 만나 주시지 않으니 별 도리 없이 이렇게라도 해야 했습니다. 용서해 주십시오."

윤보선 "진산에게 배운 것이 고작 이것이야?"

당원대표 "우린 진산을 위해 온 것이 아닙니다. 민주주의를 하자는 것입니다."

윤보선 "되지도 않는 소리는 하지도 마."

당원대표 "이러자고 민정당 하는 것 아니지 않습니까."

윤보선 "내게 항복을 받으려면 내 집에 불을 질러 놓고 해. 이정도로는 안 돼!"

밖에서 지르는 당원들의 함성에 면담은 더 이상 계속되지 못했다. 성난 당원들이 정해영을 찾았으나 재빠르게 뒷문으로 도망친 뒤였다. 신각휴, 조한백, 유옥우 등 3명의 당무위원이 끌려 나왔다. 당수에게 대 드는 당원들, 아수라장이 된 당무회의는 민정당의 무질서를 그대로 보여 주고 있었다.

다음날 이번에는 종로예식장에서 윤보선계가 불참한 가운데 유진산계만의 중앙상무위원회가 열린다. 상무위원 185명 중 94명이 참석했다. 묵계설은 사실무근이라는 진상조사위 유진산계의 보고서가 만장일치로 채택되었다. 감찰위원회의 유진산 제명 결의도 불법으로 규정했다. 그러나 윤보선은 중앙상무위원회의 결정을 철저하게 묵살한 채 의원총회 결의에 착수한다. 그는 의원총회를 열어 표결하는 대신 의원들을 안국동 자택으로 불러 제명 결의안 서명을 받는 서면결의 방법을 택한다.

이때 서범석, 정성태, 김영삼, 고흥문 등 수습멤버 4인의 활동이 본격화 한다. 정성태의 강력한 권유로 유진산은 다시 윤보선의 안국동 집을 찾는다.

유진산 "지금이라도 늦지 않으니 한 번 더 너그러이 생각하시고 내일이라도 기자회견을 요청해서 모든 것을 관용하고 당을 위해 결속하자는 한마디만 하시면 선생의 덕망은 당을 기사회생시키는 것이 될 것입니다. 그러니 한번 크게 생각하십시오."

윤보선 "진산은 묵계한 것이 틀림없더군!"

유진산 "어디에서 누구하고 묵계를 했다는 말씀인가요?"

윤보선 "속기록이 있습디다. 오늘 봤소이다."

유진산 "그럼 속기록을 오늘 보신 분이 서면결의는 10여 일 전부터 하고 계신가요? 어디 속기록을 제시해 보십시오."

윤보선 "자, 이것 아니오. 보시오."

유진산 "아니 이건 김진만이 삼민회수정안을 받아들이겠다는 발언 아니오. 국회의원 전원이 듣는 앞에서 묵계라고 할 수 있습니까. 이런 얘기를 하시면 사람들의 비웃음을 사게 될 것이니 그렇게 하시지 마십시오. 오늘은 당 동지들의 권유도 있고 해서 다시 찾아왔으니 지난번에도 말을 했지만 선생이 지금까지의 생각을 바꾸셔서 당의 일이 잘 되도록 생각을 해 주셔야 되겠습니다."

윤보선 "오늘도 사람들이 많이 찾아와서 시달려 피곤하오. 들어가 쉬어야겠소."

두 번째 면담 역시 성과가 없었다. 10월 2일 민정당 대표 윤보선은 유진산 의원의 제명을 국회에 통고한다. 유진산계는 국회의원의 제명이 서면결의로 이루어진 것은 규범을 어긴 것으로 봐야 한다고 해서 '국회의원의 소속정당 제명의 규칙해석에 관한 결의안'이란 긴 이름의 유권해석안을 국회에 제출한다. 이에 민정당 내에서는 세 번째 협상이 다시 추진된다. 전당대회 기능을 대신하는 중앙위원회를 열어 그 표결 결과에 모두 따르자는 중재안이 제시됐다. 양 계파 모두 동의했다.

10월 18일 민정당 중앙위원회는 윤보선과 유진산의 연설을 들은 뒤 제명 표결에 대한 투표에 들어간다. 표결 결과 총투표 365표 가운데 찬성 189표, 반대 171표, 무효 4표, 기권 1표로 윤보선의 승리였다. 유진산은 이 같은 중앙위원회의 결의에 정치적인 승복을 한다는 한마디를 남기고 민정당을 떠난다. 유진산은 이제 무소속 국회의원이 되었다. 그는 이제 더 이상 당인(黨人)이 아니었다. 그리고 당은 사실상 두 동강이 났다.

시련 딛고 권토중래

'진산파동'으로 유진산은 윤보선과 완전히 결별한다. 그러나 윤보선은 유진산을 잃음으로서 스스로의 덫에 빠지고 만다. 오랜 인연이 악연으로 바뀐 뒤 민정당과 민주당의 통합으로 출범한 민중당(民衆黨) 총재 선출에서 유진산은 윤보선에게 타격을 가한다. 유진산은 윤보선계의 반발로 창당대회 참석까지 거부당하지만, 자파 세력으로 하여금 민주당계와 반윤(反尹) 연합전선을 형성케 해 윤보선을 패배시키고 박순천을 총재로 선출하는 이변을 연출한다. 유진산계가 캐스팅보트 역할을 한 것이다.

유진산은 민중당 내에서 박순천과의 연합을 통해서 주류를 형성해 운영위원회 부의장과 부총재를 맡는 등 당을 주도한다. 그러나 민중당은 결국 윤보선이 탈당해 만든 신한당과 통합해 1967년 2월 7일 '신민당'(新民黨)을 창당한다. 창당 뒤 대통령 선거와 국회의원 선거를 잇달아 치른 신민당은 1968년 5월 20일 서울 시민회관에서 전당대회를 열고 단일지도체제를 채택한다. 전당대회에서는 유진오를 만장일치로 총재에 추대했으나, 3명의 부총재 선출을 놓고 주류와 비주류가 대립한다.

주류 측에서는 유진산·정일형·정해영을, 비주류 측에서는 이재형·조한백·홍익표를 밀었는데 유진산은 1차 투표에서 과반수를 얻어 무난히 선출된다. 나머지 2명은 2차 투표 끝에 정일형과 이재형이 뽑힌다. 이재형의 승리는 윤보선계의 계파를 이끌고 있는 조한백을 떨어뜨리려는 유진산계 지원의 결과였다. 이어 신민당은 3선개헌 저지 투쟁을 효율적으로 전개하고 대통령선거 및 총선에 대비하기 위해 1969년 5월 21일에 다시 전당대회를 개최한다. 다시 유진오가 총재로 재추대 되었고, 유진산은 이날 전당대회에서 신설된 수석부총재에 선출된다.

한편 9월 14일 신민당의 결사적인 저지 투쟁에도 불구하고 공화당에 의해 3선개헌안이 변칙으로 통과된다. 이에 신민당 총재 유진오는 개헌안 통과에 대한 책임과 신병(身病)을 이유로 총재직 사퇴 의사를 밝힌다. 유진오 총재의 거취문제를 결정하기 위해 12월 전당대회를 예정했던 신민당은 재야세력 영입을 위한 시간적 여유를 갖기 위해 해를 넘겨 1970년 1월 26일 전당대회를 열기로 결정한다.

이로써 전당대회를 앞두고 유진오의 퇴진을 주장하는 유진산계와 반유진산계의 당권경쟁이 가열된다. 전당대회에서 집단지도체제로 당헌을 개정해 당권을 장악하려는 유진산계에 맞서 정일형, 조한백, 김재광 등의 비주류와 범주류의 이재형계는 반진산 연합전선을 구축한다.

이런 상황에서 총재 유진오는 신병 치료중인 일본에서 수석부총재 유진산에게 서한을 보내 전당대회 연기를 요구한다. 이에 따라 유진산은 1970년 1월 2일 급거 일본으로 건너가 유진오로 하여금 자신의 총재직 사퇴와 '1월 26일 당수 선출 전당대회, 9월 대통령후보 지명대회'에 대한 합의를 이끌어 낸다. 유진오의 퇴진은 유진산의 당권 확보를 의미했다. 유진산이 당의 2인자인 수석부총재인데다 당내 제 1파벌의 리더였기 때문이다.

신민당은 전당대회를 앞두고 오랜 기간 정치정화법에 묶여 있던 이철승, 신도환, 최용근, 김준섭 등 소장층 인사들에 대한 영입과 윤길중, 최병권, 권대복 등 혁신인사에 대한 입당(入黨)을 마무리한다. 또 이재학 등 구 자유당 인사 중심의 자유당과 한국독립당 등 군소정당을 합병해 신민당의 당세는 크게 강화된다. 이들 인사들의 영입은 대부분 유진산의 주도로 이루어졌다.

신민당 대표로 선출

마침내 신민당은 1970년 1월 26일 서울 시민회관에서 임시전당대회를 열어 대의원들의 경선을 통해 유진산을 대표최고위원에 선출한다. 이날 전당대회의 당수(黨首) 선출에는 유진산 외에 이재형과 정일형이 경합했다. 이재형은 윤보선계와 국민의당계의 지원을 받고 있었고, 정일형은

1970년 1월 26일 열린 신민당 전당대회에서 이재형과 정일형을 꺾고 대표최고위원에 선출된 유진산.

김대중계와 연합했다. 1차 투표에서는 유진산 286표, 이재형 192표, 정일형 125표로 과반수 득표자가 없었다. 2차 투표 끝에 유진산이 327표를 얻어 276표를 얻은 이재형을 눌렀다.

1차 투표에서 3위에 그친 정일형은 다수득표자에게 표를 몰아준다는 반진산(反珍山) 연합의 사전약속에 따라 2차 투표 직전 신상발언을 통해 이재형의 지지를 호소한다. 그러나 전당대회 직전에 입당한 구자유당계 인사들과 이철승, 윤길중 등 재야 입당세력의 유진산 지지로 빛이 바랬다.

유진산은 정치적 사활을 건 싸움에서 결국 승리했다. 자신이 주도하여 만든 민정당에서 윤보선의 미움을 사 제명이라는 '정치적 사형선고'를 받은 지 6년 만에 불사조(不死鳥)처럼 다시 살아나 마침내 야당 당수의 자리에 까지 오르게 된 것이다.

신민당의 당권을 장악한 유진산은 사무총장에 고흥문, 원내총무에 정해영, 정책심의회의장에 박병배, 정치훈련원장에 김원만, 당기위원장에 김형일, 대변인에 김수한 등을 임명해 자신의 당권체제를 강화한다. 또 유진산은 개정된 당헌에 따라 새로 최고의결기구가 된 정무회의를 계파별

안배에 따라 구성한다. 유진산 자신이 의장을 맡고 부총재 격인 부의장에는 양일동, 홍익표를 임명한다. 그리고 정무위원에는 주류의 윤제술·조한백·김영삼·고흥문·이충환·박기출·박병배, 비주류의 김홍일·정성태·김대중·김원만·김응주·김형일·김세영, 재야 영입파의 이철승·윤길중·최용근 등이 선출됐다.

유진산은 대표최고위원으로서 당헌에 부여된 자신의 권한을 이용해 자신의 의도대로 당 체제를 구축했으나 출발 초기부터 반진산(反珍山) 세력의 강력한 도전을 받게 된다. 전당대회에서 고문으로 추대되었던 윤보선은 2월 2일 유진산 체제를 비판하면서 신민당을 탈당해 신당운동에 나설 것을 천명한다. 결국 윤보선은 장기영, 조한백, 장준하, 이정래, 신각휴, 신중목 등을 이끌고 탈당을 감행해 국민당을 창당한다. 그러나 유진산에게는 더 큰 난제가 기다리고 있었다. 바로 1971년에 실시될 대통령 후보 선출 문제였다.

40대 기수론에 맹타

1970년 대통령 후보 지명대회를 앞두고 신민당의 각 계파와 유력주자들은 저마다 나름대로의 출마 가능성을 모색한다. 제일 먼저 포문을 연 사람은 김영삼이었다. 이미 지난해 11월 8일 대통령 후보 지명전에 나서겠다고 선언하면서 이른바 '40대 기수론'을 제창하게 된 것이다. 이어 김대중과 이철승도 잇달아 대통령 후보 지명전에 나설 것을 선언한다.

40대 소장층의 대통령 후보 경쟁 선언으로 유진산 체제는 출범 초부터 지도력이 흔들리는 상황에 직면한다. 이에 유진산은 '40대 기수론'의 확산을 차단하기 위해 적극적으로 나선다. 그는 40대 기수론에 맹타를 가한다.

> "대통령 후보가 40대라야 한다는 얘기는 구상유취(口尙乳臭)한 노릇이다. 대통령 후보를 세대 문제와 결부시키려 한다면 그것은 정치적 미성

년자의 사고로 묵과할 수 없다. 대통령이 되고 야당의 지도자가 되겠다는 야망에 앞서 국가와 민족을 어떻게 이끌어 가겠다는 지혜와 용기와 경륜이 아쉽다. 나는 후보로 나설 생각을 해 보지 않았다. 그러나 나 스스로 대통령 후보로서의 나의 공민권을 제한하고 싶지는 않다."

40대 기수론을 저지하기 위한 유진산의 적극적인 노력에도 불구하고 상황은 그에게 불리한 쪽으로 흘러갔다. 유진산은 당권을 잡은 지 40여 일 만인 3월 10일 대통령 후보 지명전에 나서지 않겠다고 밝힘으로써 대통령의 꿈을 접는다. 대통령 후보 불출마를 선언한 유진산은 전당대회를 일주일 앞두고 열린 정무회의에서 조건부 출마 의사를 표명하는데 "40대 단일화 전권 4인위나 12인위에서 9월 24일까지 협상에 성공하면 나의 결심을 고집하지 않겠다"는 단서를 붙인다.

유진산은 그가 제시한 시한이 지나도 후보 조정이 이루어지지 않자 9월 25일 김영삼, 김대중, 이철승에게 자신의 대통령 후보 지명권 행사를 요구한다. 이에 대해 김영삼과 이철승은 이를 수용한다. 그러나 김대중은 유진산의 단독지명 대신 유진산, 이재형, 정일형, 양일동, 홍익표, 서범석 등 6인으로 구성된 지명단에 추천권을 넘기자는 대안을 제시했다.

그러나 유진산은 이를 수용하지 않고 김대중이 6인추천단으로 거명한 6인 가운데 홍익표를 빼고 김홍일, 고흥문, 이상철이 포함된 7인을 초청해 당수의 지명권을 인정한 김영삼과 이철승 가운데 한 명을 후보로 추천하겠다는 양해를 구한다.

유진산은 그 길로 김영삼과 이철승을 만나 "신민당 대통령 후보 경합에 있어 나는 후보 제 1추천권을 유진산 당수에게 맡기고 당수가 두 사람 중의 한 사람을 추천했을 경우에 나는 나를 지지하는 당원들과 함께 일체의 난동이나 반란을 하지 않고 당수의 추천에 승복하여 지명대회와 대통령 선거에서 성의를 다해 협조할 것을 인격과 신의를 걸고 당과 국민에게 서약한다"는 내용의 서약서에 서명을 받는다.

1970년 9월 25일 신민당 대통령 후보 지명대회를 앞두고 자리를 함께한 유진산과 40대 기수들. 왼쪽부터 김대중, 유진산, 고흥문, 이철승, 김영삼.

이에 두 사람의 서약서를 손에 받아 쥔 유진산은 지명대회 전날인 9월 28일 중앙상무위원회에서 김영삼을 후보로 추천한다. 이제 지명대회에서의 승부는 당수 유진산의 지원을 받는 김영삼과 이에 맞서는 비주류 김대중의 대결로 압축되었다. 유진산의 지명으로 대세는 김영삼 쪽으로 기운 것으로 보였다. 당내 제 1계파인 범진산계와 제 2계파인 이재형계가 김영삼을 지지했다. 게다가 이철승계도 지지 서약에 묶여 있었다. 그러나 막상 표결 결과는 완전히 빗나갔다.

1970년 9월 29일 서울 시민회관에서 열린 신민당 대통령 후보 지명대회에서 2차 투표까지 가는 접전 끝에 김대중이 예상을 뒤엎고 역전승을 거둔다. 김대중의 역전승은 당수 유진산에 대한 반발로 이철승 지지자들이 김대중에게 표를 던진 것이 결정적 원인이었다. 2차 투표 직전 김대중이 이철승에게 지원을 호소하면서 "도와주면 당신을 당수로 밀어 주겠다"고 약속했다는 묵계설이 흘러나오기도 했다. 김영삼의 예기치 못한 패배는 그를 지명한 유진산에게도 뼈아픈 패배였다.

제 2차 진산파동

김대중의 선전(善戰)에도 불구하고 대통령 선거에서 패배한 신민당은 8대 국회의원 총선거를 앞두고 유진산과 비주류 사이에 첨예한 갈등을 예고하는데, 그 첫 대결이 이른바 제 2차 진산파동으로 불리는 '5·6파동'이다.

'5·6파동'은 유진산이 5·25총선 후보등록 마감일인 1971년 5월 6일 갑자기 자신의 지역구인 영등포갑구 출마를 포기하고 전국구 1번 후보로 등록함으로써 시작된다. 유진산이 지역구를 포기하고 전국구로 등록했다는 소식이 전해지자 100여 명의 당원들이 그의 상도동 자택으로 몰려와 난동을 부린다. 지역구를 팔아먹은 당수는 탈당해 정계에서 은퇴하라는 요구였다.

이날의 난동은 자정이 다 되어서야 겨우 진정 되었다. ① 정계 은퇴 ② 당 대표직 사퇴 ③ 전국구 후보 사퇴 가운데 하나를 택해 책임을 지겠다는 유진산의 약속을 받은 간부진의 설득에 의해서였다. 그러나 소요사태는 다음날 중앙당사(黨舍)에서 재연된다. 비주류 당원 200여 명이 몰려와 당사의 집기들을 부수고 유진산의 사진을 떼어내 불사르거나 찢는 등 난동을 부린 것이다. 이들은 또 양일동 운영회의 부의장을 대표실로 끌고가 탈당계를 내도록 강요한다. 이에 양일동은 굴복해 탈당계를 써 주고서야 풀려난다.

이에 대해 비주류의 김대중은 6인위의 고흥문, 홍익표, 정일형 등과 협의해 유진산을 제명하고 총선기간 동안 대통령 후보였던 자신이 당수권한대행을 맡기로 한다. 그러나 이 같은 수습안은 곧 반격에 부딪힌다. 6인위의 결정을 논의하기 위해 운영위원회가 열리자 양일동 부의장에게 탈당을 강요한 난폭자를 가려내겠다며 당원 100여 명이 난입한다. 이들은 "당헌에도 없는 전 대통령 후보의 당수권한대행이 웬 말이냐"며 곤봉을 휘두르는 등 회의장을 아수라장으로 만든다.

일부 당원들의 난동으로 일시 행방을 감추었던 유진산은 5월 8일 반격

1971년 5월 7일 제2차 진산파동 당시 신민당 청년당원 2백여 명이 당사에 몰려와 기물을 부수고 벽에 걸려 있는 유진산의 사진을 떼어내 불태우고 있다.

에 나선다. 그는 성명을 통해 "나는 이미 당수직 사퇴뿐만 아니라 정계은퇴도 각오가 되어 있지만, 당수에게 선거구를 팔아먹었다는 누명을 씌워 당권을 가로채겠다는 행위를 먼저 규명하고 제재를 가해야 한다"고 밝히면서 김대중의 당수권한대행 취임 기도를 비판한다.

이에 김대중도 즉각 기자회견을 갖고 "책임을 지겠다고 한 당수가 이제와서 태도를 바꾸어 당의 혼란이 마치 당권투쟁인 것처럼 말하는 것은 당을 사지(死地)로 몰아넣는 것으로서 이는 국민을 우롱하는 것이다"며 유진산을 비난한다.

결국 사태는 제3자의 중재를 통한 수습밖에 없었다. 이에 김영삼, 이철승, 김재광, 김형일, 이중재, 박영록 등 당 중진들은 ① 유진산의 당수직 사퇴 ② 당수직 승계권자인 운영위원회 부의장 양일동, 고흥문, 홍익표의 사퇴 ③ 총선기간 중 김홍일 전당대회의장을 당수권한대행으로 한다는 중재안을 제시한다. 결국 신민당은 파동 나흘째인 5월 10일 운영위원회를 열어 유진산을 사퇴시키고 김홍일을 당수권한대행으로 임명해 '진산파동'을 수습한다.

파란만장한 정치를 겪어 왔던 유진산에게도 '제 2차 진산파동'의 충격은 컸다. 그를 궁지로 몰아넣은 김대중에게 인간적인 배신감도 느꼈다. 회고록 《해뜨는 지평선》의 한 대목을 보자.

> "연로한 당수는 일찍이 대통령 후보가 될 것을 포기하고 젊은 후보를 따라 전국을 누비며 '김대중 후보를 반드시 당선시켜 달라'고 역설했다. 당수와 후보는 단상에서 '아버지 같은 당수님' '아들 같은 후보'로 서로 치켜세우면서 국민의 지지를 호소하던 만족할 만한 광경들이 국민의 눈언저리에서 채 사라지기도 전에, 또한 '아버지 같은 신민당 당수 유진산 선생'이라고 말하던 바로 그 입술이 마르기도 전에 난동과 욕설과 모함과 서명, 당수대행 취임 기도 등 쿠데타적인 수법으로 모습이 변했다는 사실을 놓고 우리 국민에게 무슨 방법으로 어떻게 말을 해야 이해가 되겠는가."

쪼개진 전당대회

1972년에 들어서면서 유진산은 조기전당대회를 주장하며 '진산파동'으로 추락한 명예회복을 위한 당권 복귀 의도를 본격화한다. 유진산의 재기(再起)에 대한 집념은 아주 강했다. 그는 "대수롭지 않은 일을 구실로 젊은 사람이 일으킨 파동 때문에 70평생을 쌓아 올린 탑을 이대로 허물어 버린 채 이대로 물러설 수는 없다"는 입장이었다. 그러나 당내 세력 확장의 시간이 필요했던 비주류 측은 전당대회의 지연을 시도하고, 당권 연장을 바라던 당수 김홍일도 이에 동조한다. 이 같은 상황에서 유진산계를 제외한 당내 각 계파는 당초 5월 31일로 예정했던 전당대회를 7월 21일로 연기했다가 다시 김대중계와 김홍일계의 적극적인 주장으로 8월중으로 연기한다.

신민당은 국회 대책과 당내 사정을 이유로 전당대회 일자를 3차례나 연기해 오다 9월 26, 27일 이틀간 열기로 확정했으나, 전당대회를 5일 앞둔 9월 21일 임시정무회의에서 심각한 계파 대립을 이유로 전당대회 연기 불가피론이 제기된다. 결국 전당대회 하루 전인 9월 25일 유진산, 김홍일, 김대중, 양일동은 4자회담을 연다. 4자회담에서는 전당대회는 일단 열고 연기문제는 대의원들의 결정에 따르기로 합의한다. 그러나 연기 시한에 대해 유진산과 양일동은 1개월간을, 김대중과 김홍일을 대행한 김재광은 12월까지를 주장하여 합의를 보지 못한다.

4자회담이 결렬되자 유진산계는 9월 26일 대의원 874명 가운데 445명이 참석한 가운데 전당대회를 열어 유진산을 만장일치로 새 당수에 선출한다. 이날 시민회관 전당대회에는 당수와 전당대회의장, 사무총장, 조직국장 등이 참석하지 않았다. 당수 치사는 생략되었고, 당무보고는 사무총장 대신 사무차장이 대독했으며, 전당대회의장인 유청의 불참으로 부의장 이대우가 의장서리를 맡아 회의를 진행했다.

이날 시민회관 전당대회에 참석한 원내 의원은 유진산, 고흥문, 김영삼, 권중돈, 이철승, 정해영, 한건수, 이중재, 김은하, 정성태, 김수한, 신도환, 조일환, 정운갑, 김의택, 오세응, 임종기, 진의종, 오홍석, 양해준, 이기택, 황낙주, 이상신, 신상우, 박해충, 신진욱, 김용성, 최형우, 김현기, 이대우, 김재화, 채문식, 정규헌, 편용호, 김상진, 조홍래, 김준섭, 이상조, 이택희 등 39명이었다.

그러나 반유진산계가 이 같은 일방적인 대회를 용인할 리 없었다. 유진산계의 전당대회 강행에 맞서 반진산계는 하루 뒤인 9월 27일 김홍일의 효창동 자택에서 대의원 874명 가운데 483명이 참석해 전당대회를 열고 김홍일 체제의 연장을 결의한다. 이날 효창동 전당대회에는 김홍일, 김대중, 양일동, 윤제술, 홍익표, 서범석, 박병배, 김재광, 조연하, 홍창섭, 김기섭, 심봉섭, 박한상, 김경인, 노승환, 김상현, 이종남, 윤길중, 김녹영, 나석호, 유청, 김이권, 강필선, 이형우, 박일, 김승목, 유제연, 김원만, 유갑종, 최형우, 김정두, 강근호, 김응주, 조윤형, 최병길, 황은환, 박종률, 유승범, 홍영기, 김창환, 김한수, 이택돈, 한병채, 유옥우, 천명기 등 45명의 국회의원이 참석했다.

이로써 신민당은 시민회관파와 효창동파로 양분 되었고, 한 정당에 2명의 당수가 존재하는 기형정당이 되고 말았다.

자파 중심으로 반쪽 전당대회를 개최한 양측의 대립은 법적문제로 옮겨 간다. 먼저 유진산계가 미리 확보해 둔 당의 직인으로 선관위에 당 대표 변경 등록 신청서를 제출한다. 다음날에는 반유진산 측에서 이의신청을 접수시킨다. 이에 중앙선관위는 9월 28일 유진산 측의 신청이 형식상 요건을 갖추었으므로 이를 수리한다고 발표해 당권싸움은 유진산의 판정승으로 끝난다. 이에 맞서 반유진산 측은 다음날인 29일 서울민사지법에 당수직무대행자 가처분 신청과 유진산 측 전당대회에 대한 무효소송을 제기한다.

이렇게 하여 신민당의 당권 다툼은 법정으로 옮겨가게 된다. 그러나 어느 날 갑자기 이 모든 당내 투쟁이 숨을 죽이게 된다. 이른바 '10월유신'이 선포된 것이다.

'긍정속의 부정'

유신헌법 공포 후 정치활동이 허용되자 신민당 당수 유진산은 1973년 1월 8일 총선대책기구를 구성한 뒤 당수직 사퇴 의사를 밝힌다. 이어 정무회의 부의장인 정일형을 당수권한대행으로 지명해 본격적인 총선 준비에 나선다. 그러나 신민당은 새로 개정된 선거제도 하의 총선에서 전체 의석의 4분의 1에도 못 미치는 참패를 당한다.

이에 신민당은 3월 11일 중앙상무위원회를 열어 선관위에 제출했던 당수직 사퇴서를 반려하기로 결의해 유진산을 다시 당수로 복귀시킨다. 당수로 복귀한 유진산은 원내총무에 이민우, 당기위원장에 이상신, 대변인에 채문식 등을 기용해 당 체제를 정비한다. '진산파동'과 당 내분을 딛고

1973년 12월 13일 동교동 자택으로 김대중을 방문해 당내 현안에 대해 의견을 교환하는 유진산 신민당 총재.

당권을 확보한 유진산 체제의 신민당은 5월 7일 681명의 대의원이 참석한 가운데 서울 국립극장에서 전당대회를 연다. 이날 대회에서는 당 총재의 권한을 대폭 강화하는 내용의 단일지도체제 당헌개정안을 통과 시킨 뒤 유진산을 만장일치로 총재로 추대한다.

총재로 선출된 유진산은 부총재에 김의택, 정해영, 김원만, 김영삼, 고흥문을 임명한다. 또 사무총장에 신도환, 원내총무에 이민우, 정책심의원장에 정운갑을 기용한다. 이철승은 국회부의장을 맡게 하기 위해 당직 임명에서 제외했다.

주로 자신의 측근들로 당 체제를 구축한 유진산은 '긍정속의 부정'이라는 지도노선을 설정해 박정희 정권과 대화와 타협을 통한 동반관계를 유지하려 한다. 그러나 '긍정속의 부정'이라는 유진산의 온건노선은 당내 계파 간에 찬반 대립을 불러오게 되면서 파벌재편을 불러왔다. 주류는 유진산직계 · 이철승계 · 신도환계로, 비주류는 김영삼계 · 고흥문계 · 정일형계로 나뉘게 된 것이다. 특히 주목할 점은 김영삼과 고흥문이 유진산의 그늘에서 벗어나 독자 파벌을 형성하게 된 것이다.

신민당의 이러한 노선투쟁은 김대중 납치사건을 계기로 가열된다. 신민당은 이 사건을 중대 사태로 규정해 정기국회에서 강력한 대정부 공격을 전개한다. 신민당의 강력한 대여(對與) 공세 속에서 여야는 국회 경색을 해소하기 위해 11월 12일 여야 중진회담을 열어 타개책을 모색한다. 협상 결과 여야는 대정부 건의안을 채택하기로 합의하지만, 대정부 건의문의 내용에 대해 김영삼계와 고흥문계 등 비주류가 강한 불만을 나타낸다. 이에 대정부 건의안의 국회 본회의 통과에는 이들 비주류가 불참했고, 유진산 등 주류 의원들만 참석한다. 이 대정부 건의안 통과를 계기로 당내에서는 '체제 내 야당론'을 둘러싸고 심각한 논쟁이 벌어진다.

해지는 지평선

유진산의 온건노선에도 불구하고 박정희 정권은 1974년 1월 8일 긴급조치 제1호를 발표한다. 유신헌법 개폐 주장을 일체 중지했을 뿐만 아니라 유신헌법을 부정하는 일체의 행위에 대해 함구령을 내린 것이다. 헌법 관련 언동에 대해서는 한 줄의 기사도 못 쓰게 보도금지 조항을 두었고, 이를 위반할 때는 영장 없이 구속할 수 있도록 했다.

유진산은 충격을 받고 쓰러졌다. 상도동 자택에서 가료(加療) 중이던 그는 곧 삼청동 서울병원으로 옮겨졌다. 유진산은 며칠만 쉬면 당무에 복귀할 수 있을 것으로 생각했다. 그러나 병세는 하루 이틀이 지나도 호전될 기미를 보이지 않았다. 그의 투병생활은 장기화되기 시작했다. 이에 대해 일부에서는 "투쟁하겠다고 공연히 큰소리 쳐 놓고 자신 없으니까 쇼를 하는 것 아니냐"며 그의 입원마저 의심했다.

유진산은 병세가 깊어지자 1월 24일 세브란스병원에서 결장암(結腸癌) 수술을 받고, 다시 한양대 부속병원으로 옮겨 투병생활을 계속했다. 그러나 병세는 좀처럼 회복되지 않았다. 그는 자신의 앞날을 이미 예견하는 듯 했다. 막내 한열(漢烈, 민한당 사무총장, 한나라당 상임고문 역임)과 장

손 지홍(志興)을 불렀다. "… 강하면 부러지기 쉽고 비분강개해 죽기는 쉬워도 조용히 의로운 일에 나아가기는 참으로 어려운 법이야. 내가 죽은 후 내 무덤에 눈을 흘기고 침을 뱉는 것은 좋지만, 너희들이 한동안 의기소침해서 살아갈 것을 생각하니 가슴이 아프구나…. 사내란 백 년 앞을 내다보면서 살아야 한다."

유진산은 자손들에게 이 한마디를 남기고 4월 28일 오후 3시 한양대 부속병원에서 눈을 감았다. 진산파동 이후 항상 붙어 다니던 '사쿠라'라는 세평(世評)을 뒤로 한 채….

김
영
삼(1927~)이 걸어온 길, 그것은 바로 한국 정치사의 다른 이름이다. 그는 신익희 · 조병옥 · 유진산에게 정치를 배웠고, 박정희 · 전두환과는 목숨을 건 투쟁을 벌였다. 김대중 · 김종필과는 때론 대립하면서 때론 협력하기도 했다. 정치 9단 김영삼. 그에게 정치는 그 자체가 삶이었다.

닭의 목을 비틀어도 새벽은 온다

2008년 10월. 김영삼의 부친 김홍조 옹의 빈소가 차려진 마산 삼성병원. 근래에 보기 드문 '문상(問喪) 정치'가 오랜만에 연출됐다. 김해공항행 비행기의 비즈니스석은 꽉 찼고, 마산 시내 꽃집의 조화용 국화는 완전히 동이 났다. 이회창 · 박근혜 전 한나라당 대표, 한승수 국무총리 등 정 · 관 · 재계 인사 7천여 명의 문상객이 다녀갔다.

상주(喪主)인 김영삼과 50여 년간 대한민국을 주름잡았던 유력인사들과의 만남은 한국 정치의 또 다른 한 모습이었다. 그는 이 자리에서도 '평생의 라이벌' 김대중에 대해 특유의 독설을 잊지 않았다. 문상 온 이상득 한나라당 의원과의 대화 한 토막.

이상득 "기자들이 참 대단하다. 상갓집에도 기자실을 만들어 놨다."

김영삼 "언론이 내가 대통령 되는 데 도움도 많이 줬지만 죽이는 일도 했다. (기자들을 향해) 뭘 그렇게 쓰고 있나. 아이고 마, 쓰는 거 하면 김대중이 아이가. 옛날부터 만나기만 하면 깨알만하게 수첩에 다 적는다. 참 희한한 사람이다."

문상객 "DJ가 젊은 시절 기자생활을 잠시 해서 그럴 겁니다."

김영삼 "무신 기자를 해. (안 다닌) 건국대나 다녔다고 하고. (그 사람이 얘기하는) 나이는 도대체 믿을 수가 없어. 경쟁자는 무신 …. 나한테는 항상 졌어. 나 때문에 원내총무는 한 번도 못했잖아."

오후에 김대중이 전화를 걸어왔다. 하지만 김영삼은 "예, 예" 몇 마디만 하고는 금방 전화를 끊었다. 그는 호불호(好不好)가 분명했다. 불편한 관계였던 이회창과도 어색하고 짧은 대화가 있었을 뿐이다. 한때 자신과 경쟁했던 정주영의 아들인 정몽준에겐 옆에 앉았어도 따로 말 한마디 건네지 않았다.

대신 권영해 전 안기부장을 보고는 "제일 고생한 사람이 저기 오네. 저 사람은 김대중·노무현 두 사람한테 철저히 보복당했다. 참 나쁜 사람들"이라고 일갈했다. 또 한때 반대편에 있기는 했지만 최근에 부쩍 친해진 김종필과는 일본정치와 운동 등을 화제로 20분 이상 대화했다.

대통령 퇴임 후의 김영삼은 야당 지도자 시절을 기억하는 많은 사람들에게 당혹감을 안겨줬다. 독설이 도(度)를 넘어도 너무 넘은 것이다. 2000년 김대중의 노벨평화상 수상 소식을 접하고서는 "독재자에게 노벨상은 어불성설, 노벨상의 가치가 땅에 떨어졌다"고 힐난(詰難)했고, 2006년 노무현의 대통령 임기 단축 시사 발언과 관련해서는 "정신상태가 정상이 아니다"라고 막말을 했다. 2007년에는 이회창이 대선 출마를 선언하자 "먼저 인간이 돼야 한다"고 원색적으로 비난했다.

한때 민주투쟁의 상징이었던 김영삼, 참을 수 없는 솔직함이라고 하기엔 도를 넘은 퇴임 후의 품격 잃은 모습이 자못 안타까울 뿐이다.

거제소년의 꿈

거산(巨山) 김영삼(金泳三)은 1927년 12월 20일 경남 거제군 장목면 외포리 대계마을에서 멸치어장을 경영하던 아버지 김홍조(金洪祚)와 어머니 박부련(朴富連)의 1남 5녀 중 맏아들로 태어났다. 그의 아호 거산은 고향인 거제(巨濟)의 '거'자와 정치적 고향이라 할 수 있는 부산(釜山)의 '산'자를 따서 지은 것이다.

2008년 97세의 나이로 작고한 김홍조는 아들 김영삼을 정치 거목으로 키워 낸 최고의 후견인이었다. 그는 선거 때마다 직접 선거전에 뛰어들어 아들에 대한 지지를 호소하는 것은 물론 어장경영을 통해 얻은 수익금의 대부분을 아들의 정치자금으로 털어 넣었다.

그리고 해마다 명절이면 자신의 어장에서 잡은 멸치를 건조하여 아들에게 올려 보냈다. 이른바 'YS멸치'다. 김영삼은 이 멸치를 동료 정치인과 재야인사, 그리고 지인(知人)들에게 한 포대씩 나눠 주며 자신의 지지를 다지는 데 활용했다.

일제 강점기였지만 유복한 환경에서 태어난 김영삼은 다섯 살 때부터 할아버지의 손을 잡고 외포 본동에 있는 서당에 가서 '천자문'과 '동몽선습'을 배운다. 그가 훗날 서예를 하면서 즐겨 쓰곤 했던 '덕불고필유린'(德不孤必有隣: 덕이 있으면 외롭지 않고 반드시 이웃이 있다) 같은 글귀들은 이 시절에 배운 것이다.

이어 일곱 살에 외포리에 있는 간이소학교에 들어갔으며, 4학년 때 집에서 40리 떨어진 면소재지의 큰 학교인 장목소학교로 전학한다. 김영삼은 이때부터 하숙생활을 시작했는데 훗날 성인이 되어 결혼할 때 까지 줄곧 통영, 부산, 서울 등 객지에서 오랜 하숙생활을 하게 된다.

장목소학교를 졸업한 김영삼은 그해 부산의 동래중학교에 응시했으나 낙방한다. 그는 할 수 없이 장승포에 있는 심상소학교를 다니며 재수를 한 끝에 결국 통영중학교에 입학한다. 1943년 그의 나이 열여섯 살 때였다. 그는 통영중학교 재학 시절 무기정학을 당한 적이 있다. 해방되기 직전 사천비행장의 노역에 동원된 일이 있었는데, 이때 평소에 한국인 학생들에게 온갖 못된 짓을 다하고 멸시하던 일본인 반장을 흠씬 두들겨 팬 일 때문이었다.

하숙방에 '미래의 대통령'

1945년 8월 15일. 마침내 해방이 찾아 왔다. 해방은 김영삼의 삶에도 큰 변화를 가져왔다. 어른들은 하나밖에 없는 귀한 아들을 큰 도시로 전학시켜 주고 싶어 했다. 때마침 부산의 명문이던 경남중학교(5년제)는 반 이상을 차지하던 일본 학생들이 돌아가는 바람에 자리가 많이 비어 있었다. 이에 아버지의 주선으로 그는 이 학교 3학년으로 편입하게 된다. 김영삼은 경남중학교 시절 평생을 두고 교분을 나눈 절친한 친구들을 사귄다. 김우현, 김종학, 전병기, 서재근, 박준양, 곽원배, 배재식, 박정두 등이 그들이다.

해방정국이던 이 무렵 김영삼은 남달리 정치의식이 조숙했다. 당시 축구 학교대표로도 활동했던 그는 나라를 위해 뭔가 기여를 하려면 대통령의 꿈을 가져야 되겠다고 생각했다. 이때부터 그는 하숙방 책상 위 벽에 '미래의 대통령 김영삼'이라고 붓글씨로 써 붙여놓았다. 그러던 어느 날, 하루는 친구들 몇 명이 하숙집으로 놀러 왔는데 그중 김우현이 장난 섞인 시비를 걸었다.

우현 "야, 도대체 이게 뭐냐."
영삼 "뭐가 어때서? 잘못된 거라도 있냐."
우현 "제발 그만 웃겨라. 뭐 네가 미래의 대통령이라고, 참나 … ."
영삼 "그래, 난 앞으로 반드시 대통령이 될 거다. 한번 두고 봐라."

둘은 옥신각신했다. 그러다 김우현이 그 붓글씨 종이를 냅다 찢어 버렸다. 김영삼은 다시 '미래의 대통령 김영삼'을 써 붙였고, 김우현은 그것을 또 떼어 버린다. 김영삼은 또다시 붙이고 … . 시간이 지난 후에 김우현은 김영삼의 진심을 이해하고 사과한다. 김우현은 이 일을 계기로 평생에 걸쳐 김영삼의 가장 절친한 친구가 된다. 작은 기업체를 운영했고 수필가로도 활동했던 김우현은 이후 김영삼과 친하다는 이유로 정권으로부터 많은 고초를 겪기도 했다.

한편 경남중학교를 졸업한 김영삼은 1947년 9월(당시 학기는 9월에 시작) 서울대학교 문리과대학 철학과에 입학한다. 그가 '미래의 대통령'을 꿈꾸면서도 정치학과가 아닌 철학과를 택하게 된 데에는 나름대로의 이유가 있다. 그것은 그의 경남중학교 교장이던 안용백의 영향이 컸다. 경성제대 철학과 출신이던 안용백은 대학 진학을 앞둔 졸업반 학생들에게 "모든 학문의 기초는 철학"이라는 말을 여러 차례 들려주었다. 이에 김영삼은 철학을 바탕으로 정치를 공부하기로 결심한 것이다.

철학도 김영삼은 손도심, 은종관, 오표 등 10여 명과 '순학회'(純學會)란 동아리를 결성해 학문탐구에 정진한다. 순학회 멤버들은 김영삼의 하숙집이나 결혼한 친구의 살림집에서 나라의 장래와 시국에 대한 토론으로 밤을 새기도 한다.

학도의용군 입대 대북방송

이 무렵 김영삼은 미군정 때 수도청장(현재의 서울경찰청장에 해당)을 지내고 당시 외무부 장관으로 있던 장택상과 인연을 맺게 된다. 그 계기는 웅변대회 때문이었다. 대학 2학년 때인 1949년 김영삼은 명동 시공관에서 열린 정부수립 기념 웅변대회에 참가해 2등으로 입상하여 외무부 장관상을 받는다. 그때 상을 준 사람이 바로 장택상이었다.

웅변대회가 있은 지 얼마 후 그에게 장택상이 찾는다는 연락이 왔다. 2대 국회의원 선거에 출마하는 자신을 좀 도와 달라는 것이었다. 뜻밖의 제안이었다. 당시 거물 정치인이었던 장택상은 대학생으로서 쉽게 만날 수 있는 인물이 아니었다. 김영삼은 장택상의 제의를 선뜻 수락한다. 그리하여 친구 20여 명과 함께 장택상의 지역구인 경북 칠곡으로 내려가 40일 동안 찬조연설을 하는 등 선거운동을 힘껏 도왔다. 김영삼의 헌신적인 지원

1951년 9월 김영삼의 서울대 문리대 철학과 졸업 사진

덕분에 장택상은 전체 투표수의 60%를 득표해 무난히 당선된다. 일찍부터 정치에 뜻을 두었던 김영삼에게 장택상의 선거운동은 일종의 '정치 리허설'이었던 셈이다.

한편 다시 학교로 돌아가 학업에 열중하던 김영삼은 신설동의 하숙집에서 북한의 6·25 남침 소식을 듣는다. 이에 함께 하숙을 하던 회사원 임필수를 따라 경기 이천으로 피난을 갔다가 죽을 고비를 넘긴다. 우여곡절 끝에 다시 서울로 돌아와 보니 하숙집은 폭격을 당했고 머물 곳도 마땅치 않았다.

이에 김영삼은 곧바로 전시(戰時) 수도인 부산으로 내려간다. 그는 부산에서 서울대 순학회 멤버로 같이 활동해 온 손도심 등과 함께 1951년 2월 학도의용군에 입대한다. 군번은 E-135였다. 그는 서울대 문리대 사학과 주임에서 국방부 정훈국장으로 자리를 옮긴 이선근과의 인연으로 대북방송 담당요원으로 배치된다. 김대중과 마찬가지로 김영삼의 병역(兵役)은 선거 때 마다 많은 논란이 있었다. 이와 관련해 1987년 11월 6일 김영삼이 관훈클럽 토론회에서 한 증언을 들어보자.

"학도의용군은 국방부 정훈국에서 독단적으로 한 것입니다. 정훈국에서 학생들에게 신분증을 주었습니다. 정훈국장 이선근 씨 이름으로 국방부 마크가 들어 있는 것, 정훈국에서 만든 군번입니다. S자가 들어 있는 군

번도 있고 E자가 들어 있는 것도 있습니다. 그래서 신분증을 가지고 있는 사람은 물론 군복을 입을 수 있고 권총도 차고 다녔습니다. 기차도 거저 탈 수 있었습니다.

나중에 그러니까 군번이라든가 이런 것이 국방부에 있을 리가 없습니다. 그때 다 엉망이었습니다. 이 사람들은 군대 갔다 와도 안 간 것으로 되어 있었습니다. 아무 기록이 없기 때문입니다.

그래서 제가 3대 국회의원에 당선되었을 때 병역법을 개정해서 이 사람들을 다 구제했습니다. 우리가 전부 조사해서 이 사람들이 군대 갔다 왔다는 법적인 근거를 만든 것입니다."

김영삼은 계급은 없었지만 매일 1시간씩 대북방송을 내보냈다. 3분의 1가량은 직접 작성한 원고를 방송했고, 나머지는 군가를 틀었다.

장택상의 비서가 되다

대북방송을 시작한 지 수개월이 지났을 즈음, 국회부의장을 맡고 있던 장택상으로부터 갑작스런 연락이 왔다. 국회에 와서 자신을 좀 도와 달라는 것이었다. 그러나 김영삼은 학도의용군에 묶인 몸이라 마음대로 응낙할 수 없었다. 그러자 장택상은 직접 이선근 정훈국장에게 전화를 걸어 김영삼을 국회로 보내 달라고 요청한다. 국방부에서도 처음엔 난색을 표했지만, 결국 장택상의 요청을 받아들인다.

장택상의 비서가 된 김영삼은 어깨 너머로 정치를 좀더 배울 수 있는 기회를 갖게 되었다. 또 정계의 거물들을 직접 만나 볼 수 있는 기회도 만들어 주었다. 당시 장택상의 집무실에는 조병옥, 이기붕, 이범석, 윤치영 같은 당대의 쟁쟁한 인물들이 자주 들르곤 했다. 그는 그중에서도 특히 조병옥에게 깊은 인상을 받는다.

이 무렵 김영삼은 고향집으로부터 전보 한 통을 받는다. 할아버지가 위독하시니 빨리 거제로 오라는 내용이었다. 그는 그 전보를 받자마자 서둘러 거제로 달려갔다. 그러나 할아버지가 위독한 것이 아니었다. 그의 말을 들어 보자.

"부랴부랴 집으로 가봤더니 할아버지가 위독하신 게 아니에요. 장가를 가라는 겁니다. 아직 결혼할 마음이 없다고 했더니, 어른들이 네가 장남이니 할아버지 돌아가시기 전에 손자며느리를 봐야 한다고 강력하게 밀어붙이는 겁니다. 내가 장가 안 가겠다고 끝까지 우기면 우리 집에 분란이 일어날 것 같아요. 그래 혼자 생각에 선이나 보고 내가 싫다면 되지, 억지로 보내지는 않겠지 하고 이튿날 마산으로 선을 보러 갔습니다."

김영삼은 다음날 아침 배를 타고 아버지와 함께 마산으로 갔다. 중매에 나선 사람은 아버지의 친구인 학산의원 이 원장으로 교회 장로이기도 했다. 김영삼은 그에게 이끌려 하루 동안 세 집이나 들러 맞선을 봤다. 맞선을 본 세 명의 처녀들은 우연히도 모두 이화여대 재학생들이었다. 그는 세 번째로 선 본 손명순(孫命順)이 가장 마음에 들었다. 손명순은 마산에서 '경향고무'라는 고무신공장을 경영하던 손상호의 2남 7녀 중 맏딸로 마산여고를 나와 당시 이화여대 약학과 3학년에 재학 중이었다. 이후 두 사람은 짧은 연애기간을 거쳐 1951년 3월 6일 마산 문창교회에서 결혼식을 올린다. 두 사람 모두 스무 세 살 동갑내기였다.

최연소 국회의원 당선

1954년이 되면서 피선거권을 얻게 된 김영삼은 그해 5월 20일로 예정된 제3대 국회의원 총선거에 출마하기로 결심한다. 그러나 이런 결심을 가족들에게 밝히자 모두들 이구동성으로 반대했다. 특히 아버지 김홍조의 반대가 가장 심했다. 아버지의 눈에는 나이 어린 아들이 아직 세상물정을 너무 모른 채 무모하게 국회의원에 도전하는 것으로 비쳐졌다. 그러나 고집 센 아들의 출마결심을 꺾을 수는 없었다.

김영삼은 나름대로 자신이 있었다. 나이는 어렸지만 당시 거제에서 유일하게 서울대를 나왔고, 국회부의장·국무총리 비서관을 지낸 경력이 큰 힘이 되었다. 거기다가 자유당 실력자인 이기붕의 요청으로 여당인 자유당 공천까지 받았던 것이다.

선거는 3파전이었다. 일본대학 법과를 졸업하고 제헌의원을 지낸 민국당의 서순영과 통영수산학교를 졸업한 현역의원 이채오가 그의 경쟁자였다. 막상 선거운동이 시작되자 처음에는 결사적으로 반대하던 가족들도 발 벗고 나섰다. 그러나 선거 도중 뜻밖의 곤혹스러운 사건이 생긴다. 마산에서 고무신공장을 경영하던 장인이 사위를 돕는다고 흰 고무신 1만 켤레를 보내 온 것이 말썽이 된 것이다. 고무신 소문은 삽시간에 온 섬으로 퍼져 나갔다. 고무신을 나눠 주었다가는 선거법에 걸리기 때문에 고무신 전부를 배에 실어 마산으로 돌려보냈다. 그것도 모르고 주민들은 "왜 고무신을 나눠 주지 않느냐"고 난리였다. 고무신이 왔다는 소문은 떠들썩했지만 돌려보냈다는 소식은 잘 알려지지 않았기 때문이다. 고무신 소문은 선거기간 내내 김영삼을 괴롭혔다.

하지만 김영삼은 승리했다. 개표 결과 2만 770표를 얻어 민국당의 서순영(14,110표)과 무소속의 이채오(11,509표)에 압승을 거두었다. 26세 최연소 국회의원의 탄생이었다. 제3대 국회의원 총선거가 끝나자 자유당은 이승만의 3선(三選) 개헌을 위해 소속 의원 단속에 나서는 한편 무소속 의원에 대한 포섭에 열을 올린다.

그러던 어느 날, 김영삼은 이기붕의 안내로 경무대에서 이승만을 만난다. 이 자리에서 김영삼은 3선개헌을 해서는 절대 안 된다는 직언을 한다. 그는 이승만에게 "박사님, 3선개헌은 안됩니다. 3선개헌만 안하시면 박사님은 국부(國父)로 역사에 영원히 남으실 겁니다"며 간곡하게 말한다. 순간 이승만은 안면근육이 씰룩이더니 아무 소리 없이 문을 쾅 닫고 나가 버렸다. 그는 당황한 이기붕으로 부터 "김 의원, 왜 쓸데없는 말씀을 드려?"라는 면박을 당한다.

민주당 창당에 참여

김영삼은 이대로는 도저히 안 되겠다고 생각했다. 그때부터 그는 확고히 개헌반대 입장에 선다. 그는 현석호, 한동석, 이태용 등 자유당 내 개헌 반대파 의원 20여명을 규합해 반대운동에 나선다.

1954년 11월 27일 자유당은 당내 일부와 야당의 결사적인 반대에도 불구하고 개헌안을 국회 표결에 붙인다. 개표 결과 총투표 202표 가운데 찬성 135표, 반대 60표, 기권 6표, 무효 1표로 부결된다.

그러나 부결된 개헌안이 편법으로 통과되자 여론이 들끓었다. 4사5입(四捨五入) 개헌 이후 자유당을 탈당하는 의원들이 속출한다. 12월 6일 손권배의 탈당을 계기로 9일에는 김영삼·한동석·이태용·현석호·민관식·김재곤·성원경·김재황·신정호·황남팔·김홍식·신태권이, 10일에는 도진희가 탈당해 모두 14명의 소장파 의원들이 야당 대열에 서게 된다. 이로써 김영삼의 자유당 의원 생활은 7개 월만에 종지부를 찍는다.

한편 4사5입 개헌에 분개한 야당과 자유당 탈당 의원 등 60여 명은 원내교섭단체로 '호헌동지회'(護憲同志會)를 구성하고 이를 모체로 '민주당'(民主黨)을 창당한다. 이때 김영삼은 중앙당 청년부장과 경남도당 부위원장을 함께 맡는다. 최연소 의원이었던 김영삼은 3대 국회 재임 중 법사위, 내무위, 국방위 등의 상임위에 소속되어 활동하면서 조병옥, 유진산, 조재천, 현석호 등 선배 의원들로부터 많은 지식과 경험을 배운다.

초반부터 젊은 김영삼의 의정활동을 유심히 지켜보던 의원들 중에는 그의 정치적 장래에 기대를 거는 선배들이 많았다. 3대 국회 초반 이런 일도 있었다. 주변에서 김영삼에게 바둑 정도는 배워두는 것이 좋겠다고 권유했고, 서울대 동기인 양회수 의원이 바둑을 가르쳐 주겠다고 했다. 그

1956년 10월 13일 열린 여야 국회의원 친목 야구대회에서 포수를 맡은 김영삼.

래서 며칠간 무교동에 있던 민주당 연락사무소에 앉아 바둑을 배우고 있었는데, 목포 출신 정중섭 의원이 들어와서 보더니 바둑판을 확 쓸어 버렸다.

> "김 의원 같은 사람은 이런 것 두지 마시오. 보아하니 김 의원은 큰일을 할 사람 같은데, 바둑을 두면 시간낭비도 많고 또 시간관념이 없어져서 약속도 안 지키게 되고 실수를 하기 쉽소. 내가 지금도 제일 후회하는 것이 바둑을 배워 끊지 못하는 일이오."

당시에는 국회의원들이 바둑이나 장기를 두거나 해서 본회의 시간에 지각하거나 결석하는 경우가 많았다. 60대 선배 의원의 진심어린 충고를 듣고 이때부터 김영삼은 아예 바둑이나 화투 같은 잡기(雜技)와는 담을 쌓고 지냈다.

유일한 국회의원 낙선

3대 국회 임기 말인 1958년을 맞으면서 김영삼은 중앙당으로부터 민주당 기반이 취약한 부산에서 출마해 달라는 끈질긴 요청을 받는다. 이에 김영삼은 차기 국회의원 총선 선거구를 거제에서 부산 서구로 옮긴다. 그가 선거구를 바꾼 것은 중앙당의 종용도 있었지만, 자신의 모교인 경남중고 동창 기반 등을 토대로 제 2의 도시인 부산에서 당선되면 거제보다는 중앙에서의 정치적 위상을 다지는 데 훨씬 유리하다는 계산도 깔려 있었다.

국회의원 총선거의 투표일은 5월 2일로 잡혔다. 그러나 막상 선거구를 옮기고 나니 어려운 일이 한두 가지가 아니었다. 자유당을 탈당한 그에 대해 권력의 올가미가 죄어들었다. 당시 입후보 등록을 마친 사람은 김영삼 외에 경남지사를 지내고 내무차관을 하고 있던 자유당의 이상룡, 노동당 공천의 장인달, 무소속의 강봉수 등 4명이었다.

선거전은 초반부터 김영삼과 이상룡의 2파전이었다. 투표일 낮부터 "투표함을 바꿔치기하기 위해 가짜투표함을 실은 소형트럭이 개표장인 서구청으로 가고 있다"는 제보가 잇달았다. 김영삼의 선거운동원들이 제보를 받고 급히 달려갔지만, 이미 카빈총으로 무장한 경찰관들이 줄을 쳐놓고 출입을 막고 있었다.

이날 밤 개표가 시작되었다. 33개 투표함 가운데 16개에선 김영삼이 앞섰지만, 나머지를 열자 김영삼을 찍은 표가 투표함 1개당 2표나 3표밖에 안 나오는 이상한 일이 일어났다. 환표(換票)가 아니고는 이해할 수 없는 일이었다. 개표결과 자유당 이상룡 22,131표, 민주당 김영삼 18,858표, 노동당 장인달 2,119표, 무소속 강봉수 761표였다. 김영삼은 3,200여 표 차이로 고배를 마셨다. 9선을 기록한 김영삼의 국회의원 선거 출마중 유일한 낙선이다.

4대 국회의원 총선거는 금권과 관권뿐 아니라 폭력이 난무한 선거였다. 선거가 끝난 뒤 당선 및 선거무효 소송이 70여 건이나 제기된 것만 봐도 얼마나 불법선거가 많았는지 짐작되는 일이다. 김영삼도 선거 뒤 부산 지방법원에 투표함에 대한 증거보전 신청을 냈다. 그러나 낙선을 되돌릴 수는 없었다.

이로써 26세에 최연소 국회의원이 되어 승승장구하던 김영삼은 첫 정치적 패배를 맛보면서 한동안 실의에 빠진다. 그러나 그는 곧 용기를 되찾아 '유석청년동지회'(維石青年同志會)를 조직해 조병옥을 대통령 후보로 만드는 데 온 몸을 던진다. 하지만 조병옥이 대통령 선거를 1개월 앞두고 갑자기 세상을 떠남으로써 그의 노력은 수포로 돌아간다. 그러나 자유당 정권의 부정선거로 촉발된 4·19혁명은 김영삼에게 정치 재개의 기회를 가져다준다.

무장간첩에 피살된 어머니

4·19혁명 이후 두 달여 만에 치러진 1960년 7월 29일 5대 국회의원 총선거에서 민주당은 압승을 거둔다. 민주당 공천으로 출마한 김영삼도 부산 서구에서 2만 9754표를 얻어 자유당 시절 법무장관을 지낸 서상권(6,987표)을 누르고 가볍게 승리한다. 민주당의 총선 승리로 8월 23일 우여곡절 끝에 장면을 총리로 하는 제 2공화국이 출범한다. 그런데 내각제하의 국무총리 장면은 초대내각을 구파(舊派)를 배제하고 신파(新派) 일색으로 구성한다. 이로 인한 민주당 신·구파의 갈등은 더욱 심화됐다.

이 무렵 급변하는 정국의 한 가운데서 바쁜 나날을 보내던 김영삼은 어머니를 잃는 아픔을 맞이한다. 1960년 9월 25일 밤 9시. 거제 외포리 김영삼의 고향집에 총을 든 괴한 2명이 들이닥친다. 그들은 안방으로 들어가서 자고 있던 김영삼의 아버지와 어머니를 발로 툭툭 차 깨우고는 현금 200만원을 내놓으라고 윽박지른다.

취침 중에 갑자기 당한 일이라 멍하니 앉아 있던 아버지에게 괴한 1명이 총을 쐈다. 총소리와 함께 아버지가 쓰러졌다. 총에 맞은 것이 아니고 잠시 정신을 잃은 것이었다. 어머니는 순간 남편이 총에 맞았다고 생각하고 “돈을 주면 됐지, 왜 사람을 죽이느냐”며 괴한에게 매달린다. 이에 괴한은 어머니를 마루까지 끌고 나와서는 복부에 세 발의 총을 쏜다. 이 사건은 처음에 단순한 강도사건으로 알려졌지만, 뒤에 무장간첩의 소행으로 밝혀진다. 어떻게 하다 간첩이 거제도에 상륙해 숨어 지내다가 더 이상 견디기가 어려워지자 일본으로 밀항을 하려고 하였다. 그런데 밀항을 하자니 배가 필요했고, 그 자금을 마련하려고 김영삼의 집에 들어와 그런 끔찍한 사건을 저지른 것이었다.

한편 신·구파의 대립이 격화되면서 1961년 2월 20일 구파는 민주당을 탈당해 ‘신민당’(新民黨)을 따로 창당한다. 청조(淸潮) 운동에 앞장섰던 김영삼은 창당대회 직후 있은 당직인선에서 원내부총무 겸 중앙당 청년부장을 맡는다.

그러나 신민당이 창당한 지 세 달도 안 된 1961년 5월 16일 박정희가 주도한 군사쿠데타가 일어난다. 국회는 해산되고 정치권은 숨을 죽였다. 쿠데타로 실권을 장악한 군부(軍部)는 1962년 3월 16일과 4월 15일 두 차례에 걸쳐 4,374명의 정치활동 금지 대상자를 발표한다. 김영삼이 포함된 것은 물론이다. 그가 정치규제에서 해금된 것은 이듬해 2월 1일이었다. 정치규제에서 풀린 김영삼은 윤보선이 주도하는 ‘민정당’(民政黨) 창당에 적극 참여한다. 그는 민정당의 대변인을 맡아 윤보선의 대통령 당선을 위해 헌신적 노력을 한다. 그러나 윤보선은 1963년 10월 15일 실시된 대통령 선거에서 공화당의 박정희에 15여 만 표 차이로 패배한다. 하지만 김영삼은 이어 실시된 11월 26일 6대 국회의원 총선거에서 3만 9797표를 얻는 압승을 거둬 3선의원이 된다. 그는 당시 부산의 10개 선거구에서 야당 후보로는 유일하게 당선됐다.

민중당 원내총무로 선출

1965년 6월 14일 야당은 민정당을 중심으로 민주당, 자민당, 국민의당이 통합해서 '민중당'(民衆黨)을 창당한다. 그러나 민중당은 출범 직후부터 심한 내홍(內訌)에 휩싸인다. 6월 22일 한일(韓日) 협정이 정식으로 조인되고, 8월 13일 비준안이 국회에서 통과되자 민중당은 긴급총회를 열어 의원직을 총사퇴키로 결의한다. 이에 민중당 당수 박순천은 소속 의원 61명의 사퇴서를 국회의장 이효상에게 제출한다. 하지만 공화당만이 참석한 정기국회에서 의원직 사퇴서가 반려되자 당내의 강경파와 온건파가 대립하면서 분당의 조짐까지 나타난다.

우여곡절 끝에 10월 11일 원내에 복귀한 민중당 의원들은 의원총회를 열어 탈당한 정성태 원내총무의 후임 선출에 들어간다. 당시 당내에서 원내총무 물망에 오른 인물은 김영삼 외에 고흥문, 유성권, 이상돈 등이 있었다. 경선 초기 네 사람은 서로 각축을 벌이다 사전조정으로 유성권, 이상돈 두 사람이 도중하차한다.

이에 경선은 김영삼과 고흥문의 대결로 압축된다. 표 대결이 불가피했다. 그러나 경선 당일 고흥문이 갑자기 사퇴를 선언한다. 혼자 남은 김영삼은 의원총회의 무기명 비밀투표에서 재석 33명 가운데 29명의 지지를 얻어 원내총무에 당선된다. 그의 나이 37세. 의정 사상 최연소 원내총무였다.

한편 한일협정 비준의 후유증으로 민중당은 분열된다. 윤보선, 정일형, 정해영, 정성태, 윤제술, 김재광 등 당내 강경파들이 민중당을 탈당해 1966년 3월 30일 '신한당'(新韓黨)을 창당한 것이다. 이때 김영삼은 구파 출신이면서도 "당을 깨는 것은 옳지 않다"라고 생각해 신익희, 조병옥 이후 구파를 이끌었던 윤보선의 신한당에 가담하지 않는다.

신한당은 창당과 동시에 윤보선을 총재 및 대통령 후보로 추대한다. 그러나 윤보선이 빠져 나간 민중당은 제 1야당이면서도 대통령 후보감을 찾지 못해 고심하고 있었다. 민중당은 우여곡절 끝에 고려대 총장을 지낸 유진오를 대통령 후보로 영입한다. 유진오의 등장은 갈라진 야당에게 통합의 채찍질이 되었다. 이미 절대 권력을 구축한 공화당의 박정희에 맞서기 위해서는 야당 후보 단일화가 급선무였다. 윤보선과 유진오가 다 같이 출마해서는 승산이 없었다. 이에 윤보선과 유진오는 사회 원로인 백낙준과 이범석을 참석시켜 이른바 '4자회담'을 갖고 야당통합을 결의한다.

이로써 1967년 2월 7일 서울 시민회관에서 민중·신한 양당의 통합전당대회가 열려 '신민당'(新民黨)이 출범한다. 신민당의 대통령 후보로 선출된 윤보선은 5월 3일 다시 한 번 박정희와 재대결을 펼치지만 이번에는 더 큰 표차이로 낙선한다.

이어 6월 8일 실시된 7대 국회의원 총선거에서 김영삼은 부산 서구에서 출마해 공화당의 박규상을 누르고 4선을 기록한다. 그러나 6·8총선거는 박정희의 3선을 위한 개헌선을 확보하기 위한 사상 유례없는 불법선거였다. 이에 신민당은 선거의 전면무효를 주장하면서 등원을 거부했다.

김대중과의 첫 대결서 승리

6개월간의 기나긴 원외투쟁 끝에 신민당은 등원을 결정한다. 원내에 복귀한 신민당은 1967년 11월 29일 본회의가 끝난 뒤 의원총회를 열고 김영삼을 또다시 원내총무로 선출한다. 무기명 투표에서 김영삼은 22표를 얻어 각각 9표씩을 얻은 김대중과 김재광을 눌렀다. 라이벌 김대중과 첫 대결에서의 승리였다.

한편 1967년의 대선과 총선 이후 계속되었던 박정희 정권에 대한 공세를 일단 마무리 한 신민당은 1968년 5월 20일 전당대회를 열고 유진오를 총재로 하는 단일지도체제를 구축한다. 전당대회가 끝난 뒤 총재 유진오는 당직 인선을 단행했는데, 이때 김영삼은 무임소정무위원에 기용됐다.

이어 유진오는 원내총무에 김대중을 지명하고 의원총회에서의 인준을 요청한다. 김영삼은 김대중의 원내총무 지명에 끝까지 반대한다. 당시 김영삼은 4선의원이었고 김대중은 재선의원이었다. 그러나 김대중의 정치적 성장을 예견하고 견제할 필요성을 느꼈다. 김영삼의 반발을 전해들은 유진오는 소속 의원들 집으로 일일이 전화를 돌려 김대중의 인준을 부탁했다. 또 부총재 유진산과 사무총장 고흥문은 의원총회 전날 밤 4시간 동안이나 "당을 위해 인준을 도와 달라"며 김영삼을 설득했으나 마음을 돌리지 못했다.

6월 5일 의원총회 투표 결과 김대중에 대한 원내총무 인준은 41명의 의원 중 찬성 16표, 반대 23표, 기권 2표로 부결된다. 이에 정치적 상처를 입은 유진오 총재는 다시 정성태를 원내총무로 지명하면서 "이번 인준마저 거부되면 총재에 대한 불신임으로 간주하고 나 자신의 거취를 검토하겠다"며 배수진을 쳤다. 그러나 김영삼계의 반발로 정성태마저 거부당하고 말았다.

유진오는 의원총회가 열린 회의실 문을 박차고 뛰어나가려다 주변의 만류로 간신히 분기(憤氣)를 참았다. 회의실에는 험악한 분위기가 감돌았다. 정회가 선포되었다. 김영삼은 자신을 배제한 원내총무 지명에 화가 났지만, 한편으로는 자신이 모셔온 총재 유진오의 뜻을 거스르는 것에 대해 미안한 마음이 들었다. 김영삼은 오후에 속개된 의원총회에서 "오늘 석간신문에서 나를 반란부대의 주동자로 낙인찍고 있지만 본인은 총무로 나설 생각이 없는 만큼 정성태 의원을 유 총재로 하여금 3차로 지명케 해서 투표 없이 만장일치로 인준해 주자"고 호소한다. 김영삼의 발언이 효력을 얻어 정성태에 대한 원내총무 인준은 결국 가결된다.

그러나 이로부터 5개월 후인 11월 16일, 정성태가 원내총무직 사퇴서를 제출함으로써 김영삼은 다시 원내총무에 오른다. 그의 네 번째 원내총무 활동이 시작된 것이다. 이어 이듬해인 1969년 5월 25일 다시 원내총무로 선출된 김영삼은 민중당 이래 다섯 번째 원내총무를 맡는 기록을 세우게 된다. 한국정당사에서 다섯 번의 원내총무 기록은 아직 깨지지 않고 있다.

초산테러 사건

1969년 들어서면서 공화당은 신민당의 강력한 반대에도 불구하고 박정희 대통령의 집권 연장을 위한 3선개헌 추진 의사를 분명히 한다. 이에 신민당은 공화당의 개헌 추진에 맞서 '3선개헌반대범국민투쟁위원회'를 발족하는 등 총력 반대 투쟁에 나선다.

6월 11일 임시국회가 개회되자, 원내총무 김영삼은 13일 '국정전반에 관한 질문'에 나서 "우리나라는 독재국가이며, 3선개헌은 박정희의 종신집권 음모"라며 직격탄을 날린다. 또 "중앙정보부는 국민의 원부(怨府)이며 증오의 대상"이라며 중정(中情)의 공작정치를 정면 공격한다.

다음은 김영삼의 국회 발언 중 중앙정보부에 대해 언급한 국회 속기록의 일부이다.

> "중앙정보부는 우리 국민의 원부요 증오의 대상이요, 위로는 장관으로부터 밑의 말단 면서기에 이르기까지 공무원들은 물론 우리 국민들 전부가 중앙정보부 때문에 못살겠다는 거예요. 몸서리를 쳐! 이 뭐하는 데야요. 도대체 이 중앙정보부 때문에 친구들끼리 제대로 얘기도 하지 못해.
>
> … 제가 알고 있는 지금 하고 있는 일을 대충 얘기하자면 야당사찰, 야당분열, 또 비위에 안 맞는 여당의원들도 마찬가지지만 전화도청, 언론탄압, 사전검열 요따위 짓만 하고 있단 말이야. 이것이 고쳐지지 않는 한 이 나라는 민주주의 국가가 아니야, 독재주의 국가지.
>
> … 중앙정보부가 진짜 할 일, 대공사찰, 간첩을 잡는 일은 안 하고 엉뚱한 안 할 일만 하고 있기 때문에 문제가 생긴 것 아닙니까. 이수근 사건도 마찬가지예요. 이수근이가 홍콩으로 달아나는 것을 알고 있었다고 했지만, 천하 거짓말이예요. 내가 직접 홍콩 가서 들었더니 이수근이가 홍콩으로 빠져 나온 것을 까맣게 모르고 있다가, 미국 CIA가 알려 줘서 안

거예요. 이런 어처구니없는 중앙정보부예요. 이 개헌 음모에 대해서도 제일 중요하게 간여하는 곳이 중앙정보부다, 나는 이렇게 생각합니다.

… 나는 김형욱 중앙정보부장에게 충고합니다. 제 2의 최인규가 되지 않기 위해서, 민족의 영원한 반역자가 되지 않기 위해서 그러한 무리한 짓은 하지 말라 하는 것을 권고하는 것입니다."

김영삼의 국회 발언이 있은 지 며칠 후 사무총장 고흥문으로부터 급한 연락이 왔다. 통행금지 시간이 얼마 남지 않은 시간이었다. 김영삼은 서울역 근처의 다방에서 고흥문을 만났다. 고흥문은 그날 낮 골프장에서 우연히 만난 김형욱의 이야기를 들려줬다. 골프장에서 김형욱이 고흥문의 배를 손가락으로 푹 찌르면서 "김영삼이 배때기에는 칼이 안 들어가나!" 하더라는 것이었다. 노골적인 협박이었다.

그런 일이 있은 지 바로 며칠 뒤, 김영삼의 국회 발언이 있은 꼭 1주일 만인 6월 20일 초산테러 사건이 일어난다.

김영삼은 그날 청진동에 있던 음식점 '장원'(莊園)에서 유진오, 양일동 등과 함께 3선개헌 반대전략을 의논하고 귀가하던 길이었다. 그가 탄 승용차가 90도 각도로 그의 집 앞 골목 어귀를 천천히 커브를 틀면서 들어서고 있었다. 그 순간 세 명의 젊은 남자가 차 앞으로 뛰어 나오더니 갑자기 싸움을 하는 것이었다. 별안간 벌어진 싸움에 차는 멈출 수밖에 없었다.

그 순간 김영삼이 앉아 있는 오른쪽 뒷좌석의 문을 누군가가 잡아당겼다. 김영삼은 순간적으로 문을 꽉 잠갔다. 언뜻 보니 왼손으로 차문을 세게 잡아당기던 괴한의 오른손에는 무언가가 들려있었다. 김영삼은 '테러'를 직감했다. 그는 운전기사에게 "수류탄이다. 차를 전속력으로 몰아"하고 소리쳤다. 차가 급히 내달리는 순간 차 뒤에서 '펑'하는 굉음이 울렸다. 차 문을 열려고 하던 괴한이 손에 들고 있던 물체를 던진 것이다. 확인 결과 그것은 수류탄이 아니라 공업용 초산이었다. 초산의 위력은 대단했다. 초산을 뒤집어쓴 차체의 철판은 녹아 내렸고, 초산이 흘러내린 콘크리트

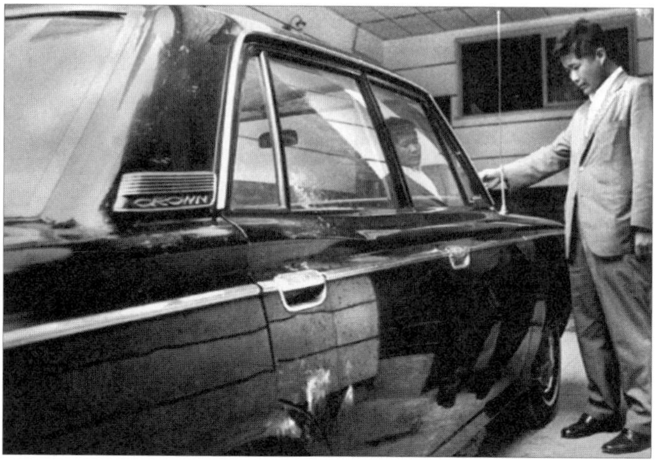

1969년 6월 20일 괴한으로부터 초산테러를 당한 김영삼의 승용차.

바닥은 구멍이 패며 부글부글 끓었다.

그날 밤 서울시경국장 정상천이 김영삼을 찾아와 "범인을 꼭 잡겠습니다"라고 큰소리 쳤지만, 경찰은 끝내 초산테러의 진상을 밝혀내지 못했다. 아니 밝혀 낼 수 없었다.

'40대 기수론' 제창

3선개헌 저지 실패와 유진오 총재의 입원으로 신민당이 위기에 직면해 있던 1969년 11월 8일, 김영삼은 대통령 후보 지명전에 나서겠다고 전격 선언한다. 이른바 '40대 기수론'의 제창이다. 그의 나이 41세 때였다. 성명 발표 전 김영삼은 입원 중이던 유진오 총재와 가까운 소수의 참모들에게만 사전 통고했을 뿐, 그의 계파 선배인 유진산 부총재에게도 자신의 결심을 알리지 않았다.

따라서 김영삼의 전격적인 선언은 당 내외에 커다란 충격을 주었다. 당 원로와 중진들은 당내 보수질서에 대한 정면도전으로 받아들이면서 노골적으로 반대 의사를 표한다. 특히 자신의 지도력이 흔들리는 상황을 맞게 된 유진산이 가장 격노했다. 유진산은 40대 후보론에 대해 "구상유취(口尙乳臭) 한 아이들이 무슨 대통령이냐"며 격한 반응을 보였고, 심지어는 "정치적 미성년자들"이라는 극언을 하기도 했다. 유진산은 자파 당원들에게 김영삼 지명운동에 동조하지 말도록 지시했고, 이재형·정일형 등 다른 계파의 원로들도 이 문제에 있어서는 유진산의 입장에 뜻을 같이 했다. 김영삼의 후원자는 노장층에서는 서범석 의원 정도였고 소장층에서도 조윤형 의원 등 몇몇에 지나지 않았다.

40대 기수론에 대해 찬반양론이 엇갈리는 가운데 해가 바뀌어 1970년 밝았다. 1월 24일 김대중은 기자회견을 갖고 "신민당 대통령 후보 지명전에 나설 용의가 있다"고 밝힌다. 또 2월 12일 이철승도 대통령 후보 지명전에 나설 것을 선언함으로써 김영삼이 제창한 40대기수론은 이제 대세를 형성한다.

이제 대통령 후보 조정문제가 신민당의 최대 난제로 다가왔다. 김영삼은 먼저 40대 세 후보의 단일화를 모색한다. 7월 24일 김영삼의 제의로 세 사람은 인천 올림프스 호텔에서 만나 선의의 경쟁을 다짐하는 서약서에 서명한다. 김영삼 등 40대 후보들의 단일화는 한동안 성과를 거두는 듯했다. 김영삼의 제의로 사무총장 고흥문과 세 후보 측 대표(서범석-김영삼 대리, 홍익표-이철승 대리, 조영규-김대중 대리)가 40대 후보 조정을 위한 기구를 구성했고, 세 후보는 '4인전권위'의 후보 조정에 무조건 승복하기로 합의하기도 했다.

한편 연초(年初)에 총재로 선출된 유진산의 거취도 초미(焦眉)의 관심사였다. 유진산은 "당이 대통령 후보로 나설 것을 명령한다면 십자가를 메겠다"고 출마 의사를 표명하는가 하면, "40대 후보 조정 작업이 9월 24일까지 주효한다면 나의 결심을 고집하지 않겠다"고 조건을 달기도 했다.

유진산이 말한 9월 24일까지 세 사람의 단일화 노력은 끝내 실패로 돌아가고 말았다. 신민당의 대통령 후보 지명대회는 닷새 뒤인 9월 29일로 정해져 있었다. 유진산은 새로운 카드를 전격 제시한다. 자신이 출마를 포기하는 대신 세 사람 중 한 명을 지명할 수 있는 권한을 달라는 것이었다. 이에 김영삼과 이철승은 유진산의 제안을 선뜻 수락한다. 두 사람 모두 내심 유진산의 추천을 자신했던 것이다. 두 사람은 유진산과 오랜 연분이 있었다. 김영삼은 유진산과 3대 국회 이래 줄곧 민주당 구파의 선후배로 계파를 함께 해 온 정치적 동지였다. 또 이철승은 그의 부친과 숙부가 유진산과 학창시절부터 절친한 친구여서 마치 부자지간과 비슷한 세교(世交)가 있었다.

그러나 김대중은 달랐다. 유진산과는 계파도 달랐고 개인적 친분도 전혀 없었다. 김대중은 총재 유진산의 단독 지명권 행사 대신 유진산, 이재형, 정일형, 양일동, 홍익표, 서범석 등 6인으로 구성된 지명단에 추천권을 넘기겠다는 대안을 제시한다. 사실상의 거부였다.

9월 27일 김영삼은 이철승과 함께 그랜드 호텔에서 유진산을 만나 '두 사람 모두 누구를 지명하든지 무조건 당수의 추천에 승복하겠다'는 내용의 서약서에 서명을 한다. 그러나 두 사람의 동상이몽(同床異夢)은 다음날 김영삼의 승리로 매듭 된다. 유진산이 김영삼의 손을 들어 준 것이다.

김대중에게 뼈아픈 패배

총재 유진산의 추천으로 대세는 김영삼으로 쏠린 듯 했다. 당내 제 1계파로 대의원 40%를 장악하고 있던 유진산계 표를 이미 따놓은 셈이었고, 이재형계도 김영삼 지지를 약속했다. 추천에서 탈락한 이철승계도 서약 내용에 묶여 있었다. 여기에 김영삼 직계 대의원들의 표까지 합치면 승리는 당연한 것으로 보였다.

그러나 표결 결과는 예상을 완전 빗나갔다. 1970년 9월 29일, 대통령 후보 지명을 위한 신민당 전당대회의 아침이 밝았다. 오전 9시 50분경 대회장인 시민회관에 도착한 김영삼은 사진기자들에게 포즈를 취하며 한껏

여유 있는 모습을 보인다. 그러나 1차 투표가 끝나면서 김영삼은 뭔가 불길한 예감을 느낀다. 예상을 뒤엎고 두 사람 모두 과반수 득표에 실패한 것이다. 김영삼 421표, 김대중 382표, 백지 82표, 기타 4표로 나타났다. 백지는 대다수가 이철승을 지지하던 표였다. 과반수인 443표에서 22표가 모자랐다. 갑자기 장내가 웅성거렸다.

다시 2차 투표에 들어갔다. 결과는 역전이었다. 이번엔 김대중 458표, 김영삼 410표였다. 과반수에서 15표가 넘은 김대중에게 뼈아픈 패배를 당했다. 의외의 패배를 당한 김영삼은 결과에 깨끗하게 승복한다. 단상에 올라간 김영삼은 마이크를 잡고 장내를 가득 메운 당원들을 향해 큰 소리로 외친다.

> "오늘 우리는 새로운 역사를 창조했습니다. 김대중 씨의 승리는 우리들의 승리이며 나의 승리입니다. 나는 김대중 씨를 위해 거제도에서 무주 구천동까지 전국 방방곡곡 어디든지 갈 것입니다."

대통령 지명전에서 패배하고 그날 밤 김영삼이 선거사무실로 돌아왔을 때 김동영, 최형우, 조윤형 등 선거참모들은 통곡을 하고 있었다. 이때 김영삼은 "내가 아주 죽었느냐? 역사 앞에 더 큰일을 하게 하려고 하나님이 내게 더 큰 고통을 주셨으니, 그것을 달게 받자"면서 주위를 달랬다. 또 그의 패배를 아쉬워하는 경남중고 동문들에게도 "미국 민주당의 존 F. 케네디도 1956년 대통령 후보 지명전에서 패배하고 1960년에 승리했다. 1956년의 후보 지명전에서 낙선한 데 대해 케네디는 '내가 그때 후보가 되었다면 영원히 미국의 대통령이 되지 못했을 것'이라고 했다. 나도 지금 그렇다"며 희망의 말을 전한다.

대통령 후보 지명전에서 패배하기 전까지만 하더라도 김영삼에게는 김동영, 최형우 등 참모 외에 자신의 독자계보라 할 만한 조직을 가지고 있지는 못했다. 언제나 유진산계의 그늘에 있었고, 40대 기수론의 깃발을

든 후에도 유진산계의 방계(傍系)로 분류되는 정도였다. 대선후보 지명전에서의 충격적인 실패는 그로 하여금 독자 계보의 필요성에 눈을 뜨게 만들었다. 이때부터 그는 본격적으로 계보 구축에 나서 유진산 이후 시대를 준비한다. 이것은 원내총무 인준에서 김영삼에 패한 이후 독자 계보를 만들기 시작한 김대중보다 2년이나 늦은 것이었다.

불붙는 당권경쟁

신민당 대통령 후보 지명전의 패배 충격에서 간신히 벗어난 김영삼에게 또 다른 정치적 위기가 닥친다.

1972년 10월 17일, 대통령 박정희가 돌연 전국에 비상계엄을 선포한 가운데 국회를 해산하고 정당 활동을 중단시키는 등 이른바 '10월유신'을 단행한 것이다. 자신의 집권연장을 노린 일종의 친위쿠데타였다. 김영삼은 당시 미국 하버드대 동아시아 연구소의 초청으로 미국에 머물고 있었다. 정변 소식을 들은 김영삼은 서울 집에 전화를 걸었다. 전화를 받은 부인 손명순은 험악한 서울의 정치상황을 전해 주었다. "야당 국회의원들이 계속 구속되고 있다. 조금 전에 김봉조 비서도 잡혀갔다. 사태가 안정될 때까지 귀국을 늦추라"는 간곡한 호소였다. 또 그를 초청한 하버드대 교수들과 미 국무성 고위관리들도 귀국을 적극 말렸다.

그러나 그는 귀국을 결심한다. 대통령을 하겠다고 나선 사람이 혼자만의 안전을 도모하겠다고 미국에 남는다는 것은 비겁한 일이라 생각했다. 서울로 돌아온 그는 한동안 가택연금을 당한다.

한편 제 2차 진산파동과 전당대회 파행 등으로 표류하던 신민당은 10월 유신 이후 유진산 체제가 구축되면서 당내 갈등은 수습국면으로 접어든다. 그러나 유진산 체제는 그리 길지 않았다. 1974년 4월 28일 유진산이 병사(病死)하면서, 신민당의 당권 향방은 전혀 새로운 국면으로 접어든다. 파벌은 난립했지만, 어느 누구도 유진산 이후를 미처 준비하지 못했다. 박정희에 대한 선명투쟁을 줄곧 주장한 김영삼은 이 무렵 당내에서 소수파로 밀려나 있었다. 그의 계보는 황낙주, 최형우, 김동영, 문부식 등 소수에 불과했다. 그러나 그에게도 무기는 있었다. 선명성이었다. 유진산 타협노선의 청산과 선명야당의 재건을 내세운 그에게 국민들의 기대는 컸다.

총재 경선에는 김영삼 외에 이철승, 정해영, 고흥문, 김의택 등 모두 5명이 출사표를 던졌다. 처음엔 유진산계를 계승한 견지동우회(堅志同友會)와 신도환계의 지원을 받는 김의택이 앞서 나갔다. 정해영도 자금력을 바탕으로 무시 못할 세(勢)를 형성했다. 이에 맞서 김영삼은 고흥문과 1차 투표 승자에게 표를 몰아주기로 합의한다.

신민당 총재로 선출

1974년 8월 22일 오후 2시, 신민당의 새 당수를 선출하기 위한 전당대회가 열리고 있는 명동의 예술극장. 대회장 1, 2층을 가득 메운 729명의 대의원들과 50명 가까운 보도진들의 시선이 이제 막 1차 투표 결과를 발표하려는 이충환 전당대회의장에게 꽂히고 있었다. 이윽고 개표 결과가 발표됐다. 김영삼 197표, 김의택 142표, 정해영 126표, 고흥문 111표, 이철승 107표, 무효 46표로 어느 누구도 과반수인 365표에 근접하지 못했다.

정회가 선포됐다. 각 후보 진영에서는 물밑협상이 진행됐다. 먼저 사전합의에 따라 고흥문이 김영삼 지지를 선언하면서 사퇴를 선언했고, 이철승은 사퇴를 밝힌 뒤 김의택 지지에 나섰다.

2차 투표는 오후 3시가 넘어서야 실시됐다. 이번엔 김영삼 324표, 김의택 203표, 정해영 185표, 무효 11표로 나타났다. 김영삼이 또 1위를 했지만 여전히 과반수 득표에는 미치지 못했다. 이제 과반수 득표자를 가리기 위한 3차 결선투표에 들어가야 했다.

1974년 11월 19일 신민당 당사에 개헌추진본부 현판을 걸고 있는 김영삼 총재. 오른쪽은 고흥문 정무회의 부의장, 왼쪽은 유치송 사무총장.

오후 5시 20분경 이충환 전당대회의장이 대회를 속개해서 1, 2위 후보인 김영삼과 김의택에 대한 결선투표를 선언하다. 그러나 이때 김의택 지지파인 신도환계 청년당원들이 단상으로 뛰어 올라 난동을 부리기 시작한다. 이들은 이충환 의장에게 "왜 사회를 편파적으로 보느냐"는 등 폭언을 퍼붓고 삿대질을 하면서 결선투표를 내일로 미루자는 것이었다. 이에 김영삼을 지지하는 대의원들이 "무슨 소리냐. 오늘 해치우자"며 맞고함을 질러 대회장은 아수라장으로 변한다. 이 시간 대회장 밖은 인파로 붐비고 있었다. 신민당 전당대회를 지켜보는 국민들의 눈이었다. 그들은 결선투표가 내일로 미뤄질지 모른다는 소식이 전해지자 "김영삼"을 외치며 '오늘 개표'를 압박했다. 김영삼 캠프는 결선투표가 하룻밤 연기되면 자금 등 여러 면에서 절대적으로 불리하다고 판단했다. 중앙정보부의 개입 가능성도 배제할 수 없었다.

저녁 6시 10분, 논란 끝에 이충환 의장이 대회 속개를 선언한 뒤 두 후보 측에 협상을 주문했다. 그러나 협상은 평행선을 그었다. 김영삼은 결단이 필요하다고 판단했다. 그는 신상발언권을 얻어 단상에 섰다.

"친애하는 대의원 여러분! 장소 제한이 오후 5시까지 돼 있다는 것은 사실이 아니며, 나를 당수로 시키지 않겠다는 음모가 있습니다. 하지만 나 김영삼이는 죽어도 신민당은 죽일 수 없다는 결심으로 눈물을 머금고 대회 연기에 합의했습니다."

우레와 같은 박수가 터져 나왔다. 대회장의 분위기는 김영삼 쪽으로 기울었다. 이에 정해영이 김영삼 지지를 표시한다. 대세가 완전히 기울자 결국 김의택도 신상발언을 얻어 사퇴를 선언한다.

이에 이튿날 명동 예술극장에서 다시 열린 임시전당대회에서 김영삼은 신민당의 새 총재로 선출된다. 그의 나이 47세 때였다. 1955년 이후 민주당 신익희는 61세, 조병옥은 62세, 장면은 60세였고, 민정당 윤보선은 66세, 신민당의 유진산은 65세에 야당 당수가 된 것에 비하면 15년 이상 빠른 나이였다.

이로써 김영삼은 최연소 국회의원, 최연소 원내총무, 최다선 원내총무에 이어 최연소 야당 당수라는 또 하나의 기록을 세우게 된다.

박정희와 영수회담

인도차이나 사태가 급박하게 전개되던 무렵, 공화당이 국내외 안보정세와 관련해서 신민당에 정치휴전을 제의한다. 이에 신민당 총재 김영삼은 1975년 4월 25일 박정희와의 영수회담을 정식으로 제안한다. 총재 취임 후 8개월 만의 일이었다.

우여곡절 끝에 5월 21일 여야(與野) 영수회담이 열린다. 넓은 대통령 집무실에서 박정희와 단독 대좌한 김영삼은 먼저 지난해 타계한 영부인 육영수 여사에 대해 조의를 표한다. 김영삼의 인사를 받은 박정희는 쓸쓸한 표정을 짓더니, 창밖의 새를 가리키면서 "김 총재, 내 신세가 저 새와 같습니다"면서 손수건을 꺼내 눈물을 닦는 것이었다. 김영삼은 인간적으로 측은하다는 생각이 들었다. 감정을 추스른 박정희는 지도를 꺼내 놓고 한반도와 그 주변 정세를 김영삼에게 설명해 주었다. 박정희의 설명이 끝나자 김영삼은 "유신헌법을 빨리 개정해서 멋진 민주주의 한번 해 봅시다"

1975년 5월 21일 청와대에서 열린 여야 영수회담에 앞서 박정희 대통령과 악수를 나누고 있는 김영삼 신민당 총재.

며 말을 꺼냈다. 대화는 상당히 길어졌다.

다음은 김영삼이 1987년에 펴낸 자신의 저서 《나의 결단》에서 밝힌 대화 내용의 일부다.

> 박 대통령은 "김 총재"하고 불러놓고는 한동안 말을 끊었다.
>
> "김 총재 나 욕심 없습니다. 집사람은 공산당 총 맞아 죽고 이런 절간 같은 데서 죽고 살기로 오래 할 생각 없습니다. 민주주의, 해야지요. 김 총재, 날 믿으십시오. 민주주의 꼭 할 겁니다. 그러나 한국 사람들, 문제가 있어요. 권력을 내놓겠다고 하면 새로 권력을 잡게 될 사람에게 몰려 통치가 되지 않아요. 그러니 이 얘기는 우리끼리 한 걸로 그칩시다."
>
> 나는 이때 박 대통령의 말을 믿었다. 그때의 분위기가 그랬고, 비명에 간 아내를 거론하면서 눈물을 보이고, 인생의 허무함을 이야기 한 뒤의 말이고 해서, 민주주의 하겠다는 말을 정치지도자의 굳은 약속으로 받아들였다.
>
> 그때 박 대통령의 말투로 미루어 나는 그의 대통령 임기가 끝나기 전에, 즉 1978년 이전에 유신헌법을 개정할 모양이라고 생각했다. 그러나

박 대통령은 그 뒤 이상한 방향으로 나오기 시작했다.

회담 내용에 대해서 두 사람은 일체 구체적인 내용을 공개하지 않았다. 김영삼은 이튿날 신민당 확대간부회의에서 "국정 전반의 모든 문제에 대해 진지하고 격의 없는 충분한 의견을 교환했다"고 말했을 뿐이다. 김영삼이 사적인 자리에서 조차 박정희와의 회담 내용을 발설하지 않자, 그는 이철승 등 당내 비주류로부터 심한 공격을 받았다. 또 당내외에 밀약설 등 구구한 억측이 나돌기도 했다.

각목 전당대회

신민당은 1976년 새해를 맞으면서 치열한 당권경쟁에 빠져든다. 이철승, 고흥문, 정해영, 신도환, 김원만, 정운갑 등 비주류 6개 계파는 김영삼의 독주를 막기 위해 단일지도체제를 집단지도체제로 바꾸는 작업에 나서는 한편 전당대회에서의 행동통일 등 연합전선에 합의한다. 이 같은 비주류 측의 움직임에 대해 김영삼계는 자파 결속과 외연(外延) 확대에 나서게 된다. 1월 17일 재야 영입 몫으로 남겨두었던 2명의 정무위원에 3선 개헌을 반대하고 공화당을 탈당한 김달수와 예비역 육군준장인 윤혁표를 임명한다. 또 당외인사 몫인 중앙상무위원 30명도 자파 인사로 임명한다.

양측의 당권 경쟁은 5월 25일 전당대회를 앞두고 4월 1일부터 시작된 전국 72개 지구당 개편대회를 계기로 더욱 가열된다. 일부에서는 폭력사태가 벌어지기까지 한다. 폭력사태는 전당대회를 사흘 앞둔 5월 22일 최악의 상황을 맞는다. 김영삼의 주류 측이 비주류의 저지에도 불구하고 대의원 접수를 시작하자, 비주류 '주먹' 150여 명이 쇠파이프를 들고 중앙당사에 난입해 당사를 점거한다. 폭력배들은 먼저 당사의 모든 전화선을 끊고 집기를 부순 뒤 3층 조직국으로 몰려갔다. 대의원 명부를 탈취해 대회를 저지하기 위해서였다. 이들은 대의원 명부를 찾지 못하자 당사에 있던 총무국장 황명수, 조직국장 김동영, 조직부국장 서석재 등을 2층 총무국에 감금했다. 이어 주먹부대의 행동대장이 나타나 협박을 가하기 시작했다. "이 새끼들, 무릎 꿇어!"라며 욕설부터 퍼부어 댔다. 이들의 난동은 결국 여섯 시간이 지난 밤 11시 무렵 경찰이 당사를 포위하자 자진철수 함으로써 마무리 된다.

이 과정에서 주요 당직자들과 함께 2층 총재실에서 전당대회 대책을 협의 중이던 김영삼도 황급히 총재실 뒤쪽 비상구를 통해 3m 아래에 있는 '안동복국' 식당의 지붕으로 뛰어내려 피신한다. 그는 이때 발을 잘못 딛는 바람에 왼쪽 발목을 다쳤다.

당은 파국으로 치닫고 있었다. 전당대회가 열리는 5월 25일. 이른 새벽부터 주류와 비주류 측은 서로 대회장을 차지하기 위해 수차례 폭력과 몸싸움을 벌인다. 비주류 측이 각목부대까지 동원했다. 그들의 손에는 '거제도야 말하라, 김영삼 독재를' 등의 피켓이 들려 있었다. 주류 측도 이에 맞서 육탄전을 벌이면서 대회장은 아수라장으로 변한다. 결국 비주류 측의 폭력에 의해 주류 측이 쫓겨나고 만다. 대회장인 시민회관을 차지한 비주류 측과 대회장소를 관훈동 중앙당사로 바꾼 주류 측은 각각 전당대회를 열었다. 비주류 측은 집단지도체제의 당헌개정안을 채택하여 최고위원 인선을 위한 10인 전형위원회를 구성했다. 주류 측은 단일지도체제 당헌개정안을 통과시킨 뒤 김영삼을 만장일치로 총재에 재추대한다. 1972년 유신선포 직전 유진산과 김홍일이 각각 따로 개최한 반당대회(半黨大會)의 망령이 다시 되살아나는 순간이었다.

홍역을 치른 신민당은 우여곡절 끝에 9월 15일과 16일 이틀 동안 서울 시민회관에서 수습전당대회를 연다. '각목대회' 이후 112일 만이었다. 15일에 이철승, 신도환, 유치송, 고흥문, 김재광 등 6명의 최고위원을 선출했고, 이어 16일에 대표최고위원을 선출키로 되어 있었다.

총재 재선에 도전하는 김영삼과 도전자 이철승, 그리고 비주류 원로 정일형 등 3명이 후보로 나섰다. 1차 투표 결과 김영삼 349표, 이철승 263

표, 정일형 134표였다. 아무도 과반수를 넘지 못했다. 김영삼이 1위를 차지했으나 정일형표가 비주류 표인 만큼 결선투표는 예측불허였다. 3위 정일형이 이철승 지지를 선언하며 사퇴를 선언했다. 대회장은 긴장감에 휩싸인다. 김영삼의 표정이 일그러졌다. 긴급히 대책을 협의했지만 별 뾰족한 수가 없었다. 대세는 이미 기울었다. 개표 결과 이철승 389표, 김영삼 364표였다. 김영삼의 쓰라린 역전패였다.

2. 표차 역전의 드라마

신민당의 대표로 선출된 이철승은 '중도통합론'(中道統合論)을 기반으로 참여 속의 개혁을 표명하면서 유신체제에 대해 온건적 입장을 견지한다. 이철승의 타협노선이 가장 적나라하게 드러난 것은 이른바 '백두진 파동' 때였다. 백두진 파동은 박정희가 유정회(維政會: 통일주체국민회의에서 선출) 출신인 백두진을 10대 국회의장으로 지명함으로써 발단이 됐다. 신민당은 처음 본회의장 퇴장 등 강경투쟁을 방침을 세웠다. 그러나 이철승은 공화당의 압력에 굴복하고 만다. 공화당과의 굴욕적 협상에 반발한 신민당 대다수 의원들의 퇴장에도 불구하고, 이철승 등 당 지도부는 백두진 의장을 선출하는 본회의에 참석한다.

김영삼은 1979년 5월 30일로 예정된 전당대회를 벼른다. 이철승의 타협노선에 대한 타토를 결심한 것이다. 신민당의 당권경쟁은 처음 김영삼, 이철승 외에 신도환, 김재광, 조윤형, 이기택, 박영록 등이 출마를 선언해 난립양상을 보였다. 하지만 7명으로 난립되었던 경쟁은 점차 김영삼 대 이철승의 양자대결 구도로 좁혀진다. 김영삼 지지를 선언한 김대중의 설득에 따라 김재광, 조윤형, 박영록이 김영삼 지지를 선언하며 사퇴의사를 밝혔다. 또 과거에 김영삼과 우호관계에 있던 이충환, 고흥문, 정해영은 이철승 지지를 선언한다.

1979년 5월 30일. 마포 당사에서 열린 신민당 전당대회에 온 국민의 눈과 귀가 쏠렸다. 거리의 라디오가 대회 소식을 알릴 때마다 시민들은 발걸음을 멈추고 귀를 쫑긋 세웠다. 5월이었지만 날씨는 유난히 무더웠다. 대회장 안에 들어갈 수 없었던 시민들은 마포 당사 바깥에서 밖에도 스피커를 달아 달라고 소리쳤다.

1979년 5월 30일 열린 신민당 전당대회에서 이철승과 2차 투표까지 가는 접전 끝에 총재에 당선된 뒤 대의원들의 환호에 답하는 김영삼. 뒤쪽에 조윤형의 모습이 보인다.

드디어 오후 2시 50분부터 총재 선출에 들어갔다. 1차 투표 결과 이철승 292표, 김영삼 267표, 이기택 92표, 신도환 87표로 나타났다. 아무도 과반수를 득표하지 못했다. 2차 투표를 앞두고 숨막히는 막후협상이 진행됐다. 이기택, 신도환의 표가 어디로 갈 것인가가 승패의 갈림길이었다.

당사 밖에 진을 치고 있던 군중들의 수는 점점 늘어갔다. 그들은 "김영삼"을 연호(連呼)했다. 이철승은 짜증스런 표정으로 "나치가 의사당을 포위하는 식이냐"며 불만을 터뜨렸다. 김영삼은 이기택을 끌고 창가에 섰다. 군중들이 일제히 함성을 질렀다. "김영삼" 구호와 함께 "이기택" 구호도 함께 울려 퍼졌다. 김영삼은 이기택에게 간절히 호소했다. "이 동지, 저 소리가 들리지 않소? 저것이 신민당에 보내는 국민들의 함성이오." 마침내 이기택이 김영삼의 손을 잡았다. 두 사람이 함께 대회장 안의 통로를 지나가자 우레와 같은 박수와 환호성이 터져 나왔다. 한편 신도환은 이철승 지지로 돌아섰다. 2층 대의원석에 앉았던 청년당원 한사람이 "신도환, 사쿠라"라고 소리쳤다. 신도환계의 청년당원들이 그를 복도로 끌어내 마구 두들겨 팼다.

개표가 시작되었다. 개표가 끝나갈 무렵 김영삼 측 감표요원이 감격에 겨운 소리를 질렀다. "우리가 이겼다. 김 총재 만세!" 순식간에 대회장은 흥분의 도가니로 변했다. 김영삼 378표, 이철승 367표, 이기택 4표, 신도환 2표. 김영삼이 과반수에서 단 2표를 더 얻었다.

숨 가빴던 8시간의 대회. 그것은 한편의 역전 드라마였다.

가처분결정과 제명처분

신민당 당권을 탈환한 김영삼은 윤보선과 김대중을 상임고문으로, 유진오와 이철승을 고문으로 추대한다. 부총재에는 이민우, 박영록, 조윤형, 이기택을 지명한다. 또 무소속 의원들과 접촉을 갖고 한병채, 박찬, 오세응, 손주항, 김현규, 이상민, 예춘호 등 7명을 입당시켜 당세를 확장한다.

한편 YH사건의 여파로 신민당 의원들이 농성에 돌입하는 등 정국이 극도의 긴장국면으로 빠져들고 있던 1979년 8월 13일, 원외지구당 위원장인 유기준, 윤완중, 조일환 등 3명이 합동으로 서울민사지법에 김영삼 총재를 비롯한 총재단 전원에 대한 집행정지가처분 신청을 제출함으로써 파란(波瀾)을 예고한다. 이들은 공민권이 회복되지 않아 당원 자격이 없는 조윤형, 김한수, 조연하, 황명수 등 25명이 5·30 전당대회에 참가해 김영삼을 지지하였는데, 김영삼의 당선은 무자격 대의원들의 투표 참가에 의해 이루어졌으므로 무효라고 주장했다. 이에 대해 신민당은 8월 18일 당기위원회를 열어 이들 3명을 해당행위자로 규정해 제명처분을 내린다.

그러나 서울민사지법은 9월 8일 판결을 통해 "총재선출의 무효확인 등 본안소송 판결확정 전까지 김영삼은 신민당 총재의 권한을, 이민우·박영록·이기택·조윤형은 부총재의 권한을 행사해서는 안 된다. 이 기간 중 정운갑을 신민당의 총재직무대행에 선임한다"는 직무집행가처분 결정을 내리게 된다. 정운갑은 총재직무대행직을 수락했다. 이때부터 신민당은 '정치적 총재 김영삼'과 '법적 총재 정운갑'의 기형적인 이원체제로 운영되기 시작했다.

한편 가처분 파동으로 정국 경색이 계속되고 있던 혼란의 와중에 김영삼의 9월 16일자 〈뉴욕타임스〉 회견내용이 국내에 알려져 큰 파문을 일으킨다. 다음은 회견문 가운데 문제가 된 대목이다.

> 김영삼 총재는 "이란은 미국의 크나큰 외교적 불행이었다"고 논평하면서 테헤란 주재 미국대사관의 실책에 대해 언급하고, 미국대사관이 작년 팔레비 정부의 약점을 국무성에 경고하지 못한 점을 지적했다. 그는 "나는 미국대사관이 한국에서 이란과 같은 전철을 밟지 않기를 바란다"고 말했다.
>
> 김 총재는 "내가 미국 관리들에게 미국은 공개적이고 직접적인 압력을 통해서만이 박 대통령을 제어할 수 있다고 말할 때마다 그들은 한국의 국내정치 문제에 간여할 수 없다고 대답했다"고 밝혔다. "이것은 납득이 안가는 논리다. 미국은 우리를 보호하기 위해서 3만 명의 지상군을 파견하고 있는데, 그것은 국내문제에 대한 간여가 아니란 말인가"라고 덧붙였다.

박정희 정권은 회견 내용을 문제 삼고 나왔다. '공개적이고 직접적인 압력'이라는 부분이 "사대주의에 입각한 국위손상 발언"이라는 것이었다. 9월 22일 공화당과 유정회는 소속 의원 전원의 이름으로 김영삼에 대한 징계동의안을 국회에 제출했다. 외국 여행 중인 여당 의원들에게는 귀국 명령이 내려졌고, 출국 예정인 의원들은 일정을 조정해야 했다.

박정희 정권이 제명(除名)을 하기로 한 전날인 10월 3일, 중앙정보부장 김재규가 아침 일찍 김영삼에게 전화를 걸어 왔다. 할 얘기가 있으니 꼭 한번 만나자는 전화였다. 같은 김녕(金寧) 김씨로 종씨(宗氏)인 두 사람은 약수동 중정부장 공관에서 마주 앉았다.

김영삼 "무슨 얘긴지 말해 보시오."

김재규 "이대로 가다가는 이 나라도 총재님도 불행해집니다. 어떤 일이 있어도 막아야 됩니다."

김영삼 "나보다 박정희가 먼저 죽을 거요. 김 부장도 조심하시오."

김재규 "내일 아침에 국회에 나갈 때 잠깐만 기자실에 들렀다가 가 주시면 좋겠습니다. 회견 내용이 와전되었다고 한마디만 해주시면 … ."

김영삼 "절대 그럴 수는 없소. 뉴욕타임스 기사는 분명히 내가 한말이고 사실인데, 왜 취소를 해. 나는 제명을 택하겠소. 구속을 한다 해도 전혀 두렵지 않소."

10월 4일 오후, 공화당과 유정회는 여당 의원총회실로 본회의 장소를 옮겨 여당 의원들만 참석한 가운데 18분 만에 김영삼에 대한 국회의원직을 제명 처리했다. 의정사상 첫 제명 처리였다. 제명 처리가 있은 뒤 김영삼은 미리 준비한 성명서에서 "순교(殉教)의 언덕 절두산(切頭山)을 바라보는 이 국회의사당에서 나의 목을 자른 공화당 정권의 폭거는 저 절두산이 준 역사의 의미를 부여할 것입니다. 나는 잠시 살기 위해 영원히 죽는 길을 택하지 않고, 잠시 죽는 것 같지만 영원히 살 길을 선택할 것입니다"며 결연한 태도를 보인다.

김영삼의 제명에 대해 10월 13일 신민당 의원 66명 전원도 국회의원 사퇴서를 제출했으며, 양일동 · 김녹영 · 김현수 등 통일당 의원 3명도 동조했다.

김영삼에 대한 제명은 마침내 그의 정치적 연고지인 부산과 마산에서의 격렬한 시위를 유발하게 되었다. 이른바 '부마(釜馬) 항쟁'이었다. 이러한 정국의 혼란 속에서 10월 26일 박정희가 그의 심복인 중앙정보부장 김재규에게 피살됨으로써 18년 동안의 박정희 시대는 막을 내린다.

짧았던 서울의 봄

1979년 10월 27일 새벽 4시 반경, 김영삼은 요란한 전화벨 소리에 잠을 깼다. 미국에 사는 한 교포가 걸어 온 전화였다. "무슨 일로 이 꼭두새벽에 …"라는 말이 채 끝나기도 전에 "총재님, 지금 텔레비전을 보고 있는데 박 대통령이 암살 되었답니다"라는 다급한 말이 들려왔다. 김영삼은 깜짝 놀랐다. 만감(萬感)이 교차했다. 그는 누구보다 박정희를 싫어했고, 가장 선두에 서서 박정희 정권에 항거했다. 그러나 총재직 가처분 철회로 다시 신민당 총재직을 회복한 그는 박정희의 빈소를 찾았고 11월 3일 장례식에도 참석했다.

12월 7일 긴급조치 9호가 4년 7개월 만에 해제되었다. 더불어 김대중의 연금조치도 해제되었다. 꽁꽁 얼었던 정국이 녹아내리기 시작했고, 시대는 '서울의 봄'을 향해 한걸음씩 내딛기 시작했다. 그러나 봄을 향해 나아가는 정국에 신군부의 군홧발 소리가 들려왔다. 전두환을 중심으로 하는 정치군인들이 정승화 계엄사령관을 제거하는 숙군(肅軍) 쿠데타를 일으킨 것이다. 이른바 '12 · 12사태'다. 하지만 신군부의 움직임은 밖으로 명확하게 드러나진 않았다. '감(感)의 정치인'이라 불리는 김영삼도 신군부의 권력욕을 미처 감지하지 못했다. 당시 그는 전두환을 경계해야 한다는 박영록 부총재의 진언에 대해 "전두환이라는 사람은 모범적인 군인이고 평이 좋다. 같은 경상도 사람인데 내가 그를 잘 안다. 당신이 잘못 봤다. 시국 돌아가는 것을 그렇게 모르느냐"며 오히려 나무랄 정도였다. 따라서 김영삼은 김대중과의 치열한 대권경쟁에만 몰두한다. 여기에 구(舊) 여권의 김종필도 가세했다. '3김시대'(三金時代)의 막이 열린 것이다.

그러나 1980년 서울의 봄은 그리 길지 않았다. 12 · 12사태로 군권(軍權)을 장악한 신군부가 5월 17일을 기해 비상계엄을 전국으로 확대하는 비상조치를 단행했던 것이다. 5월 20일 아침 8시경, 헌병 중대병력이 김영삼의 상도동 자택을 에워쌌다. 그중 20여 명이 대문을 밀치고 들어와

1980년 2월 25일 김영삼, 김종필, 정일권, 김대중(왼쪽부터)이 김상만 동아일보 회장이 인촌기념관에서 주최한 만찬에 참석해 기념촬영을 하고 있다.

마당에 쭉 늘어섰다. 군 책임자는 "이 시간부터 가족 이외의 출입은 금지한다. 기자, 비서, 당원, 그리고 친척들도 모두 나가라"며 집안에 있던 사람들을 몰아냈다. 1차 가택연금의 시작이었다. 무장병력에 의해 가택연금을 당한 김영삼은 답답했다. 정치지도자로서의 기자회견과 성명 발표 등 최소한의 입장 표명조차도 봉쇄당했다. 참모인 김동영도 최형우도 보안사에 끌려갔다. 그가 할 수 있는 일은 아무것도 없었다. 8월 13일 그는 정계은퇴 성명을 발표한다.

제5공화국의 정치일정은 각본대로 착착 진행됐다. 여당인 민정당(民正黨)의 1중대인 민한당(民韓黨)과 2중대인 국민당(國民黨)이 만들어졌다. 관제(官製) 야당이었다. 많은 야당인사들이 민한당으로 발걸음을 옮겼다. 그중에는 그의 계파에 속했던 신상우, 서석재, 심완구, 김현규 등도 들어있었다.

23일간의 단식투쟁

1981년 5월 1일, 1년여 만에 김영삼에 대한 가택연금이 해제된다. 그가 연금에서 풀린 직후, 하루는 김동영과 정채권 목사가 찾아와 등산을 권유한다. 이에 6월 9일 김영삼은 김동영, 최형우, 문부식, 김덕룡 등과 함께 북한산으로 첫 산행에 나선다. 민주산악회(民主山岳會)는 이렇게 시작되었다. 김영삼은 고문으로 추대되었다. 회장에는 이민우, 부회장에는 김동영과 최형우가 선출됐다. 매주 목요일 산행을 통해 뿔뿔이 흩어졌던 옛 동지들이 다시 모였다. 정보기관의 탄압과 방해에도 불구하고 전국적으로 조직이 점차 확대되어 갔다.

민주산악회 활동과 각종 집회 참석 등을 통해 활동 반경을 넓혀가던 김영삼은 1982년 5월 31일 또다시 가택연금을 당한다. 2차 가택연금이 계속되던 10월 17일, 장남인 은철의 결혼식 날이었다. 결혼식 전날 관할 경찰서장이 김영삼의 상도동 집을 찾았다.

서장	"내일 자제분 결혼식에 가셔야죠. 제가 모시고 가겠습니다."
김영삼	"바깥에 있는 병력이 철수하는 거요? 연금이 해제되는 거요?"
서장	"한 시간 동안만 제가 안내하겠습니다."
김영삼	"무슨 말이지? 국민들은 내가 연금된 줄도 모르고 있는데, 마치 그동안 내가 자유롭게 지내고 있는 것처럼 선전하려는 건가?"

김영삼은 단호히 거부했다. 다음날 아침 경찰서장이 다시 찾아왔지만, 그는 "나는 이 정권 도와주는 일 안해. 결혼식엔 안 가!"라며 호통을 쳐서 쫓아 버렸다.

한편 김영삼은 광주항쟁 3주년을 맞은 1983년 5월 18일 목숨을 건 단식(斷食)투쟁에 들어간다. 그는 성명서를 통해 "광주사태와 민주투쟁에서 희생된 사람들의 고통에 동참하기 위해, 전두환 독재정권에 저항하기 위해 이 투쟁을 전개한다"고 밝히면서, 모든 정치인의 정치활동 보장 등 5개항에 관한 요구 조건을 내걸었다. 그러나 그의 단식 돌입 소식은 국내언론에 전혀 보도되지 않았다. 전두환 정권의 보도지침 때문이었다. 당일 신문의 톱기사는 반달곰 밀렵 사건이었다. 그리고는 단식 이틀이 지난 5월 20일 모 일간지 정치 가십난에 "최근의 '정세흐름'과 관련, 정가 일각은 19일부터 신경을 쓰는 눈치 …" 등의 표현으로 보도되었다. '정세흐름'이라는 것이 과연 무엇인지 국민들은 아리송할 뿐이었다. "대체 정세흐름이라는 것이 뭐요" 궁금증을 못 이긴 독자들의 전화가 신문사에 쇄도했다. 그나마 다른 신문들에는 그 비슷한 표현마저도 없었던 시절이었다. 그러나 단식이 하루 이틀 사흘 계속되면서 그의 소식은 사람들의 입을 통해 세상에 퍼져나갔다. 문익환 함석헌 홍남순 예춘호 등 재야인사들도 동조단식에 들어갔다. 김수환 추기경, 윤보선 전 대통령 등 사회지도자들의 방문도 잇따랐다. 그들은 김영삼의 단식을 간곡하게 만류했다.

단식 23일째. 김영삼은 "나의 투쟁은 끝난 것이 아니라 이제 겨우 시작을 알렸을 뿐이다"는 성명을 발표하고 단식중단을 선언한다. 인도의 간디보다 2일이 더 많은 단식기록이었다.

민추협 결성

김영삼의 단식은 그가 김대중과 다시 연대를 맺는 계기가 된다. 김영삼은 한 재미교포를 통해 미국의 김대중과 연락을 취해 1983년 8월 13일 '민주화 투쟁은 민족의 독립과 해방을 위한 투쟁이다'라는 제목의 성명서를 서울과 워싱턴에서 동시에 발표한다.

8·15 공동선언을 계기로 화해 분위기가 무르익어 가던 1983년 가을경 김영삼은 김대중계 인사들에게 민주화 운동의 연합전선을 제안한다. 당시 김영삼의 상도동계는 이미 민주산악회를 조직해 제한적이나마 민주화 운동을 벌이고 있었지만, 김대중의 동교동계는 계파 보스의 부재(不在)로 인해 제각각 흩어진 상태에서 예춘호, 김상현, 박영록, 박종률, 양

순직, 박종태, 김녹영, 조연하 등이 한 달에 한 번 정도 계모임 형식으로 만나 시국에 관한 의견을 나누고 있던 상황이었다.

우여곡절 끝에 양측은 상도동계의 김영삼, 김동영, 최형우, 김명윤과 동교동계의 김상현, 김녹영, 조연하, 예춘호 등으로 '8인위원회'를 구성하고, 민주화추진협의회(이하 '민추협'으로 약칭)를 결성키로 합의한다. 김영삼이 공동의장, 김대중이 고문, 그리고 김대중이 귀국할 때까지 김상현이 공동의장대행을 맡기로 했다. 민추협은 김영삼의 단식투쟁 1주년이 되는 1984년 5월 18일 서울 외교구락부에서 발기인 모임을 갖고 정식 출범한다. 민추협은 김영삼의 상도동계와 김대중의 동교동계의 연합체 성격을 띠었지만, 공화당 출신의 김창근·박찬종·김수와 유정회 출신의 조홍래, 그리고 김철 등 혁신계 정당 관계자들도 일부 합류했다.

민추협은 사무실을 얻는 데도 곡절이 많았다. 정권의 눈치를 본 건물주들이 임대를 꺼렸기 때문이다. 김영삼은 비서인 홍인길을 시켜 어렵사리 보신각 뒤편의 관철동 대왕빌딩 13층을 1년간 임대계약 했다. 그런데 한 달쯤 지나서 들통이 났다. 민추협이라는 것을 안 건물주가 일방적으로 해약을 통보하고 책상, 의자, 전화기 등 집기를 모두 들어내고 사무실 출입문을 폐쇄시켜 버린 것이다. 그래서 민추협 사무실 개소식을 하던 7월 12일에도 출입문 자물쇠를 뜯어내고 들어가야 했다. 숨겨진 집기를 찾아내 며칠 만에 다시 제자리에 옮겨 놓으면, 또 며칠을 못 넘겨 집기가 사라지기를 서너 차례 반복했다. 이 때문에 민추협 출범 초기 두세 달 동안은 텅 빈 사무실 바닥에 비닐 돗자리를 깔고 앉아 회의를 해야 했다.

11월 30일 3차 해금(解禁)이 발표되자, 민추협에서는 신당 창당을 추진할 것이냐, 아니면 총선을 보이콧 할 것이냐를 놓고 의견이 엇갈렸다. 김대중과 재야운동권 쪽에서는 대체로 선거 참여에 부정적이었다. 그러나 김영삼은 다음과 같은 논리로 선거참여론을 강력하게 주장한다.

"선거 거부운동은 언론자유가 없는 이런 시국에선 그걸 시작했다는 1단

기사로 끝나고 만다. 4년 만에 한 번뿐인 이 기회를 놓쳐서는 안 된다. 선거에 참여하면 합법적으로 반독재 운동을 벌일 수가 있고, 합법적으로 군중이 모일 수 있으며, 이 정권의 부정을 폭로하는 자유도 보장된다."

결국 12월 11일 민추협은 신당 추진과 신당을 통한 선거투쟁을 선언한다. 민추협의 신당 창당에 이철승 등 비민추협도 힘을 보탰다. 이에 1985년 1월 18일 서울 앰버서더 호텔에서 대의원 532명이 참석한 가운데 신한민주당(新韓民主黨: 이하 '신민당'으로 약칭) 창당대회를 연다. 창당대회에서는 총재에 이민우, 부총재에 김녹영 · 이기택 · 조연하 · 김수한 · 노승환을 선출했다.

2 · 12총선, 신민당 돌풍

창당을 마친 신민당은 2 · 12총선에 대비한 조직책 선정에 들어가 짧은 시간 안에 대부분 지역구 공천을 마무리 하고 본격적인 선거체제에 들어간다. 이 무렵 신민당은 국민들의 제도권 야당에 대한 불신과 선명야당에 대한 기대감으로 나름대로 바람을 일으키고 있었지만 아직 그 바람은 미풍(微風)에 불과했다.

이러한 상황에서 신민당은 폭풍을 일으킬 기폭제가 필요했다. 김영삼은 2 · 12총선의 승부처를 서울 종로 · 중구로 잡았다. 종로 · 중구는 서울의 한복판에 위치해 정치 1번지로 불리는 곳이었다. 김영삼은 총재인 이민우를 출전선수로 지목했다. 종로 · 중구는 민정당의 이종찬과 민한당의 정대철이 철벽 아성을 구축해 놓고 있어 결코 쉽지 않은 곳이었다. 그곳에 아무런 연고나 지역기반이 없는 이민우를 출마시킨다는 것은 커다란 모험이었다. 이민우가 수락할지도 의문이었다. 김영삼은 비서실장 김덕룡을 보내 의중을 떠보았으나 이민우는 "고희(古稀)를 넘긴 나를 사지(死地)로 보내려 하느냐"며 완강하게 거절했다. 김영삼은 부산 지구당대회에 참석하고 있던 이민우를 직접 만나기 위해 부산행 비행기에 올랐다. 밤 8시, 김영삼은 이민우가 묵고 있는 서라벌호텔로 달려갔다.

김영삼 "아무래도 인석(仁石: 이민우의 아호)이 종로·중구에 나가야 하겠어요."

이민우 "그렇잖아도 얘기 들었습니다. 하지만 그게 말이나 됩니까. 나는 국회의원에 그렇게 연연하지 않습니다. 전국구 1번도 않겠으니 제발 나를 나무 위에 올려놓고 흔들지 마시오."

김영삼 "절대 그렇지 않아요. 국회의원이 문제가 아닙니다. 민주화를 위한 도전입니다. 인석은 평소 민주화를 위해서 희생하겠다고 말하지 않았습니까. 그런데 패배가 두려워 종로·중구를 피한다면 지금까지 해 온 말이 어떻게 됩니까. 절대 이길 수 있습니다. 확신을 가지세요."

이민우 "좋습니다. 이 나라 민주화를 위해 이 한 몸 바치겠습니다."

포도주 '마주앙' 두 병을 마시면서 격론을 벌인 담판은 자정 무렵이 되어서야 끝났다. 신당 돌풍의 진원지인 종로·중구에 이민우의 출마가 결정되는 순간이었다. 종로·중구를 승부처로 선택한 김영삼의 판단은 정확하게 적중했다. 이민우 바람은 폭풍을 넘어 태풍으로 변했고, 그 태풍은 전국으로 번져갔다.

2월 12일 국회의원 선거의 개표함이 열리자 세상은 경악했다. 창당한 지 불과 25일 밖에 안 된 신민당이 지역구 50석, 전국구 17석 등 67석을 얻어 35명을 당선시킨 제 1야당 민한당을 압도적으로 누른 것이다. 더구나 서울, 부산 등 대도시에서는 여당인 민정당마저 압도했다. 2·12총선으로 폭발한 민심의 위력은 관제야당인 민한당의 붕괴를 가져왔다. 민한당 당선자 35명 가운데 29명이 총선 2개월도 채 안된 4월 3일 민한당을 탈당해 신민당에 입당했다. 이에 신민당은 일약 103석의 의석을 확보해 사실상 야권을 통합한다.

그러나 신민당은 조연하 국회부의장 파동과 신보수회의 집단탈당으로 인한 내분으로 창당 1년 만에 어려움에 봉착한다. 이에 김영삼은 '대리인 정치'의 한계를 절감하고 대여(對與) 투쟁의 새로운 전기(轉機)를 마련하기 위해 1986년 2월 8일 기자회견을 갖고 전격적으로 신민당에 입당해 상임고문에 취임한다.

이민우 구상

김영삼의 입당으로 지도부를 실세화 한 신민당은 1986년 2월 12일 2·12총선 1주년 기념식에서 1천만 개헌추진 서명운동을 전격적으로 시작한다. 신민당과 민추협의 개헌서명 기습 작전에 허를 찔린 전두환 정권은 다음날인 2월 13일 신민당과 민추협 사무실을 봉쇄하고 강제수색에 나선다. 이날 신민당은 확대간부회의를 열어 개헌 서명운동을 본격적으로 펼칠 방안을 논의할 예정이었다. 그러나 김영삼을 비롯한 당 간부들의 당사 출입은 봉쇄되었다. 당 간부들은 길 건너편 다방으로 자리를 옮겨 회의를 가졌다.

오전 10시경 김영삼은 서소문 민추협 사무실 앞에 도착했다. 역시 민추협 사무실 앞에도 전경 수백 명이 진을 치고 출입을 통제했다. 김영삼은 흩날리는 진눈깨비를 맞으며 전경들과 마주한 채 5시간을 버티고 서 있었다. 온 몸이 얼어 들어갔다. 결국 경찰은 작전을 개시해 김영삼을 경찰차에 태워 상도동 집으로 실고 갔다.

김영삼의 강단과 고집을 보여 주는 한 장면이다.

하지만 유성환 의원의 국시(國是) 발언 파동과 건국대 사태 등으로 신민당의 개헌투쟁 열기는 급격히 약화된다. 또 김재광, 박한상, 송원영, 이택돈 등 당내 일부 의원들에 의한 정풍(整風) 운동까지 겹쳐 신민당은 심각한 내우(內憂)에 시달린다. 한편 1986년 12월 24일 엎친 데 덮친 격으로 '이민우 구상'이 정가에 일파만파의 파장을 몰고 온다. 신민당 총재

1985년 7월 벽제 늘봄공원에서 자리를 함께한 김영삼, 김대중, 이민우(왼쪽부터).

이민우는 이날 아침 삼양동 자택에서 정부·여당이 진실로 민주주의를 발전시키겠다는 신념에서 내각제를 주장한다면 협상할 용의가 있다고 밝힌다. 이른바 '선 민주화 후 내각제 협상'이었다. 김영삼과 상의 없이 나온 제의였다.

정가를 뒤흔들어 놓은 이민우 파동은 1987년 1월 15일 3일 동안의 산행을 마친 김영삼이 외교구락부에서 이민우와 만나 '직선제가 신민당의 당론'이라는 내용의 공동선언을 발표하면서 일단락되는 듯했다. 그러나 이민우는 김영삼과의 합의에도 불구하고 이후 기회가 있을 때마다 자신의 '선민주화론'이 백지화된 것이 아님을 강조함으로써 갈등의 불씨를 되살렸다. 이와 때를 같이하여 당내 비주류도 이민우 구상을 백지화하려는 김영삼과 김대중에게 정계를 떠나라고 주장하면서 이민우에게 동조한다. 이 무렵 정가에서는 대통령비서실 허문도 정무1수석이 삼양동 이민우 집을 드나든다는 말까지 퍼지고 있었다.

이제 분당(分黨)은 어쩔 수 없는 선택으로 다가왔다. 3월 12일 신민당 소속 의원 90명 가운데 70명이 이민우 구상에 반대하고 김영삼-김대중 노선을 지지한다는 서명을 했다. 신당 창당은 빠르게 진행됐다. 김영삼이 총재를 맡기로 하되, 당내 지분은 상도동계와 동교동계가 50대 50으로 안배하기로 했다. 당명은 '통일민주당'(統一民主黨)으로 결정됐다.

김대중파의 결별

통일민주당은 1987년 4월 20일부터 지구당 창당대회를 시작했다. 그런데 첫날부터 괴청년 70여 명이 각목 등으로 무장한 채 인천 중·남지구당 창당대회장에 난입해 기물을 부수고 난동을 부린다. 특히 서울 관악지구당의 경우 복면으로 위장한 폭력배들이 난동을 부리기도 했으며, 유혈사태와 방화사건까지 속출했다. 이들 괴청년들의 현장 지휘자는 '용팔이'라는 별명의 김용남이었다. 이들 폭력배들은 창당대회가 열리는 장소마다 따라다니면서 20여 군데를 습격, 대회장을 아수라장으로 만들었다. 창당방해 사건은 정치쟁점으로 비화(飛火)되어 경찰이 수사에 착수했지만 당시에는 진상규명이 제대로 이루어지지 않았다. 그 진상은 결국 1993년에야 규명되었다. '용팔이' 김용남을 고용한 실무총책이 미국으로 도피한 이철승계의 신민당 총무부국장 이용구라는 사실이 밝혀졌다. 또 자금지원 등의 배후조정자는 신민당의 이택희, 이택돈 등 두 의원과 '주먹세계의 대부' 호국청년연합회장 이승완이라는 것이 드러났다. 이어 당시 안기부장 장세동이 이택희, 이택돈을 만나 6억 원의 자금을 지원하는 등 창당방해 사건에 개입했다는 사실이 밝혀져 장세동이 구속되었다. 이로써 '용팔이 사건'은 장세동-이택희와 이택돈-이용구-이승완-김용남으로 이어지는 정치공작이었음이 세상에 드러난 것이다.

전두환 정권의 숱한 방해공작에도 불구하고 통일민주당은 창당 작업을 계속해 마침내 5월 1일 서울 동숭동 흥사단강당에서 대의원 701명이 참석한 가운데 창당대회를 갖고 정식으로 출범한다. 단일지도체제가 채택된 이날 대회에서 김영삼은 총재로 선출됐다. 1974년과 1979년에 이어 세

1987년 11월 14일 대통령 선거 광주유세에서 최형우 부총재와 경호원들에 둘러 싸인 채 연단에서 과격시위를 지켜보고 있는 김영삼 통일민주당 후보.

번째 야당 당수에 오른 것이다. 부총재에는 상도동계의 박용만, 김동영, 최형우와 동교동계의 이중재, 노승환, 이용희, 양순직이 선출되었다.

한편 통일민주당과 재야단체들은 전두환 정권 타도와 대통령 직선제 투쟁의 효과적 수행을 위한 공동기구 구성을 추진한다. 이에 5월 27일 향린교회에서 150여 명의 발기인들이 참석한 가운데 '민주헌법쟁취국민운동본부' 결성대회를 연다. 국민운동본부의 주도하에 시작된 민주화 투쟁은 '6월항쟁'을 통해 결국 전두환 정권으로부터 6·29선언을 이끌어 낸다. 6·29선언의 후속 조치로 7월 9일 김대중이 사면복권 되자 통일민주당은 대통령 후보로 김영삼과 김대중 가운데 누구를 출마시킬 것인가라는 새로운 문제에 부딪힌다. 양김(兩金)의 후보단일화 과정은 밀고 당기면서 지루하게 이어졌다. 누구도 양보할 생각이 없었다. 10월 13일 결국 김대중은 '평화민주당'(平和民主黨)을 창당하면서 딴 살림을 차려 나간다.

이제 12월 16일 실시될 대통령 선거는 통일민주당의 김영삼 외에 민정당의 노태우, 평민당의 김대중, 공화당의 김종필 등 이른바 '1노3김'(一盧

三金)의 대결로 정리되었다. '군정종식'을 선거 구호로 내세운 김영삼은 12·12사태 당시 신군부에 의해 실각한 전 육군참모총장 정승화를 영입해 대선정국에 파란을 예고했다. 그러나 김영삼과 김대중이 갈라 선 야권 분열의 상태에서 야당이 승리할 수는 없는 일이었다. 결국 12월 16일 대통령 선거 결과는 노태우 828만 2738표(36.6%), 김영삼 633만 7581표(28.0%), 김대중 611만 3375표(27.1%), 김종필 182만 3067표(8.1%)로 김영삼의 대통령 꿈은 무산되고 만다.

대통령 선거에 이어 이듬해인 1988년 4월 26일 실시된 총선에서도 김영삼이 이끄는 통일민주당은 59석 확보에 그쳐, '황색바람'에 힘입어 70석을 얻은 김대중의 평민당에도 뒤져 제1야당 자리마저 빼앗긴다. 제3당이자 제2야당 총재로 밀려난 김영삼에게 시련의 계절이 닥친 것이다.

'마지막 승부수', 3당 합당

김대중에 패해 졸지에 제2야당 당수로 전락한 데 대해 김영삼은 이를 치욕으로 생각했다. 당시 통일민주당 수석부총무로 김영삼을 지켜본 김정길의 회고다.

> "평민당의 김대중 총재는 여소야대 정국을 무척 즐기는 것 같았으나 김영삼 총재는 항상 수심에 싸여 있었어요. 더러워서 제2야당을 못해먹겠다는 투였어요. 원내문제에 관한 협상결과를 설명하다 평민당에 밀린 흔적이 발견되면 신경질적인 반응을 보였으니까요."

김영삼은 대통령 선거 패배와 총선에서의 제2야당 전락, 동해 재선거 실패 등 계속해서 정치적 궁지에 몰리면서 뭔가 돌파구가 필요함을 느낀다. 이에 김영삼은 1989년 4월부터 합당을 구상하게 되고, 5월 30일 노태우와의 청와대 회담에서 합당 용의를 표명한다. 그러나 독재정권에 맞서 오랫동안 민주화 투쟁을 해온 김영삼 계보 사람들에게 민정당과 손을 잡는다는 것이 그리 쉽게 이해될 수 있는 일은 아니었다. 하지만 김영삼은 절박했다. 자신의 정치적 상황에 치욕을 느끼는 그로서는 다소 욕을 먹는 한이 있더라도 정치판을 새로 짜 활로를 모색할 수밖에 없었다.

통합작업은 철저하게 밀실에서 이뤄졌다. 김영삼은 민정당 박철언과의 협상 파트너로 한국외대 총장 출신의 황병태를 내세웠다. 당시 황병태는 '좌동영 우형우' 대신 '좌병태 우병태'로 불릴 만큼 김영삼의 신임을 받고 있었다. 협상이 진전되면서 김종필의 공화당도 가세했다.

1990년 1월 22일. 서울은 온 천지가 눈으로 뒤덮여 있었다. 김영삼은 눈 쌓인 거리를 지나며 청와대로 향했다. 김영삼, 노태우, 김종필 세 사람은 청와대에서 9시간에 걸친 마라톤회담을 갖고 3당 합당을 선언했다. 전체 의석 299석 가운데 개헌선인 198석을 웃도는 216석(민정당 127석, 민주당 54석, 공화당 35석)의 공룡여당이 탄생하는 순간이었다.

그러나 3당합당 과정에서 통일민주당 일부 의원들이 이탈했다. 김정길, 노무현의 잔류에 이어 김상현 부총재 등 9명의 원외지구당 위원장들이 신당합류에 반대했다. 또 이기택 원내총무와 김현규 부총재도 참여 거부 대열에 섰다. 이들은 이후 박찬종, 이철, 홍사덕, 조순형, 장기욱 등 야권단일화 서명파 무소속 의원들과 세력을 합쳐 이른바 (꼬마) 민주당을 창당한다.

한편 민정·민주·공화 3당은 5월 9일 잠실 올림픽공원 펜싱경기장에서 전당대회를 열어 민주자유당(民主自由黨, 이하 민자당으로 약칭)을 창당하고 총재에 노태우, 최고위원에 김영삼·김종필·박태준을 선출했다. 그리고 노태우 총재는 김영삼을 대표최고위원으로 지명한다.

마침내 대통령이 되다

3당 합당에 의해 민자당이 출범하기는 했지만 민정, 민주, 공화 세 계파가 그리 쉽게 화학적 결합을 할 수는 없었다. 어떻게 권력투쟁이 없을 수 있겠는가. 김영삼의 권력투쟁은 합당 직후부터 시작되었고, 이후 2년 이상 계속되었다. 노태우의 대리인격인 박철언과의 러시아 방문을 둘러싼 심각한 갈등과 내각제 합의 각서 파문이 잇따랐다. '야합' 혹은 '변절'이라는 욕을 들어가면서도 40여 년에 걸친 야당생활을 접고 대도박을 감행한 김영삼은 이 싸움에 그의 모든 것을 걸었다. 여기서 지면 모든 것이 끝이었다. 그는 내각제 각서 공개 사실을 오히려 역습의 기회로 삼아 정면승부를 벌였고, 14대 총선에서의 패배도 특유의 승부근성으로 국면을 전환했다.

1992년 5월 19일, 김영삼은 마침내 민자당 전당대회에서 민정계 이종찬을 누르고 집권여당의 대통령 후보로 선출된다. 탁월한 승부사 김영삼이 그의 말대로 호랑이굴에 들어가서 호랑이를 잡은 것이다. 선거를 앞두고 국회의원직을 사퇴하면서 배수진을 친 김영삼은 노태우 대통령의 탈당과 일부 민정계의 집단 반발 등으로 어려움을 겪는다. 선거 사흘 전인 12월 15일에는 이른바 '부산 초원복국집 사건'이 터져 김영삼 캠프는 초긴장 상태에 빠진다.

법무장관을 지낸 김기춘이 11일 아침 부산의 기관장들을 대연동에 있는 복국집으로 불러 모아 지역감정을 자극하는 발언을 한 사실이 밝혀진 것이다. "YS가 떨어지면 부산경남 사람들은 영도다리에서 칵 빠져 죽어야 한다"는 등의 녹취내용이 언론에 공개되자 관권선거 시비와 지역감정 조장에 대한 비판 여론이 크게 일었다.

김영삼은 큰 충격 속에서 1992년 12월 18일 아침을 맞았다. 그는 아침 7시 40분 아내 손명순과 함께 상도동 투표소에서 자신의 1표를 행사했다. 그리고는 언제나처럼 마산에 있는 아버지 김홍조에게 문안전화를 했다.

1992년 12월 22일 대통령에 당선된 김영삼이 부인 손명순과 함께 고향인 거제를 찾아 어머니 박부련 묘소 앞에서 당선인사를 겸한 참배를 하고 있다.

저녁 8시경 개표가 시작되었다. 그는 그날 저녁 하얏트호텔의 한 객실에서 차남 현철, 사돈 김웅세와 함께 TV로 개표과정을 지켜보았다. 개표 초반부터 잡은 리드는 얼마 안지나 굳어졌다. 김영삼은 밤 10시가 넘으면서 승리를 확신했다. 개표 결과 김영삼은 997만 7332표(42%)를 얻어 민주당 김대중 804만 1284(33.8%), 국민당 정주영 388만 67표(16.3%), 신정당 박찬종 151만 6047표(6.4%) 등을 압도적인 표차로 누르고 대통령에 당선된다.

이로써 김영삼은 경남중학교 시절 부산의 하숙방 벽에 '미래의 대통령 김영삼'이라 써붙여 놓고 대통령의 꿈을 키운 지 47년 만에 그 꿈을 이룬다.

"야, 도대체 이게 뭐냐."

"뭐가 어때서? 잘못된 거라도 있냐."

"제발 그만 웃겨라. 뭐 네가 미래의 대통령이라고, 참나…."

"그래, 난 앞으로 반드시 대통령이 될 거다. 한번 두고 봐라."

김
대
중

김대중(1925~)을 사람들은 '인동초'라고 부른다. 40년이 넘는 굴곡 많은 정치생활 속에서 다섯 번이나 죽을 고비를 넘기고도 끗끗하게 고난을 이겨냈기 때문이다. 비주류의 삶이 길고 고달팠지만 그는 결국 대통령이 되었고 한국인 최초의 노벨상 주인공이 되었다.

행동하지 않는 양심은 악의 편이다

한국 역사에는 많은 라이벌이 있었다. 김부식과 묘청, 이순신과 원균, 최명길과 김상헌, 이승만과 김구 … . 그러나 김대중과 김영삼, 그들만큼 오랫동안 경쟁과 공존의 역사를 함께 한 맞수가 있을까. 대립과 협력을 되풀이 하며 50년 정치인생을 달려온 동교동과 상도동의 DJ와 YS. 그들은 대통령을 물러난 지금도 현실정치에 대한 끈을 놓지 않고 공방을 벌이고 있다. 2009년 6월 김대중이 "우리 국민은 독재자가 나왔을 때 이를 극복하고 민주주의를 회복했다는 것을 명심해야 한다. 만약 이명박 정부가 현재와 같은 길로 나간다면 정부도 국민도 불행해진다"며 현 정권을 강도높게 비판했다. 가만있을 김영삼이 아니었다. "나라와 국민은 안중에도 없고 틈만 나면 평생 해 오던 요설로 국민을 선동하는 것을 더 이상 묵과해서는 안 된다. 핵실험과 미사일을 발사한 국가위기 상황에서 김정일을 두둔하는 것은 김대중 씨가 공산주의자가 아니고서는 할 수 없는 일이다"며 거침없는 독설을 퍼부었다.

김대중과 김영삼은 달라도 너무 달랐다. 김대중은 호남이고 김영삼은 영남이다. 김대중은 가난했고 김영삼은 부자였다. 김대중은 고졸이고 김영삼은 대졸이다. 김대중은 민주당 신파(新派)였고 김영삼은 구파(舊派)였다. 김대중은 논리적이고 김영삼은 직설적이다.

두 사람은 민주주의가 위협받을 땐 협력했다. 유신정권 말기 중도통합론의 이철승을 밀어내기 위해 선명야당론으로 연합했고, 제5공화국 시절 '선(先) 민주화 후(後) 내각제 협상'을 주장한 이민우 구상과 맞설 때도 서로 연대했다. 그러나 그들은 결정적인 순간에 늘 대립했다. 1980년 '서울의 봄'에 그러했고, 1987년 6월항쟁의 결과물인 대통령 선거 때도 역시 그랬다. 대권을 놓고 오직 '나 아니면 안 된다'는 생각이었다. 상대에 대한 불신과 경쟁심의 뿌리가 너무 깊었다.

김대중은 1970년 신민당 대통령 후보 경선에서 김영삼에 예상을 뒤엎고 대역전승을 거둔다. 그러나 그 이전 김영삼과의 원내총무 경선 등 정치적 대결에서 번번이 패했다. 또 1987년과 1992년의 대선에서도 김영삼에 밀렸다. 국회의원도, 야당 당수도, 대통령도 김영삼이 먼저 했다. 하지만 퇴임 후 국민의 평가는 달랐다. 2008년 8월 15일 동아일보가 정부수립 60주년을 맞아 실시한 여론조사 결과 역대 대통령에 대한 평가는 김대중이 김영삼을 크게 앞섰다. 부동(不動)의 1위는 압도적으로 박정희(56%)였지만, 호남과 진보의 지지를 등에 업은 김대중(11%)은 김영삼(0.5%)보다 훨씬 높은 평가를 받았다. 김영삼은 전두환(0.7%) 보다도 낮은 평가를 받았다.

하의도에서 목포로 이사

후광(後廣) 김대중(金大中)은 1925년 12월 3일 전남 신안군 하의면 후광리에서 농사를 짓던 아버지 김운식(金云式)과 어머니 장노도(張鹵島)의 3남1녀 중 장남으로 태어났다. 그의 아호인 후광은 그의 고향 마을 이름을 딴 것이다.

김대중의 아버지 김운식은 본처인 김순례(金順禮)와의 사이에도 1남 3녀를 두었는데, 김순례는 1960년 남편과 협의이혼한 뒤에도 1974년 김운식이 사망할 때까지 같은 집에서 살았다. 반면 김대중의 생모인 장노도는 남편과 떨어져 자신이 낳은 자녀들을 따로 키웠는데, 김대중이 대통령 선거에 출마한 다음 해인 1972년 세상을 떠났다. 그녀는 18살 때인 1911년 결혼한 첫 남편 제갈성조(諸葛成祚)와 이듬해 사별한 후 오랫동안 김운식의 후처로 있다가 1960년 67세의 나이에 남편과 정식으로 혼인신고를 했다. 이러한 생모의 곡절 많은 인생역정은 선거 때마다 김대중의 출생내력과 관련해 구구한 억측들을 낳았다. 생모 장노도의 주막 경영설과 윤(尹) 모씨와의 동거설 등이 그것이다.

목포상고 재학시절의 김대중.

섬 소년 김대중은 봉람재(鳳覽齋)라는 서당에서 유학자 초암(草菴) 김연의 지도로 2년 동안 천자문, 동몽선습, 소학 등을 배웠다. 이어 열 살 때 하의보통학교에 입학하였는데 조선어, 산술, 수신 등 모든 과목에서 우수한 성적을 받았다. 하지만 1936년 김대중은 가족이 목포(木浦)로 이사함에 따라 북교보통학교로 전학해 수석으로 학교를 졸업한다.

북교보통학교를 졸업한 김대중은 1939년 열다섯 살의 나이로 목포상고에 수석으로 입학한다. 그는 재학 내내 우수한 성적을 기록했지만 5학년 때 일본인 교사가 작성한 학적부 성행(性行) 란에는 '사물에 대해 비판적' '시찰계요'(視察戒要)라고 적혀 있다. 이 점에서 볼 때 김대중은 목포상고 5학년 무렵 일본에 대해 비판적 시각을 가진 것으로 보인다. 이 시절을 회고한 김대중 자서전 《행동하는 양심으로》의 한 대목이다.

> "나는 상업학교 5학년 때부터 반일적인 사상이 싹트기 시작했는데, 이 때문에 일본인의 지배적인 행위에 대해서는 사사건건 반항적인 태도를 취하게 되었다. 나는 그때까지 학교 성적이 우수해 언제나 1, 2등을 다투면서 급장을 했었는데 '사상이 불온하다'는 이유로 박해를 받기 시작했다. 한번 딱지가 붙자 이렇다 할 만한 까닭도 없이 교사나 상급학생들

로부터 노상 심한 제재를 받았던 기억이 난다."

김대중은 일제의 징병을 위한 졸업단축 방침에 따라 1943년 12월 목포상고를 조기 졸업하고, 목포상선회사에 경리과 사원으로 입사한다. 그는 졸업 후 만주의 건국대학에 진학할 예정이었으나, 일제의 징용을 피하기 위해 대학 진학을 포기하고 일본인이 경영하는 회사에 취직한 것이다. 그리고 이 무렵 도요타 다이쥬(豊田大中)로 창씨개명을 한다.

한편 김대중은 21세 되던 1945년 4월 9일 목포의 유력인사인 차보륜의 딸 차용애(車容愛, 1928~1960)와 결혼한다. 차용애는 목포여중을 졸업하고 일본 나가노현의 이나(伊那)여학교를 다녔던 당시로서는 신여성이었다.

해방공간 건준에 참여

1945년 8월 15일 해방이 되자, 김대중은 곧바로 여운형이 주도하는 건국준비위원회(이하 '건준'으로 약칭) 목포지부에 가담한다. 그 당시 건준(建準)은 전국에 145개의 지부를 두고 있었는데 목포지부도 그중의 하나였다. 이후 김대중은 건준이 조선인민공화국 인민위원회로 개편된 뒤 약 2개월을 더 참여했다 탈퇴하고, 좌우합작을 기치로 내건 신민당(新民黨, 당수 백남운)에 가입해 목포시당 조직부장을 맡아 활동한다. 그러나 김대중은 당시 우익정당이던 한민당 목포지부 부위원장으로 있던 장인 차보륜의 설득과 공산주의에 대한 환멸로 좌익세력과 결별한다. 이어 그는 한민당 입당과 대한청년단 입단을 통해 우익으로 전향한다.

한편 해운사업을 하고 있던 김대중은 1950년 6·25전쟁을 맞아 죽을 고비를 넘긴다. 그는 당시 회사업무를 보기 위해 서울에 머물러 있다 인민군을 피해 걸어서 목포로 돌아간다. 하지만 지인의 집에 피신해 있던 김대중은 8월 12일 목포를 점령한 인민군 정치보위부에 연행되어 조사를 받는다. 그리고 대한청년단 해상단 부단장 등의 활동 사실이 탄로나 목포 형무소 감방에 수감된다. 그러나 유엔군의 인천상륙작전으로 전황(戰況)이 반전되자, 인민군들은 당황하기 시작한다. "모두 나와!" 김대중과 수감 동료 100여 명은 두 사람씩 전선줄로 한쪽 팔이 묶인 채 넓은 강당으로 끌려 나갔다. 입구에 있던 20여 명이 트럭에 실려 나가 가까운 산에서 총살당했다. "제발 살려주시오!" "나는 죄가 없소!" 울부짖는 소리가 여기저기서 터져 나왔다. 그런데 갑자기 상황이 급변한다. 처형중지 명령이 내려진 것이다. 간발의 차이로 목숨을 건진 김대중 등 80여 명은 다시 감방으로 끌려갔다가 극적으로 탈옥해 목숨을 구했다.

가까스로 목숨을 건진 김대중은 1950년 11월 '해상방위대'에 참가하여 전남지구 부대장(副隊長)으로 활동한다. 해상방위대 활동을 하게 된 것은 그가 당시 해운업을 하고 있었기 때문이다. 해상방위대는 육군방위대와 함께 국군 보조기관으로 정규군과 싸우는 것이 아니라 게릴라 부대의 소탕이 그 임무였다. 이 해상방위대는 법적 근거가 있는 조직이 아니라 당시 해군 목포경비부 사령관으로 있던 송인명이 임의로 만든 단체였다. 따라서 김대중의 해상방위대 활동은 김영삼의 학도의용군 참가와 함께 선거 때 마다 많은 병역(兵役) 논란을 야기했다.

전쟁이 계속되는 동안 이승만 정권은 실정(失政)을 거듭했다. 이승만은 6·25가 터지자 직접 라디오 방송을 통해 "서울은 무슨 일이 있어도 반드시 사수할 테니, 국민 여러분은 안심하여 주시기 바랍니다"라는 담화를 발표했다. 그러나 자신은 이미 대전으로 피신한 상태에서 서울사수론을 펴 국민을 기만했다. 또 피난지 부산에서는 계엄령을 선포하고 야당 국회의원들을 구속하거나 위협하여 국회에서 간선제로 선출하도록 되어있던 대통령을 직접선거로 뽑는 이른바 '발췌(拔萃) 개헌안'을 통과시켜 독재정권 연장 의도를 드러냈다.

사업 접고 정치에 뛰어들다

전쟁 중 이승만의 실정을 뼈저리게 느낀 김대중은 휴전(休戰)이 되자 정치에 뛰어들 결심을 굳힌다. 그의 저서 《행동하는 양심으로》에서 밝힌 정치 입문의 변(辯)이다.

> "정치가 독재자의 그때그때의 형편에 따라 이처럼 멋대로 좌우되어도 좋은 것인가. 결코 있을 수 없는 일이었다. 그리하여 나는 국민의 의사가 무시되고 그리고 또 국회가 경시되는 이 같은 독재정치를 종식시켜 참된 민주주의 정치를 확립하지 않는다면 국민의 행복은 찾을 수 없다고 생각한 것이다. 나는 오래 전부터 정치에 비상한 관심을 가지고 있었으며, 또한 나름대로 나에게도 정치적인 소질이 어느 정도 있다고 생각하고 있었던 차에 이 같은 동기로 말미암아 감연히 정계에 투신하기로 결심했다."

김대중은 1954년 5월 20일 실시된 제3대 국회의원 총선거에 목포에서 무소속으로 출마한다. 그러나 그는 첫 도전에서 쓴잔을 마신다. 그는 야당세를 바탕으로 조직을 다져온 민국당 후보인 정계 중진 정중섭에게 큰 표차로 패배한 것이다.

국회의원 선거에서 낙선해 실의에 빠져 있던 김대중의 정치인생에 새로운 전기(轉機)가 생긴다. 그의 정치사부(師父) 장면과의 만남이다. 당시 김대중은 서울 퇴계로에서 종합잡지 〈태양〉의 발행인이자 주간을 맡고 있었다. 그는 취재도 할 겸해서 1956년 9월 28일 서울 시공관에서 열린 민주당 전당대회를 참관한다. 그때 부통령 장면이 저격당하는 장면을 목격하고 울분을 참을 수 없었다. 김대중은 평소 흠모했던 장면의 얼굴이라도 한번 봐야겠다고 생각했다. 그는 이튿날 끈질기게 경호원을 설득해 면회의 기회를 가진다. 그는 병실에 누워 있던 장면의 수척한 얼굴을 보자 그 자리에서 그만 눈물을 보이고 만다.

정치 사제(師弟) 두 사람의 관계는 이렇게 시작되었다. 김대중은 얼마 뒤 민주당 입당을 위해 퇴원한 장면을 찾아가 추천인 서명을 부탁한다.

장면　"자네, 재작년인가 목포에서 출마했더라면서?"

김대중　"예, 좋은 경험을 했습니다."

장면　"혹시 막스 베버의 《직업으로서의 정치》는 읽어봤나?"

김대중　"예, 감명 깊게 읽었습니다."

장면　"그 학자가 말하더군. 직업정치가의 조건은 첫째 정열, 둘째 책임감, 셋째 통찰력이었지, 아마."

김대중　"예, 그렇습니다. 그러나 우리나라에서는 세 가지 조건 외에도 민주적인 지도력과 조정능력을 갖추어야 한다고 생각합니다."

장면　"옳지, 일전에 누가 자네 얘기를 하더군. 자넨 목포 선거의 정견발표 때 키(배의 방향을 조종하는 장치)를 잡는 타수(舵手)가 되겠다고 말했다더군. 다년간 해운업에 종사하면서 얻은 비유였겠지만 아주 적절해요. 참다운 정치가가 되려면 눈앞의 이해에 눈이 어두워져선 안 돼. 그건 정상배들이나 하는 짓이야."

김대중　"명심하겠습니다."

이후 장면은 다른 사람들에게 그를 소개할 때마다 유능하고 지성적인 청년정치가가 하나 생겼다고 극구 칭찬을 해 주었고, 일약 민주당의 중앙상임위원으로까지 발탁해 주었다. 이로써 김대중은 민주당 신파(新派)의 리더인 장면과의 관계로 인해 자연스럽게 신파에 속하게 되었다. 또 김대중은 장면의 권유로 가톨릭 교리를 배워 그를 대부(代父)로 하여 1957년 7월 3일 김철규 신부로부터 영세(領洗)를 받았다. 세례명은 토마스 모어였다.

인제에서 잇따라 낙선

김대중은 민주당에 입당한 뒤 1958년 5월 실시될 제 4대 국회의원 선거구를 놓고 고심했다. 고향인 목포에는 이미 같은 민주당의 정중섭이 현역 의원으로 있었다. 현직 국회의원을 밀어내고 공천을 받기는 쉬운 일이 아니었다. 그는 여러모로 궁리한 끝에 38선 부근의 강원도 인제에서 출마하기로 결심한다. 그곳은 휴전으로 새롭게 편입된 지역이었다. 무주공산(無主空山)이었다. 하지만 그는 선거도 해보기 전에 입후보 신청 등록을 방해 받아 뜻을 이루지 못했다. 김대중이 제출한 서류에 기록된 150명의 추천자 가운데 70명이 자유당 후보와의 이중추천자라는 사실을 들어 군청에서 등록을 거부한 것이다. 그러나 반장들이 마을사람들의 인감도장을 모두 거두어 간 뒤여서 김대중은 다시 추천받을 길이 없었다. 생각다 못해 호박 꼭지로 도장을 만들었다. 그리고 인감란에 호박도장을 대신 찍었다. 이른바 '호박도장 사건'이었다. 결국 인감이 아니라는 이유로 등록은 무효가 되었다. 그러나 김대중은 중앙선관위를 상대로 선거무효소송을 제기해 이듬해 6월 대법원의 선거무효 판결을 이끌어 낸다. 이에 따라 실시된 보궐선거에 그는 다시 출마했으나, 자유당 후보 전형산에게 패배하고 만다.

불운의 연속이었다. 김대중은 계속된 선거 실패로 재산 전부를 탕진했다. 집에는 먹을 양식도 없었다. 불행은 혼자 오지 않는다고 했던가. 그는 이 같은 불행의 소용돌이 속에서 아내 차용수마저 저 세상으로 보내는 비극을 맞이한다. 차용수는 용산에서 미장원을 운영하며 가난한 살림을 어떻게든 꾸려 나가고, 어린 두 아들을 기르면서 선거운동을 힘껏 도왔다. 아내 차용수의 직접적인 사망 원인은 약물 쇼크였다. 수면제를 너무 많이 복용한 결과 쇼크를 일으켜 병원에 가던 도중 사망했다.

실의에 빠져있던 김대중은 4·19혁명으로 절호의 기회를 맞이한다. 그러나 그는 1960년 7월 29일 실시된 제 5대 국회의원 선거에 민주당 공천

1958년 5월 제4대 국회의원 선거를 앞두고 강원도 인제에서 유세준비를 위해 확성기를 들고 냇가를 건너는 김대중의 선거운동원들. 김대중은 목포 대신 인제에서 총선에 출마하려 했으나 등록무효로 출마가 좌절됐다.

으로 다시 출마했지만 자유당의 전형산에게 또 쓴잔을 마신다. 4·19혁명으로 민주당 후보가 전체 의석 233석 중 175석을 차지한 유리한 선거 상황에서의 패배였기에 더욱 뼈아팠다. 민주당의 집권으로 총리가 된 장면은 불행이 겹친 김대중에게 원외(院外)임에도 불구하고 중책인 대변인을 맡겼다. 그는 명석한 판단력과 거침없는 달변으로 단연 정계의 주목을 끌기 시작했다.

김대중에게 또 한 번의 기회가 왔다. 그는 3·15부정선거 관련자들에 대한 공민권 제한에 따라 1961년 5월 13일 실시된 인제 보궐선거에서 비로소 당선의 영광을 안는다. 3전4기(三顚四起)의 힘든 싸움 끝에 '금배지'를 달게 된 그는 벅찬 감격 속에 당선사례(當選謝禮)를 마치고 5월 16일 상경할 예정이었다. 그런데 뜻하지 않는 사건이 일어났다. 이날 새벽 육군 소장 박정희가 주도하는 군부가 쿠데타를 일으킨 것이다. 실권을 장악한 쿠데타세력에 의해 국회는 해산되었다. 김대중은 가슴을 치며 통곡했다. 7년의 고생 끝에 겨우 얻은 국회의원 자리에 단 한 번도 앉아보지 못하고 국회가 없어져 버린 것이다. 당선의 기쁨은 단 이틀뿐이었다.

'평생동지' 이희호와 재혼

국회의원직을 이틀 만에 박탈당한 김대중은 집에 있으면서 어이없는 운명의 장난에 개탄하고 있었다. 그런데 그의 집에 느닷없이 경찰이 들이닥친다. 그는 체포되어 교도소에 잡혀 들어갔다. 민주당 간부였던 그에게 먼저 '부패' 혐의가 씌어졌다. 그러나 혐의점이 없자 이번에 '용공' 부분을 추궁했다. 6·25전쟁 전인 1949년 5월에 남로당에 자금을 제공했다는 혐의였다. 그러나 그 당시 아무것도 모르고 친구의 형에게 여비로 빌려주었다는 진술이 입증되어 3개월 만에 감옥에서 풀려난다. 김대중은 집으로 돌아왔지만 아무것도 할 수 없었다. 이미 정당과 사회단체가 군사정권에 의해 모조리 해산되었기 때문이다.

한편 김대중은 1962년 5월 10일 지금의 아내인 '평생동지' 이희호(李姬鎬)와 결혼식을 올린다. 김대중이 서른아홉, 이희호가 마흔한 살 때였다. 이희호는 서울대 사범대를 졸업한 뒤 미국에서 4년간 유학하고 귀국해서는 YWCA연합회 총무이사로 활동하고 있었다. 이희호는 결혼 당시의 심정을 이렇게 회고했다.

> "내가 결혼한다고 하자, 주위 사람들이 놀랐다. YWCA 동료이사가 놀랐을 뿐 아니라 아는 사람들은 모두 반대했다. '지금까지 결혼하지 않았는데 어째서 그런 사람하고 하느냐'며 결사반대했다. 분명 지금 돌이켜 보면 어떻게 그런 모험을 했는지 모르겠다.
>
> 남편은 그 당시 정치정화법 때문에 정치활동을 할 수 없었고 직업도 없었다. 무직으로 장래의 희망도 없었다. 셋방살이를 하는 초라한 가정이었다. 어머님과 여동생이 함께 살고 있었고, 어머님도 몸이 안 좋은데다 누이동생도 심장병을 앓고 있었다. 또 어린 사내아이가 둘이나 있었다. 그런데 거기로 시집간다고 하니 모험이 아닐 수 없었다."

그러나 신혼생활은 불과 열흘 만에 방해를 받는다. 6월 20일 김대중이

'반혁명' 죄목으로 중앙정보부에 체포되었기 때문이다. 민주당 간부들이 모여서 군사정권에 대한 반혁명을 기도하고 있다는 것이었다. 전혀 사실무근의 일이었다. 결국 무죄로 판명 났지만 이로 인해 한 달 동안이나 구치소 생활을 해야 했다.

김대중은 1963년 2월 27일 자신의 정치활동을 옥죄고 있던 정치활동정화법의 굴레에서 드디어 해금(解禁) 되었다. 재기의 기회를 노리던 그는 민주당 신파 인사들과의 접촉을 통해 민주당 재건에 적극 나선다. 이에 민주당은 7월 16일 서울 시민회관에서 창당대회를 열어 박순천을 당수로 선출하고 당을 재건한다. 신파 중심으로 창당한 민주당은 윤보선 등 구파 중심의 민정당, 허정 중심의 신정당과 함께 공화당에 맞서는 야당 진용을 구축한다. 이때 민주당 창당 핵심으로 참여한 김대중은 선전부장을 맡았다.

김대중은 11월 26일 실시된 제 6대 국회의원 선거에서 이번엔 다시 목포에서 출마한다. 타향인 강원도 인제보다는 아무래도 고향인 목포가 편했고 승산도 있었다. 그는 공화당 정권의 부정선거 지령문을 폭로하는 등 적극적인 공세를 통해 압도적인 표차로 당선된다. 재선의원으로 원내에 진출한 김대중은 이후 1965년 민정당과 민주당이 통합하여 창당된 민중당의 대변인, 1967년 민중당과 신한당이 통합하여 창당한 신민당의 정무위원 겸 대변인을 지내면서 활발한 의정활동을 펼친다. 특히 김대중은 국회 본회의 발언 등을 통해 박정희 정권의 부패와 실정에 대해 신랄하게 몰아세웠다. 그것이 박정희가 김대중을 미워하게 된 첫 계기였다.

박정희와의 대리 선거전

박정희는 1967년 6월 8일 실시되는 제 7대 국회의원 선거에서 무슨 수를 써서라도 김대중을 낙선시키려고 작심한다. 박정희는 중앙정보부와 내무부 간부들을 모아 놓고 "여당 국회의원 10명이든 20명이든 낙선시켜도 상관없다. 반드시 김대중만은 당선 안 되도록 하라"는 명령을 내린다.

박정희는 김대중의 대항마로 5·16쿠데타 당시 헌병사령관이자 체신부 장관을 지낸 진도 출신 김병삼을 징발했다. 박정희는 선거 기간 현지의 한 호텔에 장관들을 모아놓고 국무회의를 여는 등 두 차례나 목포를 방문해 김병삼 후보를 지원했다. 목포 선거는 전국적인 관심사가 되었다. 김대중도 가만있을 수 없었다. 그의 연설 실력이 위력을 발휘했다.

> "목포 시민 여러분! 지금 김병삼 씨가 여러 가지로 말씀을 하셨습니다. 김병삼 씨가 와이쌰쓰하고 고무신하고 끄집어내길래 무슨 상품을 선전하는 줄 알았더니 우리 신민당에서 그것을 보냈다고 말했습니다. 누가 이런 것을 돌렸는지 여러분은 다 아십니다. 혹시 나는 김병삼 씨가 공화당에서 이런 짓을 해놓고 우리가 한 것으로 착각하지나 않았나, 이렇게 생각을 합니다.
>
> 신민당 사람들이 물건을 돌리는 것을 공화당이 잡았다. 여러분 도둑놈이 순경 잡았다는 소리하고 마찬가집니다. 안 그렇습니까?"

선거 결과는 예측불허였다. 6월 8일 밤, 개표장의 전등이 간헐적으로 세 번이나 꺼졌다. 김대중 측은 사전에 준비한 손전등을 일제히 비추었다. 또 개표장 주변에 몰려와 있던 시민들도 그때마다 "우~"하는 고함을 지르며 항의했다. 그러자 불은 곧 들어왔다.

개표는 끝났다. 신민당 김대중 2만 9279표, 공화당 김병삼 2만 2738표. 김대중의 드라마 같은 승리였다. 김대중은 총선에서 최대 격전을 치러내면서 정치적으로 한 단계 도약한다. 결과적으로 박정희의 과도한 개입은 김대중에게 타격을 준 것이 아니라 오히려 그의 정치적 위상을 높여준 결과가 되고 말았다. 김대중의 당선 이후 정국은 격동했다. 공화당이 박정희의 3선 개헌을 밀어붙인 것이다. 이에 신민당은 개헌 저지를 위해 결사적으로 투쟁했지만 3선 개헌은 결국 통과되고 만다.

신민당은 무력감에 빠져들었다. "이대로는 안 된다"는 생각들이 퍼지기 시작했다. 더구나 다가오는 1971년의 대통령 선거에서 승리하기 위해서는 국민들에게 새로운 희망을 주는 파격적인 당의 변신이 불가피했다. 이러한 위기감의 틈새를 비집고 당의 일각에서 '40대 기수론'이 서서히 머리를 들기 시작했다. 단순한 연령 교체가 아니라 새 정치, 새 야당에 대한 강렬한 요구였다.

김영삼의 역전 드라마

'40대 기수론'의 깃발은 김영삼이 맨 먼저 들어 올렸다. 그러나 당내 노장파의 반발은 예상외로 거셌다. 김영삼은 김대중에게 도움을 요청했다. 함께 출마하여 당내 세대교체를 이루자는 것이었다. 하지만 김대중은 머뭇거렸다. 그는 내심 1975년을 목표로 하고 있었으며, 아직 당내 분위기로는 이른 것 같다는 생각이었다. 하지만 대세를 외면만 할 수는 없었다. 결국 김영삼이 출마 선언을 한 지 열흘 만인 1967년 11월 18일 김대중도 신민당 후보 지명에 출마할 의사를 표명한다. 이어 이철승까지 가세해 이제 40대 기수론은 큰 흐름을 형성했다. 그러나 후보 지명권을 가진 당수 유진산은 우여곡절 끝에 김영삼을 대통령 후보로 지명한다.

이제 김대중은 원내총무 경선에서 번번이 자신에게 패배를 안겨준 김영삼과 일전을 치르게 되었다. 그러나 누가 보더라도 김대중이 불리했다. 당수인 유진산계가 김영삼을 지지했고, 이철승도 서약에 묶여 있었다. 대세는 이미 정해진 것으로 보였다.

1970년 9월 29일, 대통령 후보 지명을 위한 신민당 전당대회가 열리는 서울 시민회관. 김대중은 이날 아침 일찍 수백 명의 지지자들을 동원해 멜빵을 메고 함성을 지르도록 했다. 또 지지자들은 대형 사진을 붙인 피켓을 들고 입장하는 대의원들에게 지지를 호소했다. 전당대회의장 김홍일이 개회를 선언했고, 이철승은 신상발언을 하고 퇴장했다. 대의원들이 투표에 들어갔다. 팽팽한 긴장감이 흐르는 가운데 투표가 끝나고 개표에 들어갔다. 이윽고 개표 결과가 발표됐다.

1970년 9월 28일 열린 신민당 전당대회에서 대통령 후보로 선출된 김대중(가운데)이 김영삼과 이철승의 손을 잡고 환호에 답하고 있다.

김영삼 421표, 김대중 382표, 백지 82표. 백지로 나타난 무효표는 대부분 이철승 지지표였다. 김영삼은 과반수에서 14표, 김대중은 78표가 부족했다. 의외의 결과였다. 이제 캐스팅보트는 이철승이 쥐고 있었다. 휴회가 선포됐다. 김대중은 빠른 걸음으로 이철승의 참모인 조연하에게 다가섰다. 그의 손을 잡았다.

김대중 "조 선배님, 저는 선배님과 고향도 같으려니와 선배님의 도움으로 신민당 생활을 시작하지 않았습니까. 더욱이 김영삼은 경상도입니다. 저를 밀어 주십시오."

조연하 "이 조직표는 소석(素石: 이철승의 아호)이 다져 놓은 기반입니다. 그럼 소석의 앞날을 위해 무엇을 약속하겠소?"

김대중 "무엇이든지 요구하시는 대로 각서를 쓰겠습니다. 앞으로 총재 경합은 물론 다음 대권경쟁이 있을시 그에게 모든 것을 양보하겠습니다."

김대중은 호주머니에서 명함을 꺼내 이 같은 내용을 각서 형태로 적고 사인을 해 조연하에게 전한다. 김대중으로부터 각서를 받은 이철승계는 대의원들의 동의를 얻어 2차 투표에서 김대중을 밀기로 결정한다.

2차 투표 결과는 김대중 458표, 김영삼 410표, 기타 18표. 김대중이 과반수에서 12표를 넘어 대역전의 드라마를 연출했다. 패자 김영삼은 "김대중씨의 승리는 우리들의 승리며 나의 승리"라는 말로 패배를 깨끗이 승복했다.

박정희에 대선 패배

신민당 대통령 후보 경선에서 김영삼에게 극적인 역전승을 거둔 김대중은 박정희에 맞서 혼신의 힘을 쏟아 싸웠다. 그러나 승리의 여신은 김대중을 외면했다. 1971년 4월 27일 실시된 대통령 선거 결과는 박정희 634만 2828표, 김대중 539만 5900표로 김대중의 패배로 끝났다. 94만 6926표 차이였다.

김대중은 졌지만 선전(善戰)했다. 그는 서울·경기·전북·전남에서 박정희에 앞섰지만, 부산·강원·충북·충남·경북·경남·제주에서 크게 뒤졌다. 특히 부산·경남·경북 등 영남에서만 158만 6006표나 차이가 난 것이 결정적인 패인이었다. 이와 같은 선거 결과는 지금까지 선거에서의 '남여북야'(南與北野), '동여서야'(東與西野)에 이어 '영여호야'(嶺與湖野)라는 새로운 지역주의 투표형태를 만들어 냈다.

한편 대선에서 패배한 신민당은 5월 6일 제 8대 국회의원 선거 후보등록을 마감하면서 당수 유진산이 자신의 선거구인 서울 영등포갑구를 포기하고 전국구 1번으로 등록하면서 이른바 '제 2차 진산파동'이 일어난다. 유진산의 처사에 불만을 품은 청년 당원들이 폭력을 행사하면서 당을 아수라장으로 몰아넣은 것이다. 김영삼, 이철승, 김재광, 박영록 등 당의 중진들은 혼란을 수습하기 위해 김홍일을 당수 권한대행으로 추대했다. 유진산을 후퇴시키면서도 김대중의 당권 장악을 봉쇄하기 위한 중재였다.

이러한 와중에 5·25총선이 다가왔다. 김대중은 전국구 2번을 받아 지역구 출마자들의 지원 유세에 본격 나섰다. 얼마 전까지 대통령 후보였던 김대중은 가는 곳마다 환영을 받았다. 그는 피곤한 몸을 이끌고 지방 곳곳을 돌며 유세를 강행했다.

선거를 하루 앞둔 5월 24일 오전 9시경. 목포에서 유세를 마친 김대중 일행은 광주(光州)를 향해 출발했다. 김대중이 탄 승용차를 필두로 경호차가 뒤를 따랐다. 오전 9시 30분경, 무안군 삼향면 대양리 앞 2차선 국도를 달릴 때였다. 그 순간 맞은편에서 달려오던 경기 영7-4755호 14톤 대형트럭이 갑자기 김대중의 승용차 쪽으로 돌진해 왔다. 김대중 승용차의 기사는 급히 오른쪽으로 핸들을 꺾으며 액셀레터를 밟아 속도를 냈다. 그 덕분에 충돌은 면했지만 차 뒷부분 5분의 1가량이 부딪혀 파손되었다. 차는 트럭에 튕겨 잠시 공중에 떴다가 논바닥으로 바로 떨어졌다. 눈 깜짝할 사이에 일어난 일이었다. 트럭은 김대중의 차와 부딪힌 뒤 뒤에서 달리던 신혼부부가 탄 택시와 정면충돌했다. 그 결과 택시에 타고 있던 세 명은 그 자리에서 숨지고 나머지 세 명은 중상을 입었다. 양 손목의 정맥이 끊어진 김대중은 무안읍 동산병원에서 응급치료를 받았다.

김대중은 6·25전쟁 때 인민군에 의해 학살당하기 전 감옥에서 극적으로 탈출해 목숨을 건진 이래 두 번째 죽음의 고비에서 목숨을 건진 것이다. 그는 이 사건에 대해 선거 때마다 교통사고를 가장한 박정희 정권의 암살 음모라고 주장했다. 그러나 범한화물 소속의 사고 트럭을 운전했던 권중억(權重億, 당시 51세)의 훗날 증언은 달랐다.

> "그때 비가 좀 내리고 있었습니다. 택시가 맨 앞에 있었고 그 뒤를 따라오던 승용차가 중앙선을 넘어 택시를 앞지르려고 하는 것을 제가 보고 당황했습니다. 급브레이크를 밟았는데 비탈길에 비가 내려 그런지 왼쪽으로 미끄러지면서 승용차를 약간 스치고 뒤따라오던 택시를 들이받은 것입니다. 그 차에 김대중이 타고 있었다는 것도 사고가 난 뒤에 알았습니다.

김대중은 내가 사고 직후 도망쳤다고 했지만 현장에 있다가 경찰차가 조사하러 와서 경찰로 끌려가 구속되었지요. 금고(禁錮) 10개월의 형(刑)을 받았습니다."

김대중은 비록 큰 사고를 당했지만 그의 열성적인 유세 등으로 신민당은 총선에서 전체 의석 204석 가운데 89석을 차지해 야당 사상 최다의석을 차지했다. 더구나 정당별 득표율에서는 공화당의 48.7%를 바짝 뒤쫓는 44.3%를 얻어 박정희 정권에 대한 강력한 견제세력을 구축했다.

당권 도전에 실패

대권 도전에 실패한 김대중은 1971년 7월 17일 신민당 당권 도전을 공식 선언한다. 김대중의 출마 선언에 대해 범주류는 김홍일의 당수 추대 결의문을 당 소속의원 50명으로부터 서명을 받은 후 본격적인 득표운동에 들어간다. 이어 양일동은 유진산과의 결별을 선언하면서 독자노선을 선언한다. 양일동의 독자노선 선언으로 김대중계와 양일동계는 대표회의를 열어 당수후보 단일화를 추진했지만 실패한다. 결국 당권경쟁은 범주류의 김홍일, 비주류의 김대중, 그리고 주류에서 떨어져 나간 양일동의 3파전으로 압축되었다.

7월 20일 서울 시민회관에서 열린 신민당 임시전당대회는 당수 선출을 놓고 3차 투표까지 가는 접전을 벌였다. 1차 투표 결과 김홍일 407표, 김대중 302표, 양일동 172표로 과반수 득표자가 없었다. 2차 투표에서도 김홍일 425표, 김대중 340표, 양일동 111표로 누구도 과반수에 못 미쳤다. 결국 다음날 속개된 3차 투표에서 김홍일 444표, 김대중 370표, 무효 61표로 김홍일이 당수로 선출된다. 1970년 대통령 후보 지명대회에서는 김대중이 이철승과 연합해 김영삼을 낙선시켰지만, 이번 당수 경선에서는 김영삼과 이철승이 연합하여 김대중을 낙선시켰다.

이날 대회가 끝나자 문밖을 지키고 섰던 김대중의 지지 세력들이 김영삼과 이철승에게 폭력을 휘두른 사건이 일어났다. 이를 막아서던 김영삼의 참모인 최형우가 대신 각목 세례를 받아 입원하는 사태가 벌어지기도 했다. 이때 김영삼은 광화문 네거리를 가로 질러 전매청까지 피신했다.

한편 '제 2차 진산파동'으로 김대중과 갈등의 골이 깊어진 유진산은 1972년 들어서면서 신민당 당수직 복귀 의도를 본격화한다. 이에 유진산계는 당내 반발 속에 8월 26일 대의원 874명 가운데 445명이 참석한 가운데 서울 시민회관에서 전당대회를 열고 유진산을 당수로 선출한다. 그러나 다음날 김대중 등 반(反) 진산 연합세력은 효창동 김홍일 당수 자택에서 483명의 대의원이 참석한 가운데 또 하나의 전당대회를 열고 김홍일 체제의 임기연장을 결의한다. 이로써 신민당은 두 차례의 전당대회를 통해 두 명의 당수를 두게 되는 기형정당이 되고 말았다. 하지만 이러한 상황은 오래 가지 않았다. 10월 17일 전국에 비상계엄을 내리고 국회를 해산하는 이른바 '10월유신'이 선포된 것이다.

10월유신으로 망명생활

10월 17일 오후 7시. 김대중은 일본 도쿄 테이코쿠(帝國) 호텔의 한 객실에서 박정희의 10월유신 특별선언을 지켜보고 있었다. 그는 교통사고로 다친 다리 치료를 위해 이미 6일 전에 일본에 와 있었다. 그 시각 일단의 군 수사관들이 조연하, 김녹영, 박종률 등 김대중계 중진들을 군부대로 강제 연행해 갔다. 그리고 모진 고문을 가했다. 그들을 통해 김대중의 정치자금과 비리 등을 캐기 위해서였다.

김대중은 이날 밤 뜬눈으로 밤을 지새웠다. "귀국해야 되나, 망명해야 할까" 결정이 쉽지 않았다. 가족과 측근들의 얼굴이 떠올랐다. 망명을 하면 그들이 박해를 받을 것이 뻔했다. 그러나 돌아가서는 아무것도 할 수가 없었다. 오랜 고민 끝에 그는 망명을 결심했다. 그리고 본격적인 반

(反) 유신 활동에 나선다. 그는 유신헌법이 공고되자 성명서를 통해 "이번 개헌안은 한마디로 말해서 독재적 군림과 영구집권의 야망으로 불탄 박 대통령의 목적을 달성시켰고, 직접선거로는 도저히 승리할 가능성이 완전 없어진 그의 안전한 당선을 노린 일종의 총통제 개헌"이라며 격렬하게 비난했다.

일본에서 신문 잡지 등에 유신정권에 대한 비판 글을 기고하는 등 투쟁의 강도를 높여가던 김대중은 11월 13일 문득 미국으로 건너간다. 미국의 주요 언론과 인터뷰를 하거나 재미교포들을 만나 반유신세력을 조직하기 위해서였다. 이후 일본과 미국을 오가며 반유신 활동을 펼치던 김대중은 1973년 7월 6일 워싱턴 메이플라워호텔 회의실에서 전 서울시장 김상돈, 전 유엔대사 임창영, 전 서독대사 김회홍 등 재미교포 30여 명과 함께 '한국민주회복통일촉진국민회의'(이하 '한민통'으로 약칭) 미국본부를 결성하고 명예회장에 취임한다. 이어 7월 10일 다시 일본으로 건너간 김대중은 배동호, 김재화, 조활준, 김종충 등과 만나 일본에서도 한민통을 결성키로 합의한다.

한민통의 강령은 '① 파쇼적인 1인 체제를 분쇄하고 민주헌정 질서를 회복한다 ② 비동맹 다원외교를 실시하여 국위선양과 세계평화에 기여한다 ③ 한반도를 중립화하고 남북연방제에 의한 점진적 통일을 실현한다'로 결정됐다. 그러나 한민통 일본본부 결성을 닷새 앞둔 8월 8일, 김대중은 또 한 번 죽음의 고비를 맞는다.

도쿄 납치사건

8월 8일 오전 11시, 김대중은 비서 김강수를 도쿄 그랜드팔레스호텔 1층 로비에서 기다리게 한 채 민주통일당 당수 양일동이 묵고 있던 그랜드팔레스호텔 2212호실로 들어갔다. 양일동과 이야기를 마친 김대중은 다른 객실에 묵고 있던 국회의원 김경인과도 합석해 식사를 하고 오후 1시경 방문을 나섰다. 이때 옆방인 2210호실과 앞방인 2215호실에 숨어 대기 중이던 괴한 5, 6명이 뛰어나와 김대중의 입을 틀어막고 2210호실로 끌고 갔다. 그들 중 2명은 배웅하려고 복도로 나온 김경인 마저도 양일동의 방인 2212호실로 밀어 넣었다. 김대중이 "무슨 짓이냐, 어디서 왔냐?"며 소리치자 그들은 무릎과 턱을 치면서 마취제를 적신 수건으로 입을 틀어막았다. 마취를 당한 김대중은 몽롱한 의식 속에서 엘리베이터로 끌려갔다. 이어 호텔 지하주차장에 준비되어 있던 차에 실렸다. 차는 오사카 방향의 고속도로를 달렸다. 몸이 불편해 조금이라도 움직이면 발로 걷어찼다. 그리고는 곧이어 배에 옮겨졌다. 입에는 재갈이 물려졌고 머리에는 보자기가 씌어졌다. 양발을 묶고 양손도 묶었다. 거기에다 오른팔과 왼쪽 손목에는 40kg의 육중한 추를 매달았다.

김대중은 죽음을 직감했다. "아, 드디어 마지막이구나. 물속에서 아마 3, 4분 있으면 죽을 것이다. 정말 살고 싶다. 하반신은 상어에게 물려 죽더라도 상반신만이라도 살았으면 좋겠다." 마음의 동요가 있자 기도할 마음조차 생기지 않았다. 그때 갑자기 "펑" 소리가 나면서 섬광이 터졌다. 그 소리가 나자 선실에 있던 승무원 4, 5명이 "비행기다!"라고 소리치면서 일제히 갑판으로 뛰어나갔다. 배는 속력을 내기 시작했다. 시간이 얼마나 지났는지도 몰랐다. 이틀이나 사흘 정도가 지났을까. 드디어 배가 항구에 닿았음을 어렴풋이 느꼈다. 배에서 내린 김대중은 다시 어디론가 끌려갔다. 또 며칠이 흘렀다.

8월 12일 납치 닷새째 되는 날, 어떤 젊은 사람이 김대중에게 다가와 "김대중 선생, 협상 좀 합시다"며 말을 걸어 왔다. 김대중이 뭐냐고 묻자 "지금부터 선생을 차에 태워 자택 근체에다 풀어드릴 작정입니다. 상부 명령입니다. 집으로 돌아가도 좋으나 차에서 내리거든 거기서 소변을 봐 주십시오. 그 사이에 붕대를 풀어서도 안 되고 소리를 내서도 안 됩니다. 어떻습니까?" 김대중은 고개를 끄덕였다. 그리고는 차에 태워졌다. 한참을 달려 고속도로 톨게이트라고 짐작되는 곳을 지났을 때 신분증과 명함을 돌려받았다. 그를 태운 차는 서울 시내를 달린 뒤 뒷골목에서 멈췄다. 붕대를 풀어보니 동교동 집 근처였다. 그날따라 유난히 달빛은 밝았다. 시간은 밤 9시 반을 지나고 있었다. 그는 집 대문 앞에 이르러 퇴근을 마치고 돌아오는 가장(家長)처럼 초인종을 눌렀다. 인터폰으로 목소리를 확인한 가족들이 일제히 뛰어나왔다. 이 시각 광화문 동아일보 편집국에 한 통의 전화가 요란하게 울렸다.

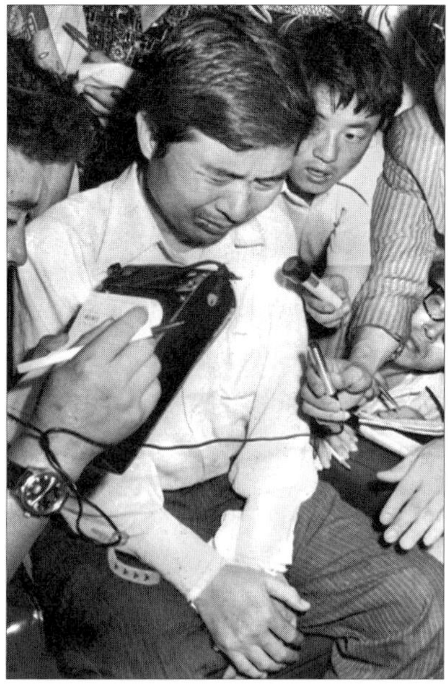

납치된 지 5일 만인 1973년 8월 13일 동교동 자택으로 돌아온 김대중이 기자들에게 피랍경위를 설명하는 도중 울고 있다.

"거기가 동아일보 맞습니까?"
"네, 무슨 일로 그러세요."
"내 말을 똑똑히 들으시오.
우리는 애국청년구국대요. 우리는 방금 김대중이를, 그 사람 집에 데려다 놓았소."
"예, 뭐라고요?"
"내말을 들으시오. 김대중이가 조국을 배신하고 맹목적인 해외행각을 해서 그냥 두고 볼 수 없어 애국충정으로 그 사람을 국내로 끌어왔소. 앞으로 어느 누구도 조국 밖에서 조국을 배신하는 자는 그냥 두지 않을 것이오."

그리고는 전화가 끊어졌다. 비슷한 전화가 다른 신문사에도 걸려 왔다. 곧바로 기자들이 동교동 김대중의 집으로 몰려갔다. 아래 입술과 왼쪽 눈썹에 피멍이 들어있던 김대중은 기자들 앞에서 안대를 치우고 왼손에 감겨진 붕대를 풀면서 흐느꼈다. 그리고는 5일 9시간 동안의 '악몽'(惡夢)을 털어 놓았다.

훗날 이 사건은 중앙정보부의 소행으로 확실하게 밝혀졌다. 동아일보는 1998년 2월 19일자 '김대중 납치, 중정 조직적 범행'이라는 1면 톱기사를 통해 일명 'KT 공작문건'을 단독 입수 공개했다. 이로써 김대중 납치사건의 전모를 다룬 극비문서가 사건 발생 25년 만에 처음으로 세상에 알려졌다. 이 문서는 중앙정보부와 그 후신인 안기부가 오랫동안 보관해 온 극비문서였다. 이 문서에는 김대중 납치사건에 가담한 중앙정보부 요원 25명과 이 공작에 가담한 용금호(龍金號) 선원 21명의 명단과 역할, 중앙정보부의 관리내용 등이 수록되어 있다. 문서에 따르면 이 사건은 당시 중정부장이던 이후락의 지휘하에 총 46명이 9개조로 나뉘어 조직적으로 저지른 범행이었다.

민주구국선언으로 구속

중앙정보부의 납치로 강제 귀국조치 된 김대중은 가택연금을 당한다. 하지만 유신정권의 탄압은 민청학련 관련자 사형 선고, 대통령 긴급조치 9호 발동 등으로 더욱 강화된다. 이에 김대중은 유신체제에 대한 보다 강력한 저항의 필요성을 절감한다. 그는 윤보선, 문익환, 함석헌 등 재야인사들과의 교감을 통해 유신정권에 대한 대반격을 준비한다.

1976년 3월 1일 오후 6시. 서울 명동성당에서 400여 명의 신자와 민주인사들이 저녁미사를 봉헌했다. 미사가 끝나자 서울여대 교수 이우정이 앞으로 나가 '민주구국 선언문'을 큰 소리로 낭독하기 시작했다.

> "이 나라는 일인 독재 아래 인권은 유린되고 자유는 박탈당하고 있다. 이리하여 이 민족은 목적의식과 방향감각, 민주주의에 대한 신념을 잃고 총파국을 향해 한걸음씩 다가가고 있다. 우리는 국민의 자유를 억압하는 긴급조치를 곧 철폐하고 민주주의를 요구하다가 투옥된 민주인사들과 학생들을 석방하라고 요구한다. 국민의 의사가 자유로이 표명될 수

있도록 언론·집회·출판의 자유를 국민에게 돌려달라고 요구한다. 유신헌법으로 허울만 남은 의회정치가 회복되어야 한다고 주장한다."

선언문이 발표된 날 저녁 제일먼저 이를 낭독했던 이우정이 연행되었고, 다음날부터 함석헌·이문영·문동환 등이 연행되었다. 이때만 해도 김대중은 무사했다. 그러나 나중에 선언문 서명자 가운데 김대중의 이름을 발견한 박정희의 격노로 3월 8일 '대통령 긴급조치 제 9호' 위반으로 구속된다. 김대중은 법정에서 대통령 긴급조치권을 정면으로 반박하는 등 옥중투쟁을 벌였지만 최종심에서 징역 5년 자격정지 5년을 선고받는다. 그리고 진주교도소에 수감된다. 그가 회고하는 진주교도소 독방생활의 한 일화(逸話)다.

"거미가 집을 지었는데, 먹일 게 없어 가여운 나머지 파리를 잡아 주었다. 그러나 거미는 죽은 파리를 거들떠보지도 않았다. 반쯤 죽은 살아있는 파리를 올려 주면 속은 빨아먹고 껍데기는 밑으로 버렸다. 죽은 건 먹으려고 하지 않았다. 그래서 나는 감옥생활의 무료함과 답답함을 달래려고 파리를 죽이지 않고 반쯤 산 채로 잡는 것을 운동 삼아 했던 적도 있다."

김대중은 투옥된 지 약 1년 9개월이 되는 1977년 12월 22일, 신병 치료 명목으로 서울대병원 특별감(特別監)으로 이송된다. 그러나 병원이라고 해서 자유가 주어진 것은 아니었다. 그곳은 교도소 보다 더 엄하게 신변을 감시하고 면회를 제한했으며 외부와의 접촉도 철저히 막았다. 김대중은 서울구치소장과 법무장관에게 다시 교도소로 돌려보내 달라고 신청했지만 아무 반응이 없었다. 견디기 힘든 나날이었다. 견디다 못한 그는 단식을 하기도 했다. 그러다 그는 1978년 12월 27일 박정희의 제 9대 대통령 취임 특별사면으로 형집행정지가 내려져 마침내 자유의 몸이 된다. 2년 9개월 만이었다.

총재 경선 김영삼 지원

김대중이 수감생활을 마치고 나왔을 때 신민당은 중도통합(中道統合)을 주장하며 유신체제에 대해 온건론을 펼치고 있던 이철승이 당권을 쥐고 있었다. 이에 반해 이철승에게 당권을 잃고 비주류로 있던 김영삼은 유신체제에 대한 선명투쟁을 주도하며 반(反) 이철승 조직구축에 나섰다. '야당성회복 투쟁위원회'가 바로 그것이었다. 원외세력이 중심이 된 야투(野鬪)는 당내에서 이철승 체제를 위협하는 강력한 도전세력이 되었다.

1979년 5월 30일에 열릴 신민당 전당대회는 온건파 이철승 체제의 지속이냐, 강경파 김영삼의 당권 탈환이냐를 결정짓는 대결장이었다. 유신정권에 대한 강력한 도전을 천명한 김영삼이 명분에서 우위에 있었지만 승리를 장담할 수는 없었다. 보이지 않는 손의 개입이 우려됐다. 실제 박정희 정권이 김영삼의 당권 복귀를 저지하기 위해 이철승 측에 자금까지 대주고 있다는 소문이 돌기도 했다. 모처에서 5억 원을 지원했었다느니, 한 표당 100만 원이라느니 하는 풍문이 꼬리에 꼬리를 물었다.

이런 순간에 침묵하던 김대중이 나섰다. 전격적으로 김영삼 지지를 선언한 것이다. 김대중은 이철승의 중도노선과 거리가 있는 출마자들을 설득하기 시작했다. 사실상 당을 떠나 있었지만 그의 영향력은 여전했다. 조윤형, 김재광, 박영록이 김영삼 지지를 선언하며 출마포기 의사를 밝혔다. 판도가 달라지기 시작했다.

전당대회 전날 양측은 각각 다른 장소에서 지지자 대회를 열었다. 저녁 6시 반 종로 한일관에서 열린 '이 대표 추대 대연합의 밤' 행사에서 이철승은 "외세를 이용하려는 것은 조강지처를 버리고 이웃집 유부녀를 탐내는 것"이라며 김영삼-김대중 연합에 대해 맹렬한 비난을 가한다.

같은 날 저녁 7시, 김영삼 측은 을지로 아서원에서 지지자 1,000여 명이 모여 '민권의 밤'을 열었다. 이 자리에 김대중이 7년 만에 당원들 앞에 모습을 드러냈다.

"이번 전당대회는 김영삼-이철승의 싸움이 아니라 친유신과 반유신, 친민주와 반민주세력 간의 싸움이다. 친유신파가 당선되면 다시는 야당이라는 말이 없어진다. 내가 김영삼 씨를 지지하는 것은 현 정권이 제일 싫어하고 미워하는 사람이기 때문이다. 이 정권이 배격하는 사람, 국민이 당선을 바라는 사람이 김영삼 씨다. 그를 지지하는 것이 나를 지지하는 것으로 믿고 그를 총재에 당선시켜 달라."

김대중의 지지연설은 한 시간이나 계속되었다. 만세소리와 박수가 터져 나왔다. 눈시울을 적시는 사람도 있었다. 김영삼 역시 "우리 두 사람이 민주회복의 그날까지 동지로 뭉쳐 싸워 나가겠다. 내일은 위대한 민권의 승리를 다짐하자"며 응답했다. 결국 김영삼은 김대중의 지지에 힘입어 이철승을 힘겹게 꺾고 당권을 탈환한다.

서울의 봄, 그리고 사형선고

1979년 10월 26일, 박정희가 심복인 중앙정보부장 김재규에게 피살됨으로써 유신정권은 막을 내린다. 이른바 '서울의 봄'이 도래한 것이다. 계엄령이 계속되고 있는 가운데 1980년 2월 29일 김대중을 포함한 687명이 복권(復權) 된다. 형집행정지로 석방된 뒤에도 가택연금으로 자유로운 활동이 불가능했던 김대중은 유신체제 이후 7년이 지나 국민 앞에 설 수 있게 됐다.

유신정권 시절 협력했던 김영삼과의 치열한 경쟁이 시작됐다. 그러나 '서울의 봄'은 길지 않았다. 12·12사태로 군권(軍權) 을 장악한 전두환 중심의 신군부(新軍部) 가 5월 17일을 기해 비상계엄을 전국으로 확대하는 비상조치를 단행한 것이다.

5월 17일 밤, 김대중의 동교동 집에 초인종이 울렸다. 뒤이어 착검한 M16소총으로 무장한 군인들이 함윤식, 이세웅 등 경호원들을 개머리판으로 쳐서 쓰러뜨린 후 응접실 문을 밀치고 들어왔다. 군인들은 놀라 뛰어나오는 비서 김옥두, 이협 등에 총을 들이댔다. 응접실에 앉아 있던 김대중은 부인 이희호에게 조용히 말했다. "나를 잡으러 온 모양이오. 옷 좀 내오시오." 그렇게 김대중은 군인들에게 끌려갔다.

그리고 다음날 광주(光州)의 비극이 시작된다. 비상계엄 해제와 김대중 석방을 요구하는 시민 학생들이 계엄군과 충돌하면서 광주 일원에서의 대규모 유혈사태가 일어난 것이다. 계엄사령부는 7월 4일 "김대중은 광주사태 발단을 배후조종 하는 등 폭력민중봉기를 획책하였으며, 해방 직후부터 좌익활동에 가담한 열성공산주의자였으며, 해외에서 북괴의 노선에 동조하는 반국가단체인 한민통(韓民統)을 만들었으며, 이들 불순분자들과 접촉해 왔다"는 내용의 이른바 '김대중 등 내란음모사건'을 발표한다.

이어 군법회의는 8월 14일 김대중, 문익환, 이문영, 예춘호, 이신범, 조성우, 송기원, 이석표, 설훈, 심재철, 고은, 이해찬, 김상현, 서남동, 김종완, 한승헌, 이해동, 김윤식, 한완상, 유인호, 송건호, 이호철, 이택돈, 김녹영 등 24명을 기소했다. 재판은 그저 요식행위였고 속전속결로 진행됐다.

> "나는 아마도 사형판결을 받고 또 틀림없이 처형당하겠지만 내가 처형당한다고 하는 것은 처음부터 각오하고 있는 것입니다. 내 판단으로는 머지않아 1980년대에는 반드시 민주주의가 회복될 것입니다. 나는 그것을 확실히 믿고 있습니다. 그때가 되거든 먼저 죽어간 나를 위해서든, 또 다른 누구를 위해서든 정치적인 보복이 이 땅에서 다시는 행해지지 않도록 부탁하고 싶습니다. 이것이야말로 내 마지막 남은 소망이기도 하고 또 하느님의 이름으로 하는 내 마지막 유언입니다."

그의 최후 진술이 끝나자 방청석의 가족과 친지들이 일제히 일어나 박수를 쳤다. 피고인들이 수갑을 차는 동안 문익환의 부인 박용길이 '우리 승리하리라'를 부르기 시작했다. "우리 승리하리 그날에, 오오 참맘으로 나는 믿네…" 가족들도 일제히 합창했다. 장내 정리요원들이 일제히 달려들어 그들을 밖으로 끌어냈다. 가족들은 퇴장하며 법정을 향해 "조작극이다!" "민주주의 만세!"를 외쳤다.

1981년 '김대중 내란음모사건'으로 형이 확정돼 사형수 신분으로 청주교도소에 수감됐을 당시의 김대중 옥중사진. 왼쪽 가슴에 수형번호 9번을 달고 있다.

나흘 후 선고공판이 열렸다. 재판장 문응식 소장(少將)이 형량을 선고했다.

"김대중 사형!"

이후 우여곡절 끝에 무기징역으로 감형된 김대중은 청주교도소에서 수감생활을 시작한다. 그는 특별감방에 넣어졌다. 그 독방 양옆은 모두 비어 있었다. 철저한 격리조치였다. 독서와 가족들에게 편지 쓰는 것만이 그의 유일한 즐거움이었다.

전두환에 선처 탄원서

투사(鬪士) 김대중도 인간이었다. 그는 사형에서 무기징역, 그리고 징역 20년으로 형량이 줄어 목숨을 건진 이후인 1982년 12월 13일 대통령 전두환에게 '선처'를 호소하는 자필 탄원서를 보낸다. 탄원서 내용은 다음과 같다.

"전두환 대통령 각하.

국사에 전념하신 가운데 각하의 존체 더욱 건강하심을 앙축하나이다.

각하께서도 아시다시피 본인은 교도소 생활이 2년 반에 이르렀사온데 본래의 지병인 고관절 변형증과 이명(耳鳴) 등으로 고초를 겪고 있으며 전문의에 의한 충분한 치료를 받고자 갈망하고 있습니다. 본인은 각하께서 출국 허가만 해주신다면 미국에서 2~3년간 체류하면서 완전한 치료를 받고자 희망하온데 허가하여 주시면 감사천만이겠습니다.

아울러 말씀드릴 것은 본인은 앞으로 국내외를 막론하고 일체 정치활동을 하지 않겠으며 일방 국가의 안보와 정치의 안정을 해하는 행위를 하지 않겠음을 약속드리면서 각하의 선처를 앙망하옵니다."

김대중의 탄원을 받은 전두환은 사흘 뒤 '은전'(恩典)을 베풀었다. 김대중은 12월 16일 오전 보석(保釋)으로 풀려나 서울대병원으로 이송돼 치료를 받는다. 그리고 12월 23일 부인 이희호, 삼남 홍걸과 함께 미국행 노스웨스트 비행기에 몸을 싣는다. 그러나 어떻게 정치인이 정치를 안 할 수 있으랴. 김대중은 미국에 도착해 곧 정치활동을 시작한다. 그의 활동의 주된 내용은 학계와 종교계 등에서 초청한 강연과 연설, 언론매체 기고 등이었고 정계 인사들과 만나 한국의 민주주의에 대한 자신의 의견을 전달하는 것 등이었다.

1983년 2월에는 '한국인권문제연구소'를 만든다. 재미교포들이 낸 성금으로 운영되던 한국인권문제연구소는 매월 1회 〈행동하는 양심으로〉라는 신문을 발간하여 3,000여 교포들에게 배포했다.

한편 국내에서 가택연금을 당한 김영삼은 1983년 5월 18일 광주민주항쟁 3주년을 맞아 목숨을 건 단식(斷食) 투쟁에 들어간다. 이 소식은 미국의 김대중에게도 전달되었다. 단식 7일째인 5월 24일 김대중은 김영삼의 단식에 연대의사를 표시하는 성명서를 발표한다. 양김(兩金) 연합의 신호탄이었다. 김영삼의 단식은 양김이 분열과 갈등의 과거를 떨치고 다시 전두환 정권과 맞서는 투쟁전선으로 뭉치게 만들었다. 이에 두 사람은 8월 13일 '민주화 투쟁은 민족의 독립과 해방을 위한 투쟁이다'라는 장문의 성명서를 한국과 미국에서 동시에 발표한다.

공동성명을 낸 뒤 두 사람은 더욱 적극적이고 조직적인 연대를 모색한다. 그리고 '민주화추진협의회'(이하 '민추협'으로 약칭)가 연대의 결실로 태어난다. 민추협은 김대중의 동교동계에서는 김상현·김녹영·조연하·예춘호 등이 주축이 되었고, 김영삼의 상도동계에서는 이민우·김명윤·최형우·김동영 등이 주도적으로 참여했다.

1984년 5월 18일 민추협은 서울 외교구락부에서 김대중을 고문, 김영삼을 공동의장, 김상현을 공동의장 권한대행으로 추대하고 정식으로 출범한다. 민추협은 신당 창당을 놓고 의견이 갈렸지만 대체로 신당 참여 주장이 우세했다. 민추협의 신당 참여 문제는 총선 참여와도 밀접하게 결합되어 있었다. 신당에는 민추협뿐만 아니라 이철승, 김재광, 신도환 등 비민추협도 참여를 결정했다.

결국 신당 추진세력은 민추협의 동교동계, 상도동계와 비민추협의 이철승계, 김재광계, 신도환계 등이 참여한 가운데 1985년 1월 18일 신한민주당(新韓民主黨, 이하 '신민당'으로 약칭)을 창당한다.

2·12 총선 앞두고 귀국

창당을 마친 신민당은 2·12 총선 준비에 본격 착수한다. 신민당은 선명성 경쟁으로 관제 야당인 민주한국당(民主韓國黨, 이하 '민한당'으로 약칭)을 누르는 전략을 선택했다. 먼저 김영삼은 총재 이민우를 정치 1번지인 종로·중구에 출마시키는 승부수를 던진다. 급변하는 정국 속에서 김대중도 미국에 머물러 있을 수만은 없었다. 그는 귀국을 감행하기로 결심하고 자신의 안전 귀국을 위해 각계에 도움을 요청한다. 2년여의 미국생활에서 사귄 150여 명의 미국 내 저명인사들이 그의 안전 귀국과 정치활동 자유보장을 희망하는 편지를 대통령 전두환에게 보냈다.

1985년 2월 7일, 워싱턴을 출발한 김대중은 도쿄를 거쳐 이튿날 오전 11시 40분 노스웨스트 오리엔트 항공 191기편으로 김포공항에 도착했다.

형집행정지로 비밀리에 출국 당한 지 만 2년 47일 만에 조국으로 돌아온 것이다. 총선 나흘 전이었다.

그의 귀국에는 미 하원의원, 국무성 인권담당차관보, 예비역 해군대장, 아메리칸 익스프레스 사장 등 22명의 외국 저명인사들이 동행했다. 김대중을 '제 2의 아키노'(필리핀의 야당지도자 아키노는 귀국 뒤 공항에서 암살됐다)로 만들 수는 없다는 것이었다. 김대중이 동교동 자택에 도착하자 집 주변에는 10개의 경찰초소가 세워졌다. 골목 입구에는 '이 지역은 당분간 안전유지를 위해 출입을 제한하오니 협조해 주시기 바랍니다'라는 마포경찰서장 명의의 표지판이 섰다. "연금하는 것이냐?"라는 김대중의 물음에 마포경찰서 정보과장은 "그렇습니다. 선생님은 형집행정지 상태에다 정치활동이 금지되어 있고 신변안전을 위해 외출을 통제하고 외부인의 출입을 막을 생각입니다"라고 대답했다.

비록 가택연금을 당했지만 정치망명을 마치고 돌아온 김대중은 신민당 바람의 진원지 역할을 톡톡히 했다. 김대중의 귀국으로 신민당 바람은 한층 더 거세졌다. 2·12총선에서 신민당은 관제 야당 민한당을 누르고 제1야당이 되었다. 그리고 민한당을 붕괴시켰다. 이로써 김대중은 제 1야당 신민당의 대주주로서의 정치적 위상을 확보했다. 그러나 그의 가택연금은 변하지 않았다. 이따금 연금이 풀리면 방문자와 대화를 나눌 수 있었다. 연금이 다시 시작되면 어느 누구와도 만날 수 없었다. 이 같은 일이 반복됐다.

정국은 갈수록 경색된다. 1986년 10월 28일 '건국대 사태'로 1,274명의 학생들이 연행됐다. 단일사건 연행수로는 한국 학생운동 사상 최다 기록이었다. 김대중은 위기를 직감했다. 뭔가 중대결심이 필요했다. 이에 김대중은 11월 5일 전두환 정권에 대해 "학생들을 석방하고 대통령 직선제를 받아들여라. 나의 제안이 받아들여진다면 나는 차기 대선에 출마하지 않겠다"는 조건부 불출마 제안을 한다.

한편 국회부의장 파동과 신보수회 집단탈당 등 내분으로 어려움을 겪은 신민당은 '이민우 구상'이라는 돌발 사태에 직면한다. 대리인 총재 이민우가 대주주인 김영삼과 김대중의 뜻에 반해 '선 민주화 후 내각제 협상'을 주장한 것이다. 이와 때를 같이해 이철승 등 비주류는 이민우 구상에 동조하면서 양김(兩金)에 대한 공세를 강화한다.

분당(分黨)이 불가피했다. 이에 김대중과 김영삼은 각각 계파의원들을 이끌고 1987년 5월 1일 서울 동숭동 흥사단 강당에서 대의원 701명이 참석한 가운데 창당대회를 갖고 통일민주당(統一民主黨, 이하 '민주당'으로 약칭)을 출범시킨다. 곧이어 '민주헌법쟁취국민운동본부'가 결성되었고, 민주당도 이에 적극 참여한다. 제도권 야당과 재야세력의 연합이었다. 박종철 고문사건으로 촉발된 전두환 정권과 민주화 세력의 극한 대결은 이제 그 끝을 향해 달리고 있었다.

6월항쟁이 시작된 것이다. "독재타도" "호헌철폐"를 외치는 학생들의 시위에 넥타이를 맨 직장인들이 동참했다. 전두환 정권은 결국 항복했다. 직선제 개헌 수용과 김대중의 복권 조치를 주요 내용으로 하는 이른바 '6·29선언'이 발표된 것이다.

평화민주당 창당

6·29선언이 발표되자 이제 관심은 김대중과 김영삼 두 사람 가운데 누가 야권의 대통령 후보가 되는가에 쏠렸다. 복권이 된 김대중이 대통령 후보로 나서는 데 가장 걸림돌이 된 것은 지난해 11월에 발표한 '조건부 불출마 선언'이었다. 불출마 선언을 논리적으로 극복하지 않고는 출마의 명분을 갖지 못하기 때문이다. 그는 출마의 명분을 찾기 시작했다. 그는 기자들과의 인터뷰에서 "작년 11월 나의 선언은 현 정권이 자진해서 직선제를 수락하는 경우를 상정한 것이지만, 이번 6·29선언은 국민이 직선제를 쟁취한 것이므로 상황이 달라졌다"고 말하며 불출마 선언 무효 논리를 내세웠다.

1987년 10월 26일 고려대에서 열린 '거국중립내각 쟁취 실천대회'에 연사로 참석한 김대중(왼쪽)과 김영삼이 나란히 앉아 서로를 외면하고 있다.

8월 8일 민주당에 입당한 김대중은 9월 8일 가장 먼저 광주를 방문했다. 그로서는 1971년 대통령 선거 이후 16년 만에 광주를 찾은 것이었다. 광주역에 도착한 시간은 오후 1시, 광주역 광장은 온통 사람의 물결로 넘쳐났다. 김대중은 망월동 묘역으로 향했다. 그가 지나가는 거리거리마다 시민들은 환호했다. 연도에 늘어선 이들 중에는 눈물을 흘리는 사람도 있었다. 50만 명으로 추산되었던 환영인파에 김대중은 감격했다.

김대중은 이어 대전과 인천을 잇달아 방문한다. 환영 인파들 속에서 "출마, 당선"이라는 구호가 터져 나오기도 했다. 김대중이 광주를 방문하고서 자신의 출마 근거를 찾았듯이, 김영삼은 부산 수영만에 100만 명이 넘는 인파를 모아 '군정종식 부산국민대회'를 치르면서 출마의 불가피성을 확인했다.

두 사람에 대한 국민들의 환영이 커질수록 후보 단일화는 저 멀리 멀어져 갔다. 김대중은 결국 탈당을 선택했다. 그리고 1987년 11월 12일 세종문화회관 별관에서 대의원 3,269명이 참석한 가운데 전당대회를 열고 평화민주당(平和民主黨, 이하 '평민당'으로 약칭)을 창당한다. 평민당은 전당대회에서 김대중을 대통령 후보로 선출해 본격적인 선거운동에 나선다. 선거전은 1노3김(一盧三金)으로 압축된 가운데 김대중은 함석헌, 문익환, 홍남순 등 재야지도자급 인사 4,300여명의 지지선언을 얻어낸 데 이어 11월 29일 여의도 유세에 130만 명이 넘는 인파를 모으면서 기세를 올린다.

그러나 선거 결과 4자필승론(노태우가 대구경북, 김영삼이 부산경남, 김종필이 충청, 자신이 호남을 나눠 가진 가운데 승부처인 서울경기에서 우세한 자신이 당선된다는 논리)을 설파한 김대중의 기대는 물거품이 되고 만다. 1987년 12월 16일 실시된 제13대 대통령 선거 결과는 민정당의 노태우 36.6%, 민주당의 김영삼 28%, 평민당의 김대중 27.1%, 공화당의 김종필 8.1%였다. 50% 이상의 압승을 자신했던 김대중은 노태우, 김영삼에 이어 3위에 그치고 말았다.

그러나 평민당은 이듬해 4월 26일 실시된 총선에서 '황색바람'에 힘입어 70석을 얻음으로써 59석 확보에 그친 김영삼의 민주당을 누르고 제1야당에 오른다. 하지만 김대중의 제1야당 총재 생활은 그리 길지 않았다. 1990년 1월 22일, 민정당 노태우, 민주당 김영삼, 공화당 김종필이 3당 합당을 선언한 것이다. 이제 216석의 공룡여당 민주자유당(民主自由黨, 이하 '민자당'으로 약칭)에 맞서기에 평민당은 너무 체급이 작았다. 몸 불리기가 절실했다. 이에 평민당은 3당 합당을 거부하고 남은 민주당 잔류 의원들 중심으로 만든 이른바 '꼬마민주당'과의 통합 협상에 본격 나선다.

그러나 통합 논의가 진전을 보지 못하자 평민당은 먼저 김관석·이우정·오충일 등 재야세력과 통합을 선언하고 4월 9일 신민주연합당(이하 '신민당'으로 약칭)을 창당한다. 이로써 1987년 11월 12일 김대중의 대선 출마를 위해 창당되었던 평민당은 3년 5개월 만에 간판을 내리게 된다.

대선패배와 정계은퇴

1991년 6월 20일 실시된 시·도의원 선거 결과 여당인 민자당이 전체 광역의원 866명 가운데 65.1%인 564명을 당선시킨 데 비해 신민당은 19.1%인 165명, 민주당은 2.4%인 21명을 당선시키는 데 그치는 충격적인 참패를 당한다.

조윤형, 정대철 등 신민당의 이른바 서명파 그룹은 "통합을 위해 필요하다면 김대중 총재가 2선 후퇴를 해야 한다. 대권을 위해 당권을 양보해야 한다"는 주장을 펴며 야권통합을 압박했다. 민주당 쪽에서도 비주류 측은 이기택 총재에 대한 인책론과 함께 통합을 요구했다. 이에 위기의식을 느낀 신민당의 김대중과 민주당의 이기택은 각각 당내에서 대두하고 있는 인책론을 피하고 곧 있게 될 14대 총선에 대비하기 위해 본격적인 야권통합에 나선다. 그러나 통합 논의는 지도체제 등을 놓고 의견이 갈려 난항을 겪게 된다.

그러나 우여곡절 끝에 양당이 지도체제 문제와 관련해 법적으로는 김대중 단독대표, 정치적으로는 김대중-이기택 공동대표라는 절충안을 마련하면서 야권통합의 불씨를 살리게 된다. 이에 양당은 9월 10일 신민당의 김원기, 한광옥, 신기하와 민주당의 이철, 김정길, 장기욱 등 6인 실무대표가 통합신당의 당명을 '민주당'으로 결정하는 등 5개항에 합의한다. 이어 양당 총재인 김대중과 이기택이 합동기자회견을 갖고 민주당 창당을 공식 선언한다. 이로써 통합야당 민주당은 75석을 확보함과 동시에 지역기반을 전국적으로 확대하는 효과를 거둔다. 신민당과 민주당의 합당으로 새롭게 출범한 통합야당 민주당은 1992년 3월 24일 실시된 제 14대 총선에서 민자당의 149석에는 훨씬 못 미치지만 97석을 얻는 예상외의 승리를 거둠으로써 연말로 예정된 대통령 선거에 기대를 갖게 된다.

이기택을 누르고 민주당의 대통령 후보로 선출된 김대중은 이른바 '뉴 DJ플랜'을 표방하며 이미지 메이킹에 들어갔다. 국민에게 인상지어진 과

격성을 탈피하고자 표정과 언행을 부드럽게 했다. 또 대미관계에서 의견 충돌을 피하며 대북문제에서는 보수적인 입장을 취하는 것이었다. 또 대선결과에 관계없이 선거 뒤에는 당권을 이기택에게 넘겨주겠다는 약속으로 민주계의 헌신적인 지지를 이끌어 낸다.

그러나 1992년 12월 18일 실시된 선거 결과는 기대 이하의 참패로 끝나고 말았다. 개표 결과 민자당 김영삼 42%, 민주당 김대중 33.8%, 국민당 정주영 16.3%, 신정당 박찬종 6.4%, 무소속 백기완 1% 등의 순이었다. 국민당의 정주영이 최소한 20% 이상을 득표해 김영삼의 표를 잠식해 줄 것으로 기대했던 예측은 완전히 빗나가고 말았다.

선거 다음날 새벽 3시경, 김대중은 자리에서 일어나 정계은퇴를 결심할 때가 왔음을 절실하게 느꼈다. 그리고 아내 이희호에게 심경을 밝히며 동의를 구했다. 천천히 고개를 끄덕이는 이희호의 눈가에 이슬이 맺혀 있었다. 12월 19일 오전 8시30분, 김대중은 민주당 당사에서 기자회견을 갖고 정계은퇴 선언을 발표한다.

> "국민 여러분! 저는 오늘로서 국회의원직을 사퇴하고 평범한 시민이 되겠습니다. 이로써 40년의 파란 많았던 정치생활에 사실상 종말을 고한다고 생각하니 감개무량한 심정을 금할 길이 없습니다. 그간 국민 여러분의 막중한 사랑과 성원을 받았습니다. 진심으로 감사드립니다. 국민 여러분의 하해와 같은 은혜를 하나도 갚지 못하고 물러나게 된 점 가슴 아프고 송구스럽게 생각합니다."

이어 김대중은 1993년 1월 26일 영국 케임브리지대학으로 6개월 예정의 연구활동을 위해 출국하게 된다.

'3전4기' 대통령에 당선

귀국 후 아태(亞太) 평화재단을 설립하는 등 정계복귀 수순을 밟아 나가던 김대중은 지방선거가 끝난 1995년 7월 18일 여의도 63빌딩에서 기자회견을 갖고 정계복귀와 신당 창당을 선언한다.

> "참으로 고뇌에 찬 마음과 죄송한 심정으로 정계복귀에 대한 의사를 국민에게 밝힌다. 1992년 12월 19일 국민여러분께 드린 정계은퇴선언 당시 오늘 이런 일이 있으리라고는 꿈에도 생각지 못했다. 민주당은 야당의 역할을 제대로 못해 왔을 뿐 아니라 김영삼 대통령으로부터 대화의 상대로조차 취급받지 못할 정도가 됐다. 당은 없고 파벌만 있다. 당대표의 지도력 부재, 나눠 먹기식 당 운영 등으로 당은 절망적인 혼란과 기능마비를 보여 주고 있다. 비록 지금은 비판을 받더라도 당과 국정을 바로 잡는데 조그마한 힘이라도 보태는 것이 '행동하는 양심'을 평생의 신조로 살아온 내가 택할 길이라는 결론에 도달하게 됐다."

이에 따라 9월 5일 새정치국민회의(이하 '국민회의'로 약칭)는 창당대회를 열고 김대중을 총재로 추대한다. 부총재에는 김근태, 김영배, 박상규, 신낙균, 유재건, 이종찬, 정대철, 조세형이 선출됐다. 한편 국민회의는 1996년 4·11총선 직후부터 시작된 신한국당의 야당 당선자 빼가기 움직임에 위기감을 느끼면서 김종필의 자민련과 함께 공동대응을 모색하기 시작한다. 이렇게 시작된 국민회의와 자민련의 공조체제는 이후 여러 차례의 합동의총(議總)과 정책토론회 등으로 이어졌고 보궐선거 등의 '선거공조'까지 성사 시킨다.

그러나 1997년 5월 19일 국민회의 대통령 후보로 선출된 김대중은 자민련과의 후보 단일화 움직임에도 불구하고 각종 여론조사에서 신한국당 후보인 이회창에 비해 크게 뒤지고 있었다. 이에 국민회의는 8월 초 임시국회에서 이회창의 두 아들에 대한 병역기피 의혹을 제기하면서 상황을

1996년 12월 19일 국민회의와 자민련 합동모임에서 야권 공조를 강조하며 '고향의 봄' 노래를 함께 부르고 있는 김대중(왼쪽)과 김종필.

일시에 반전시키는 데 성공한다. 호재는 또 있었다. 신한국당 경선에서 이회창에게 패한 이인제가 원유철, 박범진, 김학원, 이용삼 등 지지의원들을 이끌고 탈당해 출마를 선언한 것이다.

이런 가운데 10월 27일 김대중이 김종필의 청구동 자택을 은밀히 방문해 후보 단일화에 전격 합의한다. 양당은 후보 단일화의 조건으로 대선승리 후 국민회의와 자민련이 각각 50대 50의 권력지분을 갖는 공동정부를 구성하기로 약속한다. 하지만 야권후보 단일화는 곧바로 'DJP 밀실야합' '권력 나눠먹기'라는 비판에 부딪힌다. 김대중은 40%에 육박하는 지지율로 거의 승세를 굳혀가다 DJP 단일화의 역풍으로 지지율이 큰 폭으로 하락하면서 막판 상승 분위기를 타던 이회창과 호각지세를 이루는 상황까지 몰리게 된다.

12월 18일 실시된 대통령 선거 결과는 국민회의 김대중 1032만 6275표(40.3%), 한나라당 이회창 993만 5718표(38.7%), 국민신당 이인제 492만 5591표(19.2%)로 나타났다. 이로써 김대중은 1971년 박정희에 맞서 첫 대권도전을 시작한 지 27년 만에 마침내 대통령에 당선되었다.

이
회
창(1935~)은 흔히 '대쪽'으로 불린다. 그런 그가 정계은퇴의 약속을 번복하며 다시 정치판에 돌아왔다. 단순히 국회의원을 하기 위해서는 아닐 것이다. 대법관, 감사원장, 국무총리, 야당대표와 세 번의 대선후보를 지낸 그의 마지막 승부는 어떻게 끝나게 될까.

법의 칼, 정치의 저울

대선을 한 달여 앞둔 2007년 11월 9일.

이회창이 노타이와 점퍼 차림으로 남대문로 단암빌딩의 선대위 사무실 문을 열고 들어섰다. 그는 사무실에 들어서자마자 지지자와 취재진들이 보는 앞에서 구두를 신은 채 책상 위로 올라갔다. 그는 "앞으로 저를 총재라고 부르지 마라. 같이 뛰는 동지, 일꾼이다. 세상의 가장 낮은 지대에서 출발하겠다"고 선언했다. 그리고는 주먹을 불끈 쥔 채 크게 외쳤다.

"발로 뛰자."
"아래서 위로."
"창을 열자."

생경(生硬)한 모습이다. 이전의 이회창을 기억하는 사람들은 당혹감을 느낄 만했다. '원칙'과 '대쪽'으로 대표되는 그의 정치스타일은 사람들로 하여금 친근감보다는 왠지 가까이하기 어려운 차가운 이미지로 각인됐다. 이전의 그는 급(級)을 따지는 데도 매우 예민했다. 그가 신한국당 대표로 있을 때 김영삼 대통령과의 정기적인 만남을 놓고 '주례보고'냐 '주례회동'이냐는 용어 문제로 청와대와 신경전을 벌인 일은 유명하다. 한 언론사 행사에 초청되어 가는 길에 다른 당(黨)에서 참석한 사람이 자기보다 급이 낮다는 사실을 알고 차를 돌린 적도 있다.

이회창은 모든 일에 있어 자신이 정한 '틀'에서 벗어나는 것을 용납하지 않았다. 그와 인터뷰하려는 기자는 항상 사전에 예상 질문지를 보내야 했다. 예상 질문지를 토대로 예상답변을 미리 만들어 완전히 익힌 다음에야 인터뷰에 응했기 때문이다.

그는 가끔 예상할 수 없는 분노로 주위 사람들을 당혹스럽게 만드는 때도 있었다. 1997년 대선 직전 가진 기자들과의 술자리에서 한 언론사 기자에게 했다는 "잘 쓰라고. 그렇지 않으면 내 자네 창자를 뽑아 버리겠네"라고 한 말은 지금도 기자 사회에서 회자(膾炙) 되고 있다.

그러나 정반대의 모습도 존재했다. 그를 만나 본 사람들은 정치 입문한지 오래됐는데도 여전히 '부끄러워한다'는 느낌을 받을 때가 많다고 말한다. 또 다소 어색하지만 가끔 유머 감각을 뽐내기도 했다. 2002년 대선 때 당사 앞에서 헌혈을 하고 나온 뒤 "찔러도 피 한 방울 안 나올 사람이라고 하는데, 피가 잘만 나오더만"이라고 말해 주변 사람들이 박장대소한 일도 있다.

세 번의 대권도전 실패. 잇따른 좌절에 따른 정치엘리트의 굴욕과 참담함 때문일까. 정계복귀 이후의 정치행보를 보면 그는 '명분'보다 좀더 '현실'로 기운 듯하다. 원내교섭단체 구성을 위해 전혀 색깔이 다른 문국현의 창조한국당과 연대한 것이 그 한 예(例)다.

김영삼도 명분 대신 현실을 택한 3당 합당으로 대통령이 되었고, 김대중도 명분보다 실리를 노린 'DJP연합'으로 집권했는데 나라고 못할 것 있느냐는 생각에서일까. 그가 달라지고 있다.

출생은 서흥, 본향은 예산

이회창(李會昌)은 1935년 6월 2일 황해도 서흥(瑞興)에서 검찰 공무원이던 아버지 이홍규(李弘圭)와 초등학교 교사였던 어머니 김사순(金四純)의 4남 1녀 중 둘째아들로 태어났다. 그는 아호로 '경사'(徑史)를 쓰고 있지만 대중들에게 익숙하진 않다.

그가 서흥에서 태어난 것은 그의 아버지 이홍규가 일제 강점기인 당시 해주지방법원 서흥지청에 근무하고 있었기 때문이다. 그의 아버지 이홍규는 경성제일고보와 경성법전(서울법대 전신)을 나와 검찰 서기로 일하다 해방 후 검사로 임관됐다. 이후 광주지검장과 법무부 교정국장 등을 지냈으며, 이회창이 노무현과 맞서 대통령 후보로 유세중이던 2002년 10월 31일 97세로 별세했다.

이회창 집안의 본향(本鄕)은 충남 예산군 예산읍 예산리이다. 그의 16대조가 단종이 왕위를 찬탈당했을 때 사헌부의 벼슬을 버리고 낙향한 뒤 줄곧 대(代)를 이어 왔다. 이회창은 어린 시절 아버지의 임지를 따라 이리저리 옮겨 다녔다. 황해도 서흥에서 태어난 그는 얼마 안 지나 서울로 올라왔다. 그러나 그것도 잠깐, 다시 아버지가 광주(光州)지검으로 발령이 나 서너 살 때까지 전남 장흥에서 자라게 된다.

이회창은 여덟 살이 되자 광주 서석(瑞石)초등학교에 들어가 5학년까지 다니다 6학년으로 진급하지 않고 검정고시를 거쳐 광주서중(광주일고의 전신) 입학시험에 합격한다. 하지만 그는 그 학교를 다닐 수 없었다. 아버지가 다시 전근을 가게 되어 충북 청주로 이사해야 했기 때문이다. 이에 이회창은 청주중학교의 교복을 입게 되었다. 그는 전학생은 아니었지만 사실상 전학생 신세나 마찬가지였다. 같은 반 친구들은 모두 청주 출신이었다. 그가 그들과 친해지는 방법으로 택한 건 야구였다. 그의 권유로 야구를 시작한 아이들은 이 재미난 운동에 쉽게 빠져 들었다. 얼마 후 그의 반 친구들은 매일같이 방과 후엔 야구를 하게 되었고, 덕분에 이회창은 외톨이 신세를 면할 수 있었다.

조치원역 가출사건

청주중학교 시절 그는 가출한 경험도 있다. 기말고사 수학시험을 형편없이 망쳤다고 생각한 그는 심한 자괴감을 느꼈다. 부모님을 뵐 면목도

청주중 시절의 이회창.

없었다. 마침내 그는 가출을 결심했다. 그는 "이제 정상적인 학교생활을 할 수 없다. 부모님의 기대도 따라갈 수가 없다. 그렇다면 남은 길은 한 가지뿐이다. 기차 화물칸이라도 타고 서울로 올라가는 것이다. 혼자서 돈 벌어 고학(苦學)해서 성공해 집으로 돌아가자"라고 생각했다.

그러나 청주역에서 서울로 가는 기차가 없었다. 그래서 할 수 없이 걸어서 조치원역까지 가야했다. 조치원까지는 30리 남짓 거리였는데, 한겨울이라 온 몸이 빳빳하게 얼어 왔다. 급하게 나오느라 외투도 제대로 챙겨 입지 못했다. 조치원에 들어섰을 땐 이미 어둠이 깔리고 있었다. 조치원역에 도착한 그는 우선 기차시간부터 확인했다. 서울로 가는 기차는 다음날 아침에나 있었다. 역사(驛舍)에서 밤을 새워야 했다. 대합실 한켠에 쭈그리고 앉아 있으려니 추위와 배고픔에 눈물이 났다. 문득 보니 역무원실 안에 빨갛게 달궈진 조개탄 난로가 보였다. 한참을 망설이다가 슬그머니 들어갔다가 "공부하기 싫어 도망나온 놈이구만"이라는 호통을 받고 곧 내쫓겼다. 비교적 유복하게 자란 그는 '세상이 참 어렵고 냉정한 곳이구나' 라는 생각을 뼈저리게 느꼈다. 추위와 배고픔에 지친 몸으로 다시 얼마 동안을 대합실 한켠에 쭈그리고 앉아 있었을까.

밤 11시가 조금 넘은 시각, 역무원실에 전화벨이 세차게 울렸다. 전화를 받은 역무원이 "예, 여기에 있습니다. 제가 잘 보호하고 있겠습니다"며 전화를 끊었다. 역무원의 태도가 180도 달라졌다. 역무원은 아버지가 오실 거라며 따뜻한 보리차를 주기도 하고 난로 앞으로 더 가까이 오라며 호의를 베풀었다. 열두 살 이회창의 가출은 경찰의 연락을 받은 아버지가 청주에서 택시를 대절해 그를 데리러오면서 막을 내린다. 어린 아들의 가출을 걱정하던 아버지가 경찰에다 수배협조를 요청해 놓았던 것이다. 역무원실로 들어선 아버지는 그를 번쩍 들어 올려 가슴에 안았다. 그리고는 아무 말도 하지 않았다. 작은 체구의 아버지 가슴이 그렇게 따뜻한 곳인지를 그는 처음 깨달았다.

그렇게 그의 청주시대는 흘러갔다. 이회창은 이듬해인 1948년 서울 경기중학교로 옮겨 2학년에 편입했다. 경기중학교 재학중 그는 또 한 번의 시련을 당한다.

아버지의 구속

6·25전쟁이 터지기 몇 달 전 어느 날. 거칠게 대문을 여는 소리와 함께 몇 명의 젊은 남자들이 이회창의 명륜동 집으로 들이닥쳤다. "이홍규 씨를 체포하러 왔습니다." 검찰청 수사과 직원들이라고 밝힌 그들은 아버지를 찾았다. 그리고는 아버지의 두 손에 수갑을 채웠다. 수사관 몇 명이 집에 남아 가족들의 출입과 전화를 일절 금했고, 이회창은 학교에 가지 못해 중간고사도 치를 수 없었다.

그의 아버지가 이른바 '법조 프락치 사건'에 연루되어 전격 구속된 것이다. 현직검사가 남로당원이라는 혐의를 받고 하루아침에 피의자로 전락하여 수감되었다. 이 사건에 대해 훗날 이회창은 "아버지는 당시 충북도지사가 구호물자를 빼돌려 치부한 사건을 끝까지 파헤치다 권력층의 미움을 받아 터무니없는 조작으로 구속된 것이다"라고 말한 바 있다.

아버지가 수감되어 있는 동안 이회창은 자주 면회를 갔다. 새벽같이 집을 나와 등교 전에 면회를 했다. 형무소에서는 수인(囚人)을 면회 온 가족들은 아예 사람 취급도 하지 않았다. 온갖 수모를 당해야 했고, 또 한없이 기다려야 했다. 아들을 보러 나온 아버지는 커다란 용수를 쓰고 나왔다. 그때는 수인들의 머리에 그런 것을 씌웠다. 용수를 벗은 아버지의 얼굴이 매우 수척했다. 물고문, 전기고문, 잠 안 재우기 등 온갖 고문을 겪은 것이다. 그는 아무 말도 할 수 없었다.

"집에 별일 없냐?"
"예 … ."
"나는 괜찮다."

그것이 대화의 전부였다. 그의 아버지 이홍규는 구속된 뒤 자백을 강요하는 모진 곤욕을 치렀지만 끝내 버틴 끝에 1심 공판에서 보석(保釋)으로 풀려났다. 당시 주미대사였던 장면의 도움이 컸다. 이회창의 아버지가 영세를 받을 때 대부(代父)도 장면이 섰다. 온 가족이 가톨릭에 귀의(歸依)한 것도 그런 인연 때문이었다. 이러한 상황에서 6·25전쟁이 터졌다.

전쟁은 누구에게나 고통스러운 법이다. 6·25가 터진 것은 이회창이 경기중학교 4학년(현재의 고 1) 때였다. 이회창의 가족도 모두 부산 피난길에 올랐다. 그의 가족은 아버지의 친구 소개로 체신청 관사내의 다다미 석 장짜리 작은 방 하나를 가까스로 얻을 수 있었다.

열일곱 살 이회창은 피난지 부산에서 '소년가장'이 되어야 했다. 아버지가 아직 복직되지 않았기 때문이다. 그는 우여곡절 끝에 부산체신청의 5급 20호봉 말단공무원 자리를 구할 수 있었다. 그의 월급으로 일곱 식구가 입에 풀칠을 했다. 그러던 중 아버지가 마침내 복권(復權)되었고, 곧이어 검사로 복직했다. 이로써 이회창은 '소년가장' 생활을 청산하고 학교로 돌아왔다.

사법고시 합격

다른 학교들과 마찬가지로 경기중학교도 피난지 부산에서 용두산공원에 천막으로 가교사(假校舍)를 꾸몄다가, 곧 대신동으로 옮겨 판잣집 학교를 세웠다. 거기에서 이회창은 경기중학교를 졸업하고 서울법대에 진학했다. 경기중 동창인 이홍구, 최광수, 오성환, 이세중 등도 함께 서울법대생이 되었다. 휴전회담이 한창 진행중이던 1953년 봄이었다.

휴전이 되자 서울대도 서울로 돌아왔으나 전쟁의 뒤끝은 황량했다. 마땅한 교사(校舍)도 마련하지 못한 채 폐허의 잿더미 속에서 공부를 해야 했다. 낙산(駱山)의 서울법대 캠퍼스 강의실도 의자 하나 제대로 성한 것이 없었다. 이회창은 대학 초기에 외국 유학을 계획하기도 했다. 전공인 법학이 아니라 철학 같은 인문과학 쪽을 공부하고자 하는 생각이 들었던 것이다. 영어공부도 열심히 했고, 준비를 착착 진행했다. 미국의 몇 개 대학교로부터 입학허가까지 받았다. 그러나 결국 유학 결심을 포기해야 했다. 경제적인 이유에서였다. 집안의 지원을 받는 것이 쉽지 않았다.

외국 유학계획을 접고 그가 본격적으로 사법고시 준비를 시작한 것은 3학년 중간쯤부터였다. 그리고 3학년 말에 시험을 치렀다. 1957년, 사법고시 8회 때였다. 그는 나름대로 열심히 했지만 준비기간도 턱없이 짧았기에 영 자신이 없었다. 다시 1년을 더 공부하려고 결심했다. 하지만 결과는 합격이었다. 사법고시 선발 인원이 크게 늘어난 덕도 봤다. 고시 사법과는 1회 때인 1949년에 16명을 선발한 이래 7회까지는 매회 30명 안팎을 선발했지만, 8회에 이르러 한꺼번에 108명이나 뽑았던 것이다.

법무장관을 지낸 정치근, 배명인, 김석휘, 김성기와 검찰총장과 안기부장을 지낸 서동권이 고시 8회 출신이다. 대법관(대법원 판사 포함)도 이회창 외에 오성환, 정기승, 김달식, 박우동, 이명희, 이병후, 이준승, 김상원, 배석 등 10명이나 배출했다.

사법고시에 합격한 이회창은 대학 졸업과 함께 공군에 입대해 법무감

실 법무관(중위 입대후 대위로 전역)으로 병역 의무를 마친다. 이회창은 이어 1960년 3월 서울지법 인천지원(당시 인천은 서울지법 관할) 판사로 발령 받음으로써 법관의 길을 걷기 시작한다. 그의 나이 스물다섯 살 때였다.

부인 한인옥과 결혼

이회창이 아내 한인옥(韓仁玉)을 만난 것은 서울지법 단독판사로 근무하고 있을 때였다. 법조계 선배인 부장판사 김정규의 권유로 선을 보게 된 것이다. 처음엔 맞선 권유를 거절했다. 상대가 서울고법원장 한성수(韓聖壽)의 딸이었기 때문이다. 그러나 한번 시작된 선배의 권유는 집요하게 이어졌다. 일단 한번 만나나 보라는 것이었다. "그러면 한번 만나는 보자"는 생각에 결국 응낙했다. 약속장소는 명동의 태극당으로 정해졌다. 가까스로 약속시간 직전에 태극당에 도착했다. 그런데 20분이 지나고 30분이 지나도 상대방이 나타나지 않았다. 그는 은근히 화가 났지만 걱정도 됐다.

그 시절 명동에는 두 개의 태극당이 있었다. 하나는 태극당 본점으로 중앙우체국에서 퇴계로 쪽으로 난 샛길에 있었고, 다른 하나는 미도파백화점 건너편의 분점이었다. 그 당시 법원에 근무하는 사람들끼리는 태극당이라고 하면 으레 그곳 분점을 가리켰다. 뭔가 잘못되었다는 생각에 혹시 본점에서 기다리는 것이 아니냐고 물었더니 선배는 깜짝 놀라 일어섰다. 그는 본점이 따로 있는 줄도 모르고 있었다. 다시 부리나케 걸어서 본점에 도착했을 때는 이미 약속시간으로부터 50분이 지나 있었다. 한인옥은 본점에서 기다리고 있었던 것이다. 잔뜩 긴장해서 자리에 앉았다. 바늘방석이었다. 그러나 한인옥은 그를 빤히 쳐다보며 싱긋 웃고 있었다. 일이 틀어진 것은 아니라는 생각에 그는 안도했다. 그가 자서전 《아름다운 원칙》에서 밝힌 첫 만남에 대한 회고다.

이회창의 젊은 시절 부인 한인옥, 아들 정연, 딸 연희와 함께 찍은 가족사진.

> "다시 오랜 세월이 지난 다음 아내는 내게 한 가지 고백을 했다. 그날 그 장소에서 아내와 장모님은 창가의 자리에 앉아 있었는데, 아내는 김 부장판사와 내가 땀을 흘리며 헐레벌떡 뛰어오는 모습을 보았다고 했다. 그리고 그때의 내 인상이 나쁘지 않았노라고 했다. 얼굴이 하얗고 맑아 보여서 좋았노라고. 하지만 그런 순간에도 한 가지 아쉬움은 느껴졌단다. 키만 조금 더 컸으면 얼마나 좋을까 ⋯."

명동과 남산 등을 다니며 몇 개월간 연애를 한 그들은 마침내 결혼에 골인한다. 이회창과 한인옥은 대선 때 병역(兵役) 기피 문제로 논란을 빚은 아들 정연(正淵), 수연(秀淵)과 딸 연희(淵嬉) 등 2남 1녀를 두었다.

'소수의견' 대법원 판사

이회창은 인천지원에서 출발해서 줄곧 서울민사지법과 형사지법에서 근무했다. 판사로 발령받은 지 11년 만인 1971년에는 서울민사지법 부장

판사 겸 사법연수원 교수로 승진했다. 이어 1976년 서울고등법원 부장판사, 1980년 법원행정처 기획조정실장으로 승진해 법관으로서 탄탄대로를 걷는다.

그는 초임시절 잠시 인천에서 근무한 것을 제외하면 지방근무를 단 한 번도 하지 않았다. 주로 지방에서 근무하는 판사인 '향판'(鄕判)이 비주류 코스인데 비해, 서울에서만 근무하는 판사인 '경판'(京判)은 출세 코스로 여겨지던 때였다. 승진도 동기생들은 물론 일부 선배들보다 빨랐다.

이처럼 잘 나가던 이회창은 1981년 4월 17일 마침내 법관으로서는 최고의 영예인 대법원 판사에 오르게 된다. 제5공화국 헌법의 발효에 따라 이영섭 대법원장이 물러나고 유태흥 대법원장 체제가 출범하면서였다. 그의 나이 마흔여섯 살 때였다. 제3공화국 이후 최연소 기록이었다. 그의 파격적인 대법원 판사 임명과 관련해 신군부 집권 초 청와대 법률비서관을 지낸 박철언이 자신의 역할이 있었음을 밝힌 적인 있다. 그는 "5공 출범과 함께 대법원을 새로 구성하기 위해 여론을 수렴한 결과 소장파 중에서 청렴하고 소신 있는 이회창씨가 적임이라고 생각했다. 반대도 있었지만 결국 전두환 대통령의 승낙을 얻어냈다"고 말한 바 있다.

이회창은 대법원 판사로 재임했던 1981~1986년 다섯 해 동안 대법원 전원합의체에 넘겨졌던 46건의 사건 가운데 10건에서 소수의견 또는 별개의견을 냈다. 이것이 그가 '대쪽'으로 불리게 된 계기였다. 소수의견은 재판 결과에 아무런 영향을 미치지 못한다. 하지만 나중에 재판이나 입법에 영향을 미칠 수는 있다. 실제로 박정희 정권의 잔재였던 국가모독죄에 대한 그의 소수의견은 나중에 조문(條文) 자체가 없어지는 데 결정적인 영향을 미치기도 했다.

그의 여러 소수의견 가운데서도 당시 가장 눈길을 끌었던 것은 이른바 '박세경 변호사 사건'이었다. 1980년 5월 1일, 김대중의 동교동 집에서 불법집회를 가진 혐의로 체포된 변호사 박세경은 군법회의에서 징역 2년에 집행유예 3년을 선고받았다. '일체의 옥내외 집회는 허가를 받아야 하며 시위 등의 단체 활동을 금한다'는 계엄포고령을 어긴 혐의였다. 고등 군법회의에서 항소심이 진행 중이던 이듬해 1월 계엄이 해제되었고, 박세경은 일반법원에서 재판해 줄 것을 요청했으나 기각되었다. '대통령은 필요하다고 인정될 때 군법회의 재판권을 1개월에 한하여 연기할 수 있다'는 구(舊) 계엄법 제 23조 2항이 그 근거였다. 이회창은 군법회의 재판권 연장에 관한 구 계엄법 규정이 위헌이라는 의견을 냈으나, 판사들 사이에 의견이 엇갈려 대법원 전원합의체로 넘겨졌다.

결과는 상고(上告) 기각이었다. 계엄 해제 후 사회질서가 정상을 찾았다 해도 일반법원이 미처 기능 회복을 하지 못하면 일시적으로 군법회의의 재판권을 인정해야 할 필요성이 있다는 게 다수의견의 내용이었다. 이회창은 "만일 1개월 이내라 하여 권리의 본질적인 침해가 아니라고 한다면, 2개월 이내는 어떠하며, 또 6개월 이내는 어떻게 볼 것인가. 연기한 기간이 길고 짧음에 따라 이러한 권리의 본질적 침해 여부를 가릴 수는 없는 것이다"며 이에 대해 소수의견을 냈다. 그는 이어 판결에 첨부한 보충의견에서도 "이 같은 기본권 침해에 눈 감고 사법(司法)의 개입을 주저한다면 도대체 어떠한 경우에 사법이 개입한단 말인가"라고 강도 높게 비판했다.

변호사 이회창

대법원 판사 임기 5년을 마친 이회창은 1986년 4월 16일 김용철 대법원장 체제 출범과 동시에 재임명에서 탈락한다. 과외수업 금지에 제동을 거는 듯한 소수의견을 냈던 것 등과 무관치 않았다는 후문이다. 과외수업 금지가 전두환 정권의 최대 치적으로 치부되던 때였다.

이제 그는 법복(法服)을 벗고 26년간 정들었던 법원을 떠나야 했다. 그는 오랜 판사 시절 동안 '판사는 판결로만 말한다'는 원칙에는 철저했으나, 판결 이외의 행동에는 소극적이었다. 사법부 사상 최초로 판사들이 정치권력의 간섭에 맞서 들고 일어났던 1971년 1차 사법파동 때도 '판사 이회창'의 목소리는 어디서도 들을 수 없었다.

이회창은 대법원 판사직에서 물러난 뒤 변호사 사무실을 차렸다. 그가 변호사 사무실을 열자 많은 사람들이 사건을 들고 찾아왔다. 그의 이름값만으로도 사건이 쉽사리 해결될 수 있을 것으로 생각했던 것이다. 이른바 '전관예우'(前官禮遇)에 대한 기대였다. 그러나 이회창은 사건을 가려 맡았다. 그의 변호사 사무장을 했던 이형표에 따르면 이회창이 2년여 동안 수임한 사건은 60여 건 정도이고, 승소율은 90% 정도에 달했다고 한다.

이 시절에 대해 아내 한인옥은 "변호사가 되고 나서 처음으로 집 같은 집을 마련해서 너무 좋았다"고 말하곤 했다. 실제로 이회창은 이 무렵 다소 옹색했던 서울 휘경동 집에서 고가(高價)인 구기동의 풍림빌라로 옮기고, 경기 화성에 선산용 땅을 사기도 한다. 김영삼 정권 초기인 1993년 3월 사상 처음으로 실시된 고위공직자 재산공개 때 감사원장을 맡고 있던 이회창은 재산 8억 9500만원을 신고하면서 비고란에 '변호사 개업 당시 소득과 저축을 기초로 취득한 것'이라고 적었다.

그가 대법원 판사를 물러나 첫 변호사 개업을 했던 시절은 박종철 고문치사사건과 6월 민주항쟁 등이 일어난 우리 현대사의 격변기였다. 하지만 그는 변호사로서 사회문제나 정치문제에 그리 적극적으로 나서지는 않았다.

변호사 이회창은 1988년 초 민정당(民正黨)이 주도했던 민주화합추진위원회 위원 명단에 이름이 오른다. 이 위원회는 1노3김(一盧三金)의 대결에서 승리한 노태우 정권이 출범을 앞두고 국민화합 방안을 마련토록 한다는 취지에서 만들어졌다. 그러나 재야인사들은 물론 일부 국민 사이에서도 민주화합추진위원회를 정권의 들러리나 어용기구로 보는 시각도 많았다. 52명의 위원 가운데에는 이회창 외에 독립운동가 이강훈, 공화당 의장서리를 지낸 박준규, 전 부총리 이한빈, 〈샘터〉 발행인 김재순, 조계종 총무원장 서의현, 시인 서정주 등이 들어갔다. 영입 교섭을 받은 인사 중에서 전 고려대 총장 김준엽, 전 국회부의장 고흥문, 원로언론인 최석채, 재야인사 홍남순 등은 참여를 거부한 것으로 알려졌다.

'법대로' 선거관리위원장

법복을 벗고 변호사가 된 이회창은 다시 대법관(1987년 개정 헌법에서 대법원 판사의 명칭이 대법관으로 변경)이 된다. 1988년 7월 이일규 대법원장 체제에서였다. 이일규 대법원장은 노태우 대통령이 지명한 정기승 대법관이 여소야대 국회의 임명 동의를 받지 못하자 재지명 된 인물이었다.

이회창의 대법관 복귀는 예상 밖의 일이었다. 대법관(대법원 판사)으로 퇴임한 변호사가 다시 대법관이 된 경우는 거의 전례가 없던 일이었다. 이회창은 곧이어 대법관이 겸임하게 되어 있는 중앙선관위원장에도 선임된다. 이일규 대법원장은 취임 초 대법관 이회창, 사법연수원장 허정훈, 서울고법원장 김윤경을 중앙선관위원으로 지명했다. 중앙선관위원은 대법원장이 지명하는 3명 외에도 대통령이 임명하는 3명, 국회가 선출하는 3명 등 모두 9명으로 구성된다. 선거관리위원 가운데 위원장은 대법원장이 지명하는 3명 중에서 서열에 따라 선임되는 것이 관례였다.

그가 선거관리위원장이 되어 가장 먼저 맞닥뜨린 것이 1989년 4월 14일 치러진 강원도 동해(東海) 국회의원 재선거였다. 동해 재선거는 한해 전 총선에서 민정당 홍희표 후보가 당선됐으나 대법원이 선거 무효 판결을 내려 선거를 다시 하게 된 것이다.

조그만 도시의 이 선거가 단지 지역구 국회의원 한 명을 선출하는 차원을 넘어 '중간평가'의 성격을 지니는 것으로 이해되면서 선거는 급격히 과열된다. 민정당, 평민당, 민주당, 공화당의 4당 후보들은 각각 '1노3김'(一盧三金)을 대신해 인기투표에 나선 모양새였다. 각 당마다 중앙당이 총출동했다. 민정당 대표 박준규, 평민당 총재 김대중, 민주당 총재 김영삼, 공화당 총재 김종필도 일찌감치 유세에 가담했다. 워낙 좁은 바닥이기

1990년 12월 김덕주 대법원장 취임식에 참석한 이회창 대법관(뒷줄 왼쪽에서 두 번째).

도 했지만 동해 시내의 웬만한 숙박시설은 모두 동이 났다. 방이 모자라 일부 선거요원들은 가까운 강릉에서 출퇴근하며 선거지원에 나서기도 했다.

이런 과열 양상의 선거판에서 어떻게 불법과 탈법이 없으랴. 갖가지 선거법 위반 사례들이 속출했다. 온천마다 선심관광을 하러 온 주민들이 들끓었고, 입당원서와 맞바꾼 돈 봉투가 공공연히 오갔다. 시내 거리와 골목에는 불법 벽보가 경쟁적으로 나붙었다. 어느 것 하나 불법 아닌 일, 탈법 아닌 사례가 없을 정도였다.

이회창은 이를 그냥 두고 볼 수가 없었다. 결국 선거 1주일 전에 선관위는 후보 전원을 불법 선거 혐의로 고발했다. 우리나라 선거 사상 처음 있는 일이었다. 그는 각 당 대표들에게도 별도의 편지를 보냈다. 과열 선거운동을 자제하고 부디 선거법을 지켜 줄 것을 간곡히 부탁하는 내용이었다. 이 편지는 민정당 총재인 대통령 노태우에게도 당연히 발송되었다.

> “선거 과정이 잘못 되었다면 설령 가장 나은 후보가 당선됐다 하더라도 무효입니다…. 법은 지키라고 있는 것이지 짓밟으라고 있는 것은 아니

> 며, 또 법관을 선거관리위원장으로 선임하는 것은 법을 엄격히 지켜 선거를 관리하라는 데 있는 것이지 현실에 순응하여 위법에도 눈을 감으라는 것은 아닐 것입니다 …. 제가 선거관리위원장으로 있는 한 사마귀가 수레바퀴를 막는 격이라 하더라도 법을 지키는 노력을 계속하겠습니다."

사마귀가 수레바퀴를 막는 격이라는 말은 장자(莊子) 천지(天地) 편에 나오는 '당랑거철'(螳螂拒轍)이라는 고사에서 나온 말이다.

넉 달 만에 국회의원 재선거는 또 이어졌다. 이번엔 서울 영등포을(乙) 선거구였다. 동해 재선거에서 행해졌던 갖가지 타락 행태는 이번에도 그대로 반복되었다. 중앙선관위는 다시 모든 후보자를 고발했다.

그러나 법과 정치는 달랐다. 선거가 끝난 후 각 당 총재들은 고발당한 후보들을 불러 선전을 격려했다. 신문과 TV에는 대통령이 여당 당선자를 청와대로 불러 치하하는 장면까지 나왔다. 이회창은 절망했다. 영등포을 재선거가 끝난 지 두 달 뒤인 1989년 10월 13일, 이회창은 이날 오후 중앙선관위 전체회의가 열린 자리에서 전격적으로 위원장 사퇴 의사를 밝힌다. 그는 짤막한 '사퇴이유서'에서 사퇴 이유를 이렇게 밝혔다.

> "두 번의 재선거에서 불법 선거운동을 규제하기 위해 후보자에 대한 고발 조치까지 단행하는 등 최선을 다했지만 정당 활동을 빙자한 탈법과 폭력이 난무하는 등 과거보다 더 과열 · 타락현상을 보였다는 여론의 지탄을 받은 데 대해 선거 관리를 총지휘한 최고책임자로서 불법 선거를 제대로 막지 못한 도의적 책임을 통감하며 위원장직을 물러납니다."

이회창이 불법 선거에 항의해 중앙선관위원장직을 박차고 나갔던 그해 연말, 동아일보는 그를 '올해의 인물'로 선정했다. 그러나 그는 이를 반기지 않았다. 그는 "영광스런 일이지만 현직 법관이란 점을 감안해 다른 사람을 찾아봐 달라"며 한사코 사양했다. 사진 촬영과 인터뷰에도 끝내 응하지 않았다.

성역 없는 감사

1993년 2월초, 서울 남산 하얏트 호텔의 한 외진 방.

대통령 당선자 김영삼과 이회창이 마주 앉았다. 이회창은 김영삼과는 그 전까지 아무런 개인적인 친분이 없었다. 그가 선거관리위원장으로 있을 때 당시 민주당 총재이던 김영삼에게 불법 선거운동을 경고하는 편지를 보낸 것이 인연이라면 인연의 전부였다.

"반갑습니다. 한번 만나고 싶었습니다."

반갑게 인사를 건넨 김영삼은 단도직입적으로 본론을 꺼냈다.

"이 대법관께서 감사원을 맡아 주십시오."

그는 어느 정도 짐작은 하고 있었지만, 막상 이야기를 듣고 보니 선뜻 결정을 내릴 수 없어 "이틀만 생각할 시간을 주십시오"라고 말했다. 이틀은 참 길었다. "다시 법복을 벗어야 할 것인가, 지금 이 시점에서 행정부로 들어가 일하는 게 옳은가." 고민에 고민을 거듭했다. 불신 받고 위축된 감사원을 이끌고 새 정권의 기강을 세우는 일이 멀고 험한 길로만 느껴졌다. 그러나 시간이 갈수록 이건 누군가가 해야 하는 일이 아닌가 하는 생각이 들었다. 그는 결국 서면으로 김영삼에게 수락의 뜻을 전달했다.

김영삼은 문민정부 출범을 사흘 앞두고 '감사원장 이회창' 내정 사실을 총리 내정자와 동시에 발표했다. 일찍이 없던 일이었다. 감사원을 중시하겠다는 김영삼의 의지였다. 김영삼은 이회창 감사원장 내정에 대해 "계속 대법원에 남아 있으면 대법원장이 되실 분이 기꺼이 감사원장직을 수락한 데 대해 고맙게 생각한다"고 밝혔다.

이회창은 취임식에서 "감사원은 직무상 대통령으로부터도 독립한 지위에 있다. 그러므로 어느 누구의 부당한 간섭도 받지 않을 것이다"라고 밝힌다. 이는 감사원법 제 2조에 규정된 '감사원은 대통령에 예속하되, 직무에 관하여는 독립의 지위를 가진다'는 내용을 인용한 것이었지만 과거 어느 전임자도 이런 말을 꺼낸 적은 없었다. '이회창 감사원'은 청와대를 시작으로 핵심 권력기관들에 대한 이른바 '성역(聖域) 없는 감사'에 착수했다. 청와대 비서실 직원들이 거부감을 나타냈지만 그대로 밀고 나갔다. 감사원은 청와대에 이어 또 하나의 성역을 두드렸다. 국방부의 율곡사업이었다. 내친김에 평화의 댐에 대해서도 감사의 손을 뻗었다. 안기부, 기무사 등도 예외가 아니었다. 이렇게 해서 5공과 6공의 대표적인 의혹 사건들이 세상에 알려지게 되었고, 전두환과 노태우 두 전직 대통령에게도 의혹에 대한 해명이 요구되었다.

이처럼 감사원의 사정(司正) 활동이 화제를 불러일으키자 그에 대한 비난의 목소리도 들려왔다.

"감사원장이 혼자서 독주하고 있다."
"감사원이 감사왕국을 만들려고 하고 있다."
"감상적인 소영웅주의자다. 개인적인 인기관리에만 급급하고 있다."
"감사원이 적과 동지도 가리지 못하고 칼날만 휘둘러 댄다."

그러나 이회창은 굴하지 않았다. 그는 정치권으로부터 욕을 먹기도 했지만 그럴수록 국민들은 환호했다.

127일 단명 국무총리

1993년 12월, 김영삼 대통령의 임기 첫해가 저물어 가던 연말이었다. 이 무렵 국민들의 눈과 귀는 온통 우루과이라운드(UR) 협상 결과에 쏠리고 있었다. 대통령직을 걸고라도 쌀시장 개방을 막겠다던 김영삼의 약속은 지켜지지 않았다. 쌀시장의 빗장이 열렸다. 여론이 들끓었다.

김영삼은 쌀시장 개방에 대한 책임을 물어 황인성 총리를 마운드에서 내려오게 했다. 그리고 12월 16일 감사원장 이회창을 새로운 '구원투수'로 등판시킨다. 그에 대한 총리 임명 동의안은 그날 즉시 국회에 상정되어 찬성 220표, 반대 36표로 무난히 통과되었다. 이회창은 총리 취임사에서 예상대로 '개혁'을 강조했다. 개혁으로 건강한 사회를 만들어야 경제 발전도 가능하고 통일도 앞당길 수 있다는 것이었다.

총리에 취임한 이회창은 내각을 장악하는데 강한 의욕을 보였다. 그러나 개각으로 새로 짜인 내각의 면면들은 만만찮았다. 최형우 내무, 이병태 국방 등 실세로 불리던 인사들이 많았던 데다 개성들도 저마다 뚜렷했다. 정치인 출신인 남재희 노동, 서상목 보사, 김우석 건설, 서청원 정무1장관도 나름대로 힘센 장관으로 분류됐다. 특히 김영삼의 '좌(左) 동영 우(右) 형우'로 불렸던 최형우는 실세중의 실세로 공인된 인물이었다.

이회창의 내각 장악이 쉽지 않은 상황이었다. 특히 '실세' 최형우와 불화가 심하다는 소문이 자주 새어 나왔다. 나중에 최형우 장관은 이회창의 퇴임식장에도 끝내 모습을 보이지 않았다. 그러나 이회창은 빠르게 내각을 장악해 나간다. 현안이 있을 때 마다 수시로 각 부처에 지시를 내리거나 보고를 받았다. 때로는 직접 해당 부처를 방문하기도 했다.

하지만 총리가 된 지 4개월 만에 자리를 물러나지 않으면 안 되는 상황에 직면한다. '통일안보정책조정회의'를 둘러싸고 대통령과 불협화음을 일으킨 것이다. 통일안보정책조정회의는 당시 혼선을 보이고 있던 북한 핵문제 등에 대한 정부 내의 입장을 조율하기 위해 김영삼의 특별지시로 구성된 회의체였다. 회의의 구성원은 통일원 부총리, 외무부 장관, 국방부 장관, 안기부장, 청와대 비서실장, 청와대 외교안보수석으로 이루어졌다. 회의는 통일원 부총리가 주재했다. 따라서 이 회의에서 논의된 사안은 총리에게 통고되지 않은 채 발표되었다.

총리인 이회창은 불쾌했다. 그는 "정부의 모든 정책은 발표에 앞서 총리의 승인을 받도록 하라"며 내각에 불호령을 내렸다. 다분히 김영삼 대통령을 의식한 것이었다. 따라서 김영삼의 눈에는 이 같은 상황이 '항명'으로 느껴질 수 있었다.

심기가 불편해 진 김영삼은 4월 22일 오후에 청와대로 그를 불러 강하

1994년 4월 22일 통일안보정책조정회의를 둘러싸고 김영삼 대통령과 갈등을 빚은 이회창 국무총리가 사표를 제출한 뒤 정부종합청사를 떠나고 있다.

게 질책했다. 이회창은 청와대를 나와 정부종합청사로 돌아오자마자 사표를 제출했다. 이회창의 총리 사퇴 전말은 지금까지도 사임인지 해임인지를 놓고 양쪽 말이 다르다.

다음은 김영삼이 자신의 회고록에서 밝힌 당시의 상황이다.

> 이회창 총리가 회의의 운영에 대해 이러쿵저러쿵 지시한다는 것은 한마디로 '통치권에 대한 도전'이었다. 나는 "총리로서 혼란의 책임을 지라"고 했다. 한마디로 해임하겠다는 뜻이었다.
>
> 이회창 총리는 자신의 언행에 대해 "잘못했으니 한 번만 더 기회를 주십시오"라며 시종일관 장황하게 변명을 했다. 나는 "지금 사표를 내지 않으면 대통령으로서 헌법에 따라 해임조치 하겠다"고 호통을 쳤다. 집무실 바깥에 있던 박관용 비서실장과 김기수 실장까지도 내가 야단치는 소리를 들었을 정도였다. 1시간 가까이 혼이 난 그는 내 집무실을 나가면서 출입문을 찾지 못해 허둥대기도 했다.

이회창의 후임에는 이영덕 통일원 부총리가 지명됐다. 이튿날 조간(朝

刊) 신문들도 '총리 전격 경질' 또는 '총리, 사표제출' 등으로 엇갈린 시각을 보였다. 집권당인 민자당조차 처음엔 분위기를 파악 못해 '사표제출'이라는 표현을 썼다가 뒤늦게 '총리 경질'이라는 표현으로 성명을 바꿔서 내는 촌극을 벌이기도 했다.

첫 대권도전 실패

이회창은 국무총리에서 물러나 다시 변호사가 되었다. 그러나 그는 총리에서 물러난 뒤 오히려 국민적 인기가 더 높아졌다. 갈등을 빚었던 김영삼이 15대 총선 승리를 위해 그를 다시 영입한 것도 이 같은 국민적 인기 때문이었다. 이회창은 1996년 1월 22일 민자당(民自黨)에 전격 입당해 곧바로 중앙선대위의장을 맡았다. 그는 선대위의장으로 당에 입성한 후에도 김영삼의 "독불장군에게는 미래 없다"는 경고에 대해 "비민주적인 정당에는 미래가 없다"고 응수하는 등 한 치도 물러서지 않았다. 총선을 앞둔 민자당은 당 이미지 쇄신을 위해 2월 7일 당명(黨名)을 신한국당으로 바꾼다.

4월 11일 실시된 15대 총선에서 그는 신한국당 선대위의장을 맡아 과반수 확보에는 실패했지만 선거를 승리로 이끌며 전국구 1번으로 국회의원에 당선된다. 한편 해가 바뀌면서 한보사태와 차남 김현철 문제로 궁지에 몰린 김영삼은 신한국당 전국위원회를 앞두고 '이회창 대표' 카드를 통해 정면 돌파를 시도한다. 이에 이회창은 1997년 3월 13일 서울 여의도 63빌딩에서 열린 전국위원회에서 새 대표로 인준된다.

이어 이회창은 7월 21일 서울 올림픽공원 체조경기장에서 열린 신한국당 전당대회에서 이인제, 이한동, 김덕룡, 이수성, 최병렬 등 당내 9룡(九龍)의 끈질긴 도전을 뿌리치고 대통령 후보로 선출된다.

대통령 선거 초반 구도는 신한국당 이회창과 새정치국민회의 김대중의 맞대결이었다. 5년 전 대선에서 패한 뒤 이번 선거에 모든 것을 건 김대중은 김종필, 박태준과의 'DJT연합'을 통해 마지막 승부수를 던진다. 이회창은 초반 여론조사에서 김대중에 앞섰지만, 국민회의측이 그의 두 아들에 대한 병역기피 의혹을 제기하면서 수세에 몰린다. 게다가 11월 2일 신한국당 대선후보 경선에서 패한 이인제가 원유철, 박범진, 김학원, 이용삼 등 그를 따르는 의원들과 함께 당을 탈당해 '국민신당' 창당을 선언했다. 이회창은 발등에 불이 떨어졌다. 조순 총재의 민주당과의 합당에 매달리지 않을 수 없었다. 이에 합당 교섭에 나선 신한국당과 민주당은 우여곡절 끝에 통합신당의 조직책 및 당직배분 비율을 7대 3으로 하기로 합의한다. 통합신당의 명칭을 놓고는 처음 신한국당측에서 '한국민주당'을 민주당측에서 '신연합21세기'를 주장했으나, 결국 협상 끝에 조순 총재가 제시한 '한나라당'이 당명으로 결정된다. 이에 따라 통합신당 한나라당은 1997년 11월 21일 대전 충무체육관에서 대의원과 당원 1만 4000명이 참석한 가운데 합당전당대회를 열고 이회창을 대통령 후보 및 명예총재로, 조순을 총재로 선출한다.

그러나 이회창은 김대중-김종필 연대에 무릎을 꿇고 만다. 1997년 12월 18일 실시된 대통령 선거 개표 결과 한나라당 이회창 후보는 993만 5718표(38.7%)를 얻어 1,032만 6275표(40.3%)를 확보한 국민회의 김대중 후보에게 석패(惜敗)한다. 492만5591표(19.2%)를 얻은 국민신당 이인제의 표 잠식이 무엇보다도 결정적인 패인이었다.

이회창은 선거 다음날인 12월 19일 기자회견을 갖고 재기 의사를 밝힌다. 하지만 당내 비주류인 김윤환 등의 이회창 당권복귀 반대 움직임도 거셌다. 그러나 이회창은 1998년 8월 31일 서울 올림픽공원 체조경기장에서 열린 한나라당 전당대회에서 대의원 7,326명 가운데 4,083명(55.7%)의 지지를 얻어 경쟁자인 이한동, 김덕룡 서청원 등을 꺾고 총재에 선출된다.

허주(虛舟)를 치다

이회창은 대선 패배 후 다시 한나라당의 당권을 쥐었지만, 총풍(銃風)·세풍(稅風) 사건 등에 대한 여권의 총공세와 당내 비주류의 끊임없는 흔들기로 한시도 마음 편할 날이 없었다. 그는 특히 동생 이회성이 세풍사건으로 구속된 뒤 대여(對與) 강경투쟁을 주도하는 등 철저하게 야당 투사로 변신했다.

그는 1999년 6월 3일 실시된 서울 송파갑(甲) 재선거에 출마해 자민련 후보 김희완을 압도적으로 누르고 다시 원내 진입에 성공한다. 이로써 한층 강화된 한나라당의 이회창 체제는 2000년 총선을 앞두고 대대적인 공천혁명을 예고한다.

이회창은 2000년 2월 18일, 4·13총선을 두 달여 앞두고 마침내 칼을 뽑는다. 그가 휘두른 칼에 '킹메이커' 김윤환을 비롯해 이기택, 신상우 등 거물들이 저항 한번 못해보고 꼼짝 없이 쓰러졌다. 이회창식 '깜짝쇼'였고 '공천대학살'이었다. 김윤환은 1997년 신한국당 대선후보 경선 당시 이회창을 후보로 만든 일등공신이었으나, 이후 이회창과 갈등을 빚으면서 점차 비주류로 밀려났다. 일각에서는 3년 전 자신을 대통령 후보로 만든 김윤환까지 공천 탈락시킨 데 대해 "이회창은 정말 냉혹한 사람이다. 피도 눈물도 없는 사람"이라는 평판이 나돌기도 했다. 배신감을 느낀 김윤환은 탈당해 이기택, 신상우, 한승수, 김상현, 장기표 등과 민국당을 만들어 이회창에 맞섰지만 총선에서 낙선했다.

김윤환의 이회창에 대한 구원(舊怨)은 오래갔다. 2003년 당시 한나라당 대표 최병렬은 "2년 전 허주(虛舟: 김윤환의 아호)와 만나 점심을 같이 할 때 내가 주문한 스테이크를 다 먹을 동안 허주는 음식에 눈길 한번 주지 않았다. 나를 상대로 1시간 내내 이회창에게 쌓인 감정을 털어 놓더라"고 회고했다. 하지만 김윤환은 2001년 대선 직전 민국당을 해산하고, 김영일 당시 한나라당 사무총장을 통해 '이회창 지지'를 전격 선언했다. 그러나 '킹메이커' 김윤환의 마지막 선택은 빗나가고 말았다. 2002년 12월 신장암 판정을 받은 김윤환은 이듬해 1월 암 치료차 미국으로 떠났지만 회복불능 판정을 받고 10월 2일 국내로 돌아와 투병생활을 계속했다.

이회창은 10월 28일 직접 김윤환의 서울 방배동 자택을 방문해 화해를 청했다. 이회창이 2006년 〈신동아〉와의 인터뷰에서 밝힌 회고다.

> "뒷날 미국 스탠퍼드 대학에 머무르다 돌아와 보니 허주(虛舟)의 상태가 안 좋다고 해서 문병을 갔습니다. 의식이 왔다갔다할 때였는데 마침 제가 갔을 때 정신이 돌아왔어요. 제게 '언제 미국에서 왔냐'고 물어요. 수척하고 힘들어하는 모습을 보니까 정말 가슴이 찡하더라고. 손을 잡고 '그동안 속상한 일이 있었다면 내가 미안하다. 우리 다 잊어버리자. 마음 편히 먹고 빨리 회복하시라'고 했습니다. 허주가 그 말에 고개를 끄덕끄덕하더니 조금 있다가 눈을 스르르 감으면서 다시 잠에 빠지더군요."

김윤환은 이회창의 문병을 받은 50여 일 뒤인 2003년 12월 15일 결국 세상을 떠났다. 이때 빈소를 찾은 김영삼은 "정치하는 사람들은 쇼크 받는 게 만병의 원인인데 허주는 큰 쇼크를 받았다. 일종의 정치파동으로 그때 그런(16대 공천파동) 몰염치한 일이 없어야 했는데 그런 일이 있어서…"라며 이회창을 겨냥해 눈길을 끌었다.

두 번째 대권도전 실패

4·13총선을 거치면서 이회창은 전례 없이 강해졌다. 원내 과반수인 137석에 근접하는 133석의 의석을 확보해 제 1당 자리를 확고히 했기 때문만은 아니다. 그는 '쿠데타'를 통한 공천 물갈이를 통해 강력한 친정체제를 구축했다. 지역구 당선자 112명 가운데 60여 명이 범(汎)이회창계로 분류되었고, 지구당위원장 중 60%가량도 장악했다. 이회창 대세론을 형성한 셈이다.

이회창은 2000년 5월 31일 서울 잠실실내체육관에서 열린 한나라당 전당대회에서 66.4%를 얻어 김덕룡, 강삼재, 손학규 등 경쟁자들을 꺾고 다시 총재로 선출됐다.

이회창은 경선기간 내내 '정권탈환'을 최우선 공약으로 제시했다. 2002년에 정권을 다시 찾아오려면 자신밖에 대안이 없다는 게 기본 논리였다. 총재로 재선된 이회창은 대선을 앞두고 일찌감치 대세론을 형성했다. 대선가도에는 거칠 것이 없었다. 당시 여론조사 결과 민주당 후보로 거론되던 이인제에 비해서도 조금 앞섰을 뿐 아니라, 잠재후보군인 노무현, 정동영보다는 월등히 앞서 나갔다. 한나라당 당내 경선은 요식행위에 불과했다. 이회창은 2002년 5월 전국을 돌며 실시된 한나라당 대선후보 경선에서 경쟁자인 최병렬과 이부영을 가볍게 누르고 두 번째 대선후보로 선출된다.

그러나 이번에도 지뢰밭은 곳곳에 있었다. 김대업 병풍(兵風), 기양건설 비자금 수수 의혹, 최규선 비자금 수수 의혹 등 민주당의 공세는 끝이 없었다. '이회창 흠집내기'는 집요했다. 그는 승리를 장담할 수 없는 상황으로 몰렸다. 여론조사에서도 정몽준과 단일화를 이룬 노무현에 다소 밀리고 있었다. 하지만 선거 전날 돌발 변수가 발생한다. 정몽준이 노무현에 대한 지지철회를 선언한 것이다. 이회창은 승리를 장담했다. 여론조사에서 줄곧 뒤쳐졌지만 여론조사에 잡히지 않는 '숨은 표'의 존재를 굳게 믿었다.

2002년 12월 19일 저녁, 개표가 시작됐다. 이회창과 노무현 간 피를 말리던 박빙의 승부가 갈린 시간은 오후 8시 39분경. 개표시작 1시간 반이 지나면서부터였다. 초반 이회창의 우세지역인 경북, 부산의 개표가 먼저 시작되면서 그는 한때 3% 이상의 차이로 앞서 나갔다. 그러나 1시간여 후 노무현의 우세지역인 서울, 호남의 개표가 시작되면서 표차는 급격히 줄어들기 시작했다. 2~3%대의 차이를 보이던 두 후보 간의 격차는 오후 8시 33분경, 노무현의 대추격전이 벌어지면서 손에 땀을 쥐게 했다.

0.7%, 0.6%, 0.5% …0.2%.

분, 초 단위로 급속도로 줄어든 표차는 34.1%가 개표된 저녁 8시 39분경 첫 번째 동률을 이룬 뒤 10여 분간 분 단위로 1위와 2위가 반복되는 시소게임이 벌어졌다. 이에 따라 전국의 거리와 집에서 개표를 지켜보던 두 후보의 지지자들의 함성과 탄식도 선두가 바뀔 때마다 교차됐다.

900여 만 표가 개표된 시점까지 엎치락뒤치락 하면서 서너 번씩 선두 다툼을 반복하던 두 후보의 표차는 8시 53분경 불과 1000여 표 안팎에 불과했다. 그러나 혼전에 혼전을 거듭하던 개표 상황은 8시 54분경 노무현이 0.1%차로 앞서 나가면서 안개 속을 벗어났다. 노무현에 계속 밀리던 이회창은 개표 40.1% 이후부터 1만 표 단위로 계속 뒤쳐졌으며, 9만 여 표까지 벌어진 9시 20분경 사실상 패배가 확정됐다.

최종 개표결과 한나라당 이회창 후보는 1,144만 3297표(46.6%)를 얻어 1,201만 4277표(48.9%)를 얻은 민주당 노무현 후보에게 57만여 표 뒤졌다. 이회창은 패색이 짙어진 19일 밤 11시 한나라당 당사 10층 종합상황실에 모습을 드러냈다. 그는 "저를 믿고 사랑해 주고 지지해 준 국민에게 뭐라 할 말이 없다. 모든 건 내가 부족하고 못난 탓이며 다시 한 번 죄인이 된 기분이다. 당원 동지 여러분이 지난 5년간 고생했는데 앞으로 또 고생시킬 것을 생각하니 가슴이 찢어지는 것 같다"며 착잡한 심정을 드러냈다. 그는 옥인동 집에 돌아와 비통하게 외쳤다. "이 이회창이가 어떻게 노무현에게 졌단 말인가?" 그는 억울하고 참담한 마음에 잠을 이룰 수 없었다.

정계은퇴, 그리고 복귀

이회창은 대선 패배 이튿날인 12월 20일 여의도 당사에서 기자회견을 갖고 정계은퇴를 선언한다.

"저는 국민 여러분의 선택을 받지 못했고, 패배를 인정하고 깨끗이 승복한다. 오늘 저는 정치를 떠나려고 하며, 깨끗이 물러나겠다. 제가 부덕하고 불민한 탓에 오늘의 결과를 가져온 것이며, 여러분 앞에 엎드려 용서를 비는 심정이다. 지금 우리 당은 절망의 나락에 떨어졌지만 여러분이 뭉치면 희망의 새 길을 찾아낼 수 있는 만큼 환골탈태의 모습을 보여 달라. 진정 건전하고 합리적인 개혁적 보수의 길을 간다면 언젠가 국민은 여러분의 손을 들어 줄 것으로 확신한다."

지난 6년여 세월이 주마등처럼 스쳐간 것일까. 이회창은 기자회견 도중 양 볼에 흐르는 눈물을 연신 훔쳐냈다. 회견문을 읽는 도중 감정이 북받쳐 두 차례나 말을 잇지 못했다. 정계은퇴 뒤 김대중이 그랬던 것처럼 이회창도 외국행을 택했다. 그는 2003년 2월 7일 미국 스탠퍼드대 후버연구소에서 '특임연구원' 자격으로 연구 활동을 하기 위해 출국한다.

그는 오랜 미국생활을 마치고 2004년 11월 귀국해 서울 시내에 사무실을 열었다. 그의 정계복귀설이 흘러나왔다. 이 무렵 그의 부친인 이홍규의 묘를 4월 말 이장(移葬)한 것이 알려져 화제가 되기도 했다. 세간(世間)에는 "선산의 묘가 풍수적으로 좋지 않다는 얘기가 나돌아 정계복귀를 앞두고 이장을 한 것 아니냐"는 이야기가 떠돌기도 했다.

조용히 칩거하던 이회창은 2005년 말부터 대중행사와 외부 특강을 하며 국가정체성을 강조하기 시작한다. 그는 2006년 11월 한 초청 특강에서 "나는 대권 보다는 좌파정권이 다시 집권하지 못하게 하는 것이 내가 할 일이라고 생각해 이 자리에 섰다"며 사실상 정계 복귀를 선언했다. 이후 대선 출마설이 급속히 번지자 2007년 첫날 기자간담회를 자청해 "내 처지에서 대선을 놓고 이렇게 저렇게 하겠다는 것은 오만한 생각이다. 현실정치에 참여할 생각이 없다"며 불출마를 선언했다.

그러나 얼마 지나지 않아 불출마에 대한 말이 바뀌기 시작한다. 10월 23일 "불출마한다는 종전 태도에 변화가 없다"고 했다가 다음날인 24일에는 "나중에 이야기 하자"며 여지를 남겼다. 25일에는 "아직까지 종전 태도

2002년 12월 20일 대선에서 패배한 한나라당 이회창 후보의 정계은퇴 기자회견을 지켜보던 서청원 대표와 하순봉 최고위원이 손수건으로 눈물을 닦고 있다. 박근혜 의원의 모습도 보인다.

에 변화가 없다"며 '아직까지'라는 단서를 달았다. 그리고 11월 7일 남대문로 단암빌딩에서 기자회견을 열고 마침내 대선출마를 선언한다.

> "한나라당 후보가 정권교체를 향한 국민의 열망에 부응해 주기를 간절히 바랐다. 그러나 한나라당의 경선과정과 그 후의 상황을 지켜보면서 이런 기대를 접을 수밖에 없었다. 국민께 드렸던 약속을 지키지 못한 데 대해 진심으로 엎드려 사죄드리고 용서를 빈다. 두 차례의 대선에서 저를 위해 불철주야 뛰면서 헌신했던 동지들을 뒤로하고 떠난다. 지금 이 순간 제 인생에 있어서 가장 처절하고 비장한 심정으로 이 자리에 섰다. 평생을 지켜왔던 개인적 명예와 자존심조차 다 버렸다."

이제 그에게는 '대쪽' 이미지 대신 '변절자' '거짓말쟁이' '정권교체의 방해자'라는 꼬리표가 붙었다. 남의 말 함부로 하지 말라고 했던가. 그는 지난 1997년 12월 TV토론에서 "김대중 후보가 1992년 대선 이후 눈물을 흘리며 대통령에 나서지 않겠다고 했다. 그 후 약속을 지키지 못한 것이 청

2007년 11월 12일 세 번째 대선 출마에 나선 이회창이 지방유세를 가던 중 경부고속도로 기흥휴게소에서 이혜연 대변인과 함께 점심식사를 하고 있다.

소년 교육에 과연 합당한 것인가"라고 쏘아붙인 적이 있다. 정치의 아이러니가 아닐 수 없다.

마지막 승부를 위해

이회창은 어렵게 정계복귀를 선언하고 대선에 출마해 선전했지만 '이명박 대세론'의 벽을 넘기에는 역부족이었다. 그에겐 10년 전 같은, 5년 전 같은 돈도 조직도 없었다. 그는 2007년 12월 19일 실시된 대통령 선거에서 355만 9963표(15.1%)를 얻어 한나라당 이명박(1,149만 2389표, 48.7%)과 민주당 정동영(617만 4681표, 26.1%)에 이어 3위로 낙선한다.

이회창은 대선을 통해 확인한 대중성을 바탕으로 2008년 2월 1일 자유선진당을 창당하고 총재에 선출된다. 선진당의 지도부는 '1인 총재-7인 최고위원' 시스템을 갖춰 사실상 이회창에게 전권을 부여했다. 이어 심대평의 국민중심당과 합당한 선진당은 4월 9일 실시된 총선에서 지역구 14

석, 비례대표 4석을 합쳐 18석을 확보한다. 비록 원내교섭단체 구성(20석) 목표를 이루지는 못했지만 충청권을 석권하며 제3당으로 부상하는 '절반의 성공'을 거두었다.

다시 정치에 나선 이회창, 그의 3년 후는 어떨까. 4수 끝에 결국 대통령의 꿈을 이룬 김대중의 길을 걸을지, 아니면 결국 지역 맹주(盟主)에 만족해야 했던 김종필의 전철(前轍)을 밟을지는 아무도 모르는 일이다.

박근혜(1952~)는 상처의 이름이다. 대통령의 딸인 그는 부모를 모두 총탄에 잃었다. 동생과도 불화했다. 그리고 오랜 은둔의 삶을 살았다. 장막을 걷고 세상으로 나온 그는 정치와 결혼했다. 그리고 큰 꿈을 이야기했다. 3년 후, 그 꿈은 이루어질까.

'얼음공주'의 부드러운 카리스마

월박(越朴), 복박(復朴), 주이야박(晝李夜朴), 공이만박(空李滿朴)…. 여의도 주변에서 회자되는 신조어 '박 시리즈'다. '월박'은 친(親)이명박 의원들이 박근혜 쪽으로 넘어갔다는 것이고, '복박'은 대선과 총선 때 친이계로 갔던 친박계 의원들이 다시 돌아왔다는 뜻이다. '주이야박'은 낮(공식적)에는 친이계지만 밤(비공식적)에는 친박계 행세를 하는 의원들을 지칭한 것이다. '공이만박'은 갈수록 친이는 없어지고 친박만 가득 찬다는 것이다.

이런 현상이 벌어지는 것은 그가 한나라당 내의 비주류지만 차기 대권에 가장 근접해 있기 때문이다. 정치인들은 본능적으로 권력의 향배에 민감하다. 다음 총선에서 공천권을 누가 행사할 것인가, 다음 대권을 누가 쥘 것인가가 자신의 정치적 미래를 결정하기 때문이다. 시간이 지날수록 친박세력은 세(勢)가 강해질 가능성이 높다. 박근혜 대세론이 강해지면 강해질수록 예전 3당 합당 이후 민자당 주류인 민정계의 다수가 YS쪽으로 빨려들어 가면서 신민주계를 형성한 것처럼 당내 세력이 재편될 수 있기 때문이다.

현재로선 어느 누구도 박근혜의 대권 질주를 막기가 쉽지 않아 보인다. 2009년 1월 1일 한국일보가 실시한 여론조사가 이를 방증(傍證)한다. 차기 대통령으로 적합한 인물을 묻는 이 조사에서 박근혜는 29.1%로 압도적 1위를 차지했다. 반기문 유엔 사무총장(11.8%), 이회창 자유선진당 총재(6.4%), 정몽준 한나라당 최고위원(4.6%), 정동영 전 열린우리당

의장(4.5%) 등이 뒤를 이었다.

3김(金)과 견줄만한 강한 대중성은 정치인 박근혜의 최대 자산이다. 대중정치인으로서의 힘은 그가 1997년 한나라당에 입당한 이후 치른 대선, 지방선거, 재보선 등에서 거듭 입증된 바 있다.

그러나 박근혜의 대권 가도가 과연 순탄하기만 할까. 앞으로 4년의 시간, 지뢰밭은 곳곳에 있다. 우선 당내 주류의 견제를 극복하는 일이 결코 만만치 않다. 당내 일부에서는 당론과 어긋나는 주장을 하는 박근혜에 대해 "자신의 일인데도 마치 딴 나라 사람처럼 비판한다"며 특유의 훈수식 수사법에 대해 노골적인 반감을 표출한다.

미디어법 표결을 앞두고 "참석한다면 반대표를 행사할 것"이라는 발언을 했다가, 2009년 7월 22일 직권상정 표결 직전 "이 정도면 국민들도 공감해 줄 것으로 생각한다"며 원내 지도부에 힘을 실어 준 그의 태도 변화는 이러한 비판을 의식한 '친이계 반감 줄이기'를 염두에 둔 행보로 읽혀진다.

정치는 생물이다. 이회창도 두 번의 대선에서 대세론을 지키지 못하고 무너졌다. 제2의 DJP연합, 제2의 노무현이 나오지 말라는 법도 없다. 친이계가 정몽준과 결합할 때의 파괴력도 만만치 않을 것이다. 대항마를 찾지 못하고 있는 민주당 일각에서는 '반기문 카드'를 만지작거리고 있다.

박근혜의 정치력이 시험대에 올랐다.

전쟁 중 대구에서 출생

박근혜(朴槿惠)는 6·25전쟁 와중인 1952년 2월 2일 대구시 삼덕동에서 육군 대령이던 아버지 박정희(朴正熙)와 어머니 육영수(陸英修)의 1남 2녀 중 장녀로 태어났다. 아버지 박정희가 36세, 어머니 육영수가 28세 때였다. 박정희는 이혼한 전처 김호남(金浩南)과의 사이에도 이미 딸 재옥(在玉)을 두고 있었는데, 캐나다 대사와 국회의원을 지낸 한병기가 그의 사위다.

박근혜는 어린 시절 아버지가 자주 전근을 가는 바람에 이곳저곳으로 많이 옮겨 다녔다. 그의 가족이 서울생활을 시작한 것은 1953년 휴전 직후였다. 처음 동숭동 산꼭대기 셋방에 살다가, 이후 몇 차례 집을 옮긴 끝에 박정희가 준장으로 진급한 1955년 노량진의 2평짜리 셋방으로 이사했다. 당시 함께 지냈던 박근혜의 외할머니 이경령의 회고다.

> "방에는 불도 들이지 않고 방바닥에서 물이 줄줄 나서 … 그때 군인의 우의인 고무로 만든 옷을 방바닥에다 깔면 축축하게 누기가 차서 도무지 앉지도 눕지도 못하여 밤이나 낮이나 서성거리고, 밥이라고 풍로에다가 해서 끼니라고 때우고, 그때 참말로 고생도 말할 수 없이 하고요, 손녀딸 근혜는 아파서 울곤 했어요."

이후 박근혜가 신당동 집과 국가재건최고회의 의장 공관을 거쳐 청와대에 들어간 것은 1963년 2월 17일, 아버지 박정희가 제 3공화국 대통령에 선출된 직후다. 당시 박근혜는 장충초등학교 6학년이었다. 한나라당 정몽준 최고위원과 한화그룹 김승연 회장이 박근혜의 장충초등학교 동기다.

장충초등학교를 졸업한 박근혜는 가톨릭 수녀회에서 운영하는 성심여중에 입학한다. 1학년 동안 기숙사에서 지낸 그는 2학년으로 진급할 무렵 학교 기숙사가 폐쇄되어 청와대에서 전철로 통학을 하게 되었다. 아침마다 청와대에서 효자동을 거쳐 원효로로 가는 전차를 탔다. 이 소문이 전차 차장들 사이에 퍼지면서 대통령 딸이 누구일까 궁금한 마음에 성심여중 학생들을 한 명 한 명 눈여겨보는 진풍경이 연출되기도 했다. 하루는 어느 전차 차장이 박근혜의 학교 배지를 보고 다가와 물었다.

> "너희 학교에 박 대통령 딸이 다닌다면서?"
> "예."
> "전차 타고 다닌다던데 사실이니?"
> "그렇다나 봐요."

1968년 성심여고 재학시절의 박근혜.

"그 학생 공부는 잘하니?"
"그런대로 잘 하나 봐요."
"키가 얼마만하니?"
"저만할 거예요."

그날 밤, 박근혜가 모든 식구들이 모인 식탁에서 이 말을 그대로 재현해 주자 한바탕 웃음바다가 되었다. 어머니 육영수는 "잘했다"며 딸의 등을 토닥여 주었다. 어릴 적 그녀의 진중한 성격을 엿볼 수 있는 대목이다.

22살의 퍼스트레이디

박근혜는 공부를 잘했다. 성심여중을 수석으로 졸업하고 성심여고를 수석으로 입학했다. 성심여고 다닐 때 우등생에게 주는 '백합상'을 받았다. 또 아버지의 권유로 입학한 서강대 전자공학과도 수석으로 졸업했다. 대학을 졸업한 박근혜는 프랑스로 유학을 떠난다. 그러나 그의 유학생활은 오래가지 못했다.

1974년 8월 중순 어느 날, 프랑스 유학 중이던 박근혜는 대사관으로부터 어머니 육영수의 죽음을 전해 듣고 서둘러 귀국길에 올랐다. 비보(悲報)를 접한 그는 하늘이 무너져 내리는 것 같았다. 비행기에서도 쏟아져 내리는 눈물을 멈출 수 없었다. 비행기는 일본 도쿄를 경유했다. 그는 도쿄에 잠시 머무르고 있을 때 아버지의 위로 편지를 받는다. 그는 또 한 번 눈물을 쏟았다. 박근혜가 귀국하던 날 아버지 박정희는 딸을 맞이하기 위해 직접 공항에 마중을 나왔다.

어머니의 죽음은 박근혜의 인생을 완전히 바꾸어 놓았다. 프랑스 유학

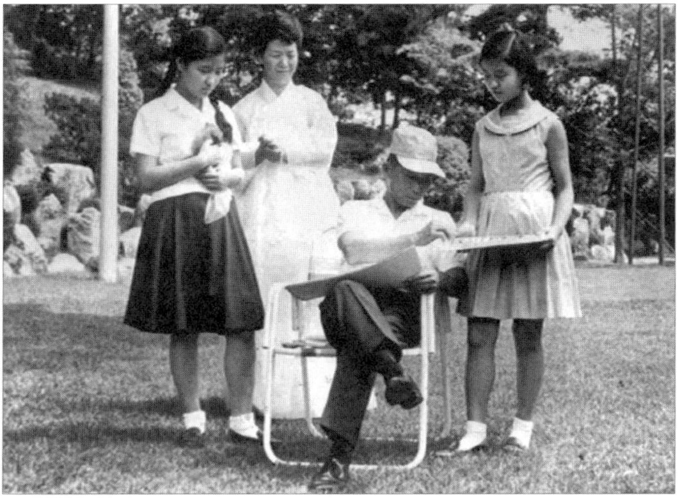

청와대에서 아버지 박정희, 어머니 육영수, 동생 근영과 함께 찍은 박근혜의 여고시절 사진.

후 교수가 되겠다는 꿈은 아득히 멀어졌다. 귀국한 그에게 새로운 임무가 기다리고 있었다. 스물 두 살의 나이에 어머니를 대신해 퍼스트레이디를 맡은 것이다. 그 시절 퍼스트레이디의 역할은 매우 컸다. 이른바 '국모'(國母)라고 불리던 시절이었다. 그는 어머니가 해 왔던 것처럼 아버지의 아침식사를 준비하고 출근하는 아버지의 넥타이를 골랐다. 장녀로서 여동생 근영과 남동생 지만이도 챙겼다. 청와대에 들어온 수백 건의 민원을 점검하고, 담당 부서에서 잘 처리하고 있는지 확인해야 했다. 재해가 발생하면 아무리 먼 길이라도 서둘러 달려갔다. 어렵고 소외된 계층을 찾아다니며 봉사활동을 하는 것도 주요 업무였다. 고아원, 군병원, 양로원 등을 다니면서 어떻게 운영되고 있는지 직접 눈으로 살폈다. 또 외국 대사 부인이나 각계각층의 인사들을 만나 다양한 의견을 듣기도 했다.

박근혜가 퍼스트레이디 시절 가장 심혈을 기울였던 것은 새마음봉사단 활동이었다. 새마음봉사단은 중고등학교를 찾아다니며 지부를 결성하고 활동을 확대해 나갔다. 1978년 전주 실내체육관에서 열린 전북 새마음중

고교생 연합회 발대식에 참석했던 김현미 전 열린우리당 의원(당시 전주여고 2학년)은 이때 자신이 본 박근혜에 대해 "무슨 선녀가 하늘에서 내려온 줄 알았다"고 소감을 밝힌 적이 있다.

최태민 미스터리

박근혜가 최태민 목사를 만난 것은 퍼스트레이디 시절이다. 최태민은 1975년 박근혜를 자신이 주도하는 구국여성봉사단 명예총재로 추대하면서 세간(世間)에 이름이 알려진다. 베일에 싸여 있던 그는 퍼스트레이디 박근혜에 대해 큰 영향력을 발휘하는 것으로 알려지면서 위세를 떨쳤다. 경력 등에 의혹이 많던 최태민에 대해 중앙정보부는 좋지 않은 소문 등을 박정희에게 보고했다. 최태민이 딸과 가깝게 지내는 게 확인되자 박정희의 걱정은 이만저만이 아니었다.

다음은 당시 청와대 비서실장을 지낸 김계원이 1990년 10월 26일 동아일보와의 인터뷰에서 밝힌 내용이다.

> "구국여성봉사단이 과도한 자금을 모금한다는 말썽 때문에 각하도 골치를 앓곤 했습니다. 김재규에게 봉사단 관련 조사를 지시한 뒤 보고를 받는 자리에 근혜 양을 불러 '봉사단 활동을 그만두라'고 했어요. 각하는 봉사단 일을 맡아보던 최태민이 까지 불러 '문초'를 하면서 봉사활동에서 손을 떼고 청와대에는 얼씬도 못 하도록 엄명을 내렸습니다. 그러나 얼마 뒤에 보면 최태민이가 또 청와대를 들락날락 해요."

당시 최태민은 이권에 개입해 공금을 횡령하고, 박근혜를 배경으로 호가호위(狐假虎威)하고 있다는 게 문제로 지적됐다. 당시 최태민은 경찰 고위간부와 도지사에게 까지 호통을 치고, 재벌 총수들이 줄을 대기 위해 청탁을 한다는 등 나쁜 소문이 많이 돌았다. 중앙정보부가 조사에 나섰다. 그러나 크게 의혹을 살 만한 증거를 찾지는 못했다. 중정까지 나선 마당에 실제 비리가 발견됐다면 구속을 면하기 어려운 분위기였다.

도대체 최태민은 누구인가? 그는 1912년 황해도 사리원에서 태어났다. 본명은 '퇴운'이었지만 1977년 개명했다. 최태민은 한때 정식 목사가 아닌 사이비종교 지도자로 알려졌지만, 총회신학교를 마치고 목사 안수를 받은 대한예수회 장로교의 정식 목사로 밝혀졌다.

최태민과 관련된 이상한 소문은 "이름이 7개다" "몸에 흰 피가 흐른다" "계룡산에서 도(道)를 닦았다"는 등 무성했다. 박근혜가 여동생과 육영재단 분규를 겪던 1990년 당시 근영을 지지하던 숭모회 측의 한 간부는 "최태민이 육영수 여사 생전에 청와대에 와서 최면술 시범을 보였고, 그때부터 청와대 출입을 했다"고 주장하기도 했다. 최태민은 1970년대 퍼스트레이디 시절뿐만 아니라 1980년대 박정희 기념사업회와 육영수를 추모하는 조직인 근화봉사단을 만들 때도 박근혜에게 많은 도움을 주었다. 그러나 최태민은 1990년 육영재단 분규로 박근혜 곁을 떠났고 이후 연락이 끊겼다. 최태민은 박근혜를 떠난 이후 조용하게 살았다. 그러다가 82세이던 1994년 5월 지병으로 사망했다.

최태민 의혹은 2007년 대선 경선 때 크게 논란이 됐다. 이와 관련해 박근혜는 언론 인터뷰에서 "그분은 나라가 어려울 적에 많이 도와줬고 아버지가 돌아가셔서 어렵고 힘들 때도 정신적으로 많이 위로해 줬다. 천벌을 받으려면 무슨 짓을 못하겠느냐. 뜬구름 갖고 지어낸 얘기 하는 거야말로 네거티브"라며 격앙된 반응을 보였다. 그는 또 7월 19일 열린 한나라당 대선후보 검증 청문회에서도 "실체가 없는 이야기다. 대검(大檢)에서 철저히 조사했는데 문제가 없었다. (최태민과의 사이에) 애가 있다는 말도 있는데, 데려오면 DNA 검사도 하겠다"고 말했다.

10 · 26사태, 그리고 은둔

1979년 10월 26일. 궁정동에 두 발의 총성이 울렸다. 박근혜에게 다시 찾아 든 두 번째 비극, 아버지 박정희의 죽음이었다.

새벽 1시30분, 박근혜는 전화벨 소리에 잠을 깼다. 수화기 너머로 "급한 일입니다. 일어나십시오"라는 비서관의 말이 귓등을 때렸다. 순간 등 뒤로 서늘한 기운이 엄습해 왔다. 잠시 후 총격 현장에 있었던 김계원 비서실장이 관저로 찾아왔다.

"각하께서 돌아가셨습니다."

박근혜는 온몸이 얼어붙는 것 같았다. 간밤에 일어난 일을 김계원이 간단히 설명했다.

"전방에는 이상이 없습니까?"

이것이 잠에서 깨어 비보를 접한 박근혜의 첫마디였다. 아버지의 유고(有故)를 틈타 북한이 무력 도발을 감행할 수도 있겠다는 생각이 들었던 것이다. 그는 아버지의 피 묻은 넥타이와 와이셔츠를 빨면서 터져 나오는 오열을 참을 수 없었다. 비서실장이 전해준 아버지의 옷은 온통 시뻘건 피로 물들어 있었다. 한 분도 아니고 부모 모두가 총탄에 숨진 가혹한 현실이 너무나 원망스러웠다. 박근혜는 아버지의 9일장을 치르고 난 뒤 청와대를 떠난다. 그는 동생들과 함께 신당동 집에서 새로운 삶을 시작했다. 부모를 대신해 집안의 가장(家長)이 된 것이다.

세상은 냉정했다. 정권이 바뀌자 사람들도 변했다. 심지어는 아버지의 측근에 있던 사람들조차 싸늘하게 변해갔다. "유신만이 살길이다"라고 떠들던 사람들이 "그때 무슨 힘이 있어 반대할 수 있었겠느냐"며 표변했다. 박정희 정권에 대한 온갖 비화(秘話)가 봇물 터지 듯 신문과 잡지를 통해 쏟아졌다. 10 · 26사태 당시 육사 생도였던 동생 지만도 마음에 상처가 컸다. 다음은 그가 1989년 필로폰 투약으로 첫 조사를 받은 후 〈여성동아〉에 기고한 '나는 필로폰 중독자가 아닙니다'라는 제목의 글이다.

1977년 3월 2일 남동생 지만의 육군사관학교 입교식에 참석해 동생을 격려하는 박근혜(왼쪽)와 근영.

"(아버지 사망 이후) 육사 안에서 이런 일도 있었다. 생도대장은 아버지가 돌아가시자 태도가 돌변했다. 생도대장은 '박 대통령은 손 흔드는 것부터가 얼마나 촌스러운가. 그런데 전두환 대통령은 얼마나 폼이 멋있는가' 등의 이야기로 돌아가신 아버지를 깎아 내렸다. 나는 화가 치밀어 얼굴이 붉어졌다. 아버지 주위에서 충성을 바쳤던 사람들과 정치인 중의 일부는 카멜레온처럼 변해 버렸다. 어쩌다 반가운 마음에 인사를 하면 '전두환 대통령은 매사에 훌륭한데 네 아버지는 정치를 다 잘못했다'고 내 앞에서 비난을 일삼았다."

하지만 박근혜가 할 수 있는 일은 없었다. 세상의 외면 속에 그와 동생들은 역사의 뒤안길로 사라졌다. 오랜 은둔의 시작이었다. 박근혜는 큰 충격에 빠졌지만 1982년부터 육영재단 이사장을 맡으면서 세상에 조금씩 다가선다. 아버지 재평가 작업의 일환으로 《겨레의 지도자》란 책을 발간하고, 〈조국의 등불〉이라는 영화도 만들었다.

그러나 박근혜에게 또다시 더 깊은 정신적 충격에 빠지는 일이 생긴다. 여동생 근영과의 육영재단 분규가 그것이다.

여동생과의 불화

박근혜는 막내동생 지만과는 비교적 원만한 관계지만, 바로 밑 여동생 근영과는 사이가 좋지 않은 것으로 알려져 있다. 박근혜의 삼성동 자택에도 근영과 찍은 사진은 한 장도 없지만, 지만과 찍은 사진은 액자에 넣어 거실에 걸어 두었다.

두 살 차이나는 두 자매는 달라도 너무 달랐다. 박근혜가 퍼스트레이디 생활을 한 데 비해 근영은 비교적 공개되지 않은 삶을 살았다. 두 사람의 성격 차이도 컸다. 박근혜는 내성적이고 차분한 반면 근영은 자유분방하고 활달했다. 근영은 "언니 근혜가 가장 어머니 말씀을 잘 따른 자식이고, 나는 매도 많이 맞았다"고 어린 시절을 회고한다.

이런 두 자매의 갈등이 폭발한 것이 1990년 육영재단 분규다.

어느 날 동생 근영을 앞세운 '숭모회'라는 단체가 나타나 "지난 10여 년간 전횡을 일삼아온 최태민 고문과 무능한 박근혜 이사장은 즉각 퇴진하고 근영 씨를 신임 이사장으로 추대해야 한다"고 주장한다. 사실 숭모회는 친 김종필 계열의 구 공화당계 인사들이 중심이 되어 만들고, 박근혜 이사장 시절 해고된 직원들이 가세하고 있었다. 이에 맞서 박근혜를 지지하는 '근화봉사단'은 박근혜 이사장 퇴진반대 시위를 벌였다. 두 단체 회원들은 어린이회관에 수백 명씩 몰려와 몸싸움을 벌였다.

박근혜는 "더 이상 자매싸움으로 비쳐져 부모님께 누를 끼치기 싫다"며 이사장직을 여동생에게 양보했다. 최태민에 대해 부정적인 생각을 갖고 있던 남동생 지만이 큰누나를 찾아가 "양보하라"고 설득한 게 크게 영향을 미쳤다. 당시 지만은 노태우 대통령 앞으로 "최태민 목사로부터 누나를

1990년 11월 15일 육영재단 이사장 이임식을 마친 박근혜가 "왜 물러나느냐"며 울분을 토하는 근화봉사단원들의 만류를 물리치고 어린이회관을 나서고 있다.

구해 달라"는 편지를 보낸 것으로 알려졌다.

근영은 1990년 11월 15일 육영재단 이사장에 취임했다.

사실 여동생 근영의 삶도 박근혜 못지않게 기구했다. 어쩌면 언니보다 더 했다. 서울대 음대 출신의 근영은 1982년 중매를 통해 풍산금속 창업주 류찬우의 장남 류청과 결혼했으나 한 달 만에 이혼했다. 미처 혼인신고도 하기 전이었다. 그는 1987년 미국으로 건너갔다가 1989년에 돌아왔다. 사업 구상을 하며 영주 이민을 가려고 했으나 여의치 않았다. 근영(槿暎)은 이름을 두 번 바꾼다. 1993년 서영(書永)이란 이름으로 개명했다가, 2005년 다시 근령(槿令)으로 바꿨다. 좋은 운을 받기 위해서라는 게 개명의 이유다.

근령은 언니로부터 육영재단 이사장직을 물려받았지만 재단 운영도 순탄치 않았다. 마침내는 부실한 재단 운영으로 2004년 이사장직에서 마저 물러났다. 그러나 뒤늦게 사랑을 얻었다. 2008년 10월 13일 육영재단 일을 돕던 14세 연하의 백석문화대 교수 신동욱과 재혼했다. 결혼을 적극적으로 반대한 언니 박근혜와 동생 지만은 끝내 결혼식에 참석하지 않았다. 한편 EG 회장을 맡고 있는 남동생 지만은 2004년 12월 14일, 16세 연하의 변호사 서향희와 결혼해 화제가 된 바 있다.

육영재단을 둘러싼 근혜-근령의 자매갈등은 근간엔 근령-지만의 남매갈등으로 또 다른 양상을 보이고 있다. 최근 육영재단 이사장직 복귀를 노리는 근령과 자신의 지인들로 이사를 추천한 남동생 지만 측 사이에 물리적 충돌을 빚는 등 갈등이 심화되고 있다.

육영재단을 둘러싼 이들 남매간 분쟁의 핵심은 재산권 때문이란 분석이 많다. 육영재단 어린이회관의 면적은 13만 2000㎡에 이르는데 개발에 들어가면 수조원대 차익을 낼 수 있는 것으로 알려졌다.

침묵의 시간들

1990년 육영재단 이사장직을 여동생에게 사실상 뺏긴 박근혜는 부모의 사망 못지않은 큰 충격에 빠졌다. 동생과 주위 사람들에 대한 배신감도 컸다. 박근혜는 이전 보다 더 깊은 은둔에 들어갔다. 그는 1991년부터 97년까지 어머니 육영수 추도식은 물론 아버지 박정희 추도식에도 전혀 모습을 드러내지 않았다. 그만큼 마음의 상처가 컸던 셈이다.

1994년 열린 육영수 20주기 추도식은 특별히 크게 치러졌는데, 여기에마저 끝내 참석하지 않았다. 당시 추도식은 여동생 근영이 주도했으며 외삼촌 육인수, 사촌오빠 박준홍 등이 자리를 함께 했다. 그해 10월 열린 박정희 추도식도 근영과 사촌형부 김종필, 육인수, 박준홍 등이 주도했다. 박근혜는 훗날 왜 추도식에 가지 않았느냐는 질문에 "그 자리에 모인 분들과 마주치기 싫어서"라고 말한 적이 있다.

박근혜는 철저히 사람들과 담을 쌓았다. 국선도(國仙道: 단전호흡)로 몸을 수련했다. 불교경전과 성경도 두루 찾아 읽었다. 일기와 독서로 복잡한 생각들을 정리했고 틈틈이 시를 쓰며 마음을 다독였다. 마음의 여유가 생기면서 중국어 공부도 시작했다. 매일 EBS 교육방송을 시청하고 테이프를 가지고 다니면서 틈날 때마다 반복해서 들었다. 그의 중국어 실력은 2005년 5월 한나라당 대표 자격으로 중국을 방문했을 때 후진타오 주석과 중국어로 대화를 나눠 화제가 되기도 했다.

마음이 울적할 땐 전국을 주유(周遊)하기도 했다. 당시의 심경을 표현한 그의 자서전 《절망은 나를 단련시키고 희망은 나를 움직인다》의 한 대목이다.

> "강원도 여행을 마치고 차를 타고 서울로 돌아오는 길은 멀고도 가까웠다. 창밖으로 바뀌어가는 풍경을 바라보며 알 수 없는 그리움과 회한이 밀려들었다. 한바탕 꿈을 꾸고 난 것처럼 지난 시간이 아득하게 멀어진 줄 알았는데, 그 시절을 추억하는 사람들을 만나니 반갑고 고마웠다.
>
> 사람들의 기억 속에서 서서히 잊혀져가며 나는 안정과 평화를 얻었다. 하이힐을 신고 산길을 걷다가 발에 잘 맞는 운동화로 바꿔 신은 것 같은 기분이기도 했다. 영월군에 있는 단종의 묘를 찾았을 때, 차가운 겨울바람 속에서도 한결같이 푸르게 빛나는 소나무 숲을 거닐며 나는 행복이 있다면 이런 게 아닌가 싶었다."

그렇게 박근혜는 고통에서 서서히 벗어나고 있었다. 정치를 해 볼 생각이 없느냐는 제안을 종종 받았지만 단호하게 거절했다.

정치에 입문하다

1997년 대선을 8일 앞둔 12월 10일, 박근혜는 18년간의 은둔의 장막을 걷고 세상에 나왔다. 그리고 한나라당에 전격 입당한다. 킹메이커 김윤환과 이회창의 비서실장이던 신경식이 다리를 놨다.

한나라당에 입당한 박근혜는 곧바로 이회창 후보의 당선을 위한 유세 활동과 TV 지지연설에 나선다. 오랫동안 대중의 시선에서 벗어나 있었지만 그의 유세현장에서의 반응은 상상을 초월할 정도로 뜨거웠다. 보자마자 껴안고 울음을 터뜨리는 사람들도 있었다. 12월 14일 방송된 TV연설의 경우 반응이 뜨거워 16일 재방송을 결정할 정도였다.

그러나 그의 노력은 무위에 그쳤다. 한나라당의 이회창 후보가 국민회의 김대중 후보에게 석패(惜敗)하고 만 것이다. 한나라당은 대선 패배의 충격을 추스르기도 전에 보궐선거를 맞았다. 1998년 4월 2일로 예정된 보선(補選)은 한나라당에 있어서 '재기냐, 추락이냐'를 가늠하는 분수령이었다. 이번 보선마저 패한다면 당은 걷잡을 수 없이 무너진다는 위기감이 팽배했다.

4·2보선은 대구 달성군, 경북 문경·예천 등이 대상이었다. 이런 상황에서 문경·예천의 주민들이 박근혜에게 간곡하게 출마를 요청했다. 박근혜도 그들의 요청을 뿌리칠 수만은 없어 심사숙고 끝에 출마를 결심했다. 문경은 아버지 박정희가 젊은 시절 대구사범학교를 마치고 처음 교편을 잡았던 곳이라는 인연이 있었다. 그러나 계획에 차질이 생겼다. 한나라당의 전통적 지지기반인 대구 달성에서 누가 출마해도 여당 후보에 크게 뒤진다는 여론조사 결과가 나온 것이다. 여당 후보인 엄삼탁은 지역을 탄탄하게 관리해온 데다 자금과 조직력을 바탕으로 크게 앞서 나갔다. 한나라당은 위기의식을 느꼈다. 대구시지부에서는 비상이 걸렸다. 시지부장은 박근혜를 만나 사정을 설명하며 달성에서 출마해 달라고 매달렸다. 문경·예천과는 달리 달성에 출마하기 위한 준비는 전혀 되어 있지 않았다. 하지만 그는 달성 출마를 결심했다. 가장 어려운 곳에서 가장 어려운 상대를 이겨야 당에 도움이 될 것이라는 판단이었다.

선거사무실을 열자 많은 사람들이 그를 위해 열심히 뛰어 주었다. 대구와 경북 출신 의원들과 당원들은 동네마다 담당을 맡아 선거를 지원했다. 그동안 소원했던 여동생 근영과 사촌오빠 박재홍 등도 지지를 선언했다. 그러나 김대중과 연대한 사촌형부 김종필은 박근혜와 맞붙은 국민회의 엄삼탁을 지원했다. 이복언니 재옥의 남편 한병기는 아예 대구에 내려와 엄삼탁 지원운동을 폈고, 사촌오빠 박준홍, 외삼촌 육인수 등도 엄삼탁을 지지했다.

선거는 박빙의 승부가 예상됐다. 선거 당일 저녁, 개표 과정을 지켜보는 사무실은 정적이 감돌았다. 하지만 예상을 뒤엎고 박근혜는 초반부터 상대 후보를 거의 더블스코어로 따돌리며 앞서 나갔다. 당선이 확정된 순간, 지나간 시간들이 주마등처럼 스치고 지나갔다.

한나라당 탈당

한나라당의 지명직 부총재를 맡고 있던 박근혜가 대중 속을 파고들며 당내 권력투쟁에 나선 것은 2000년 5월 31일 부총재 경선 때 부터였다. 당시 총재 경선에는 이회창·김덕룡·손학규·강삼재 네 후보가 출마했고, 부총재에는 박근혜를 비롯해 최병렬·강재섭·이부영·박희태·하순봉 등 총 14명이 나왔다.

당내에서는 "가만히 있으면 어차피 여성 몫의 지명직 부총재로 임명될 수 있는데 왜 굳이 출마하느냐"는 여론도 많았다. 또 '1인 2표' 방식의 전당대회에서 대구의 후보를 단일화해야 한다는 이야기도 나왔다. 그러나 그는 출마를 강행했다. 같은 부총재라도 선출직과 지명직 부총재의 말은 무게가 다르기 때문이다. 더욱이 지역주의를 극복하자면서 당내 선거부터 지역주의를 부추기는 일에 동참할 수 없었다.

여론조사 결과 박근혜는 1위를 차지할 것으로 예상됐다. 그러나 경선 당일 결과는 달랐다. 최병렬에게 1위 자리를 뺏겨 2위를 한 것이다. 이부영, 하순봉, 강재섭, 박희태 등이 뒤를 이었다. 이회창 측에서는 부인하지만 박근혜가 너무 커지는 것을 우려해 여러 가지 수단을 동원해 '박근혜 1위'를 저지한 것으로 알려지고 있다.

부총재에 선출된 이후 박근혜의 목표는 '이회창 사당화(私黨化)'의 타파였다. 그는 1999년 1월의 마산집회, 2000년 9월의 부산, 대구집회에 참석하지 않았다. 여·야간 극한투쟁과 지역감정을 자극할 우려가 있다는 판단에서였다. 이회창식 정치에 대한 반발이었다. 2002년 대선후보 경선을 앞두고는 총재직 폐지, 당권과 대권 분리, 국민참여 경선을 도입할 것을 제안했다. 그러나 한나라당은 대선후보 경선 방식과 관련된 당헌 개정안을 확정하면서, 끝내 총재직 폐지 및 당권과 대권 분리 등은 배제시켰다.

박근혜는 결국 탈당을 선택했다. 12월 대선을 10개월가량 앞둔 시점이었다. 이회창 대세론에 도전장을 던진 이 선택에 대해 한나라당은 충격을 받았다. 박근혜는 얼마 후 한국미래연합을 만들어 홀로서기에 나섰다. 그러나 한국미래연합에 대한 국민들의 지지는 미미했다. 박근혜는 설 땅을 쉽게 찾지 못했다. 대선이 다가오면서 주위에서는 노무현, 정몽준과 손을 잡으라고 끊임없이 권유했다. 하지만 그들과는 이념과 노선이 다르다고 생각했다.

이런 와중에 여러 채널을 통해 이회창 후보 측에서 연락이 왔다. 이회창은 "박 부총재가 제안했던 내용들이 지금 다 받아들여지지 않았습니까? 나라를 위해 힘을 합쳐 주십시오"라며 설득했다. 이 무렵 노무현과 정몽준 간의 후보 단일화 논의가 진행되고 있었다. 박근혜는 다시 한 번 이회창 후보를 도와야겠다고 결심했다. 이에 2002년 11월 19일 한국미래연합과 한나라당의 합당이 이루어졌다. 형식은 합당이었지만, 실제로는 한국미래연합이 조건 없이 해산하고 한나라당에 합류하는 것이었다. 다시 복당한 박근혜는 선대위 의장을 맡아 누구보다 열심히 이회창 후보의 당선을 위해 뛰었다. 그러나 운명은 다시 한 번 한나라당을 외면했다.

난파선의 선장이 되어

노무현이 대통령에 취임한 뒤 이회창에 대한 대선자금 수사가 시작되면서 한나라당은 크게 흔들렸다. 국민들의 비난이 봇물 터지 듯 쏟아졌다. 한나라당이라는 배는 언제 침몰할지 모를 급물살을 타고 있었다. 2004년 4·15총선을 앞두고 한나라당의 지지도는 끝을 모르고 추락했다. 차떼기당이라는 오명(汚名)에 탄핵의 역풍까지 세차게 몰아쳤다. 한마디로 한나라당은 침몰 위기였다. 상황이 어렵게 되자 당내에서는 완전히 새로운 당으로 태어나야 한다는 요구가 터져 나왔다.

결국 당은 새로운 지도부를 구성하기 위해 임시전당대회를 개최하기로 결정했다. 당내의 많은 의원들과 당원들이 그의 대표 경선 출마를 권유했다. 그러나 "총선에서 총대를 메야 하는데 질 게 뻔하지 않습니까? 잘못하면 정치생명도 끝납니다"며 출마를 반대하는 목소리가 훨씬 컸다. 박근혜는 좌고우면하지 않았다. 한나라당이 위기를 딛고 일어서는 디딤돌이 되기로 결심했다. 홍사덕과 김문수가 출마를 선언한 뒤 대표 경선이 불붙기 시작했다. 여기에 권오을, 박진이 가세하면서 대표경선은 5파전 구도로 짜여졌다. 여론조사 결과 박근혜가 앞서갔지만 홍사덕의 막판 추격으로 치열한 승부가 예견됐다.

2004년 3월 23일, 서울 잠실학생체육관에서 열린 한나라당 전당대회는 각 후보들이 뿜어내는 열기로 후끈 달아올랐다. 먼저 홍사덕이 무대에 올랐다. 그는 특유의 달변과 선동으로 대의원들을 휘어잡았다.

드디어 박근혜의 차례가 왔다.

> "저는 오늘 '신(臣)에게는 아직도 열두 척의 배가 남아 있다'고 한 충무공의 비장한 각오를 되새기며 이 자리에 섰습니다. 저는 부모님도 없고, 더 이상 얻을 것도 잃을 것도 없는 사람입니다. 당을 위해서 제 모든 것을 바치겠습니다."

"저는 부모님도 없고, 더 이상 잃을 것도…"라고 말했을 때 전당대회장은 찬물을 끼얹은 듯 숙연해졌다. 그 한마디는 이날 연설 가운데 단연 압권이었다. 청중들은 그날 권력의 정점에서 아버지와 어머니를 총탄에

2004년 3월 24일 한나라당 대표에 당선된 박근혜가 당직자, 당원들과 함께 여의도 당사의 현판을 떼어내 천막당사로 옮기고 있다. 박근혜 뒤로 이상득 사무총장의 모습이 보인다.

잃은 한 비운의 여인에 대한 측은지심(惻隱之心)을 느꼈을 것이다. 선거 결과 박근혜는 2,614표(51.8%)를 얻어 홍사덕 1,453표(28.8%), 김문수 607표(12%) 등을 누르고 침몰 위기의 한나라호 선장이 되었다. 1965년 박순천이 윤보선을 꺾고 민중당 대표로 선출된 이후 39년 만에 제1야당에서 여성 대표가 탄생하는 순간이었다.

대표에 당선된 박근혜는 전당대회 직후 가진 기자회견에서 "이제부터 중앙당사에는 들어가지 않겠다. 당장 전세로 당사를 마련하기 어려우면 오늘 저녁에 천막이라도 쳐서 들어갈 것"이라고 말했다. 박근혜는 다음날 여의도 중앙당사로 들어가지 않았다. 대신 당사 건물 벽에 붙어 있던 한나라당 현판을 뜯어냈다. 그는 떼어낸 현판의 한쪽을 앞장서서 들었고, 일부 당직자들이 현판을 맞잡았다. 그리고 조심스레 걸음을 옮기기 시작했다. 50여 명의 당직자와 당원들이 뒤를 따랐다.

한 걸음 한 걸음, 발걸음을 뗄 때마다 등에서 식은땀이 흘렀다. 1㎞ 남짓한 길을 15분 정도 걸었다. 15분의 짧은 거리였지만 멀고 먼 가시밭길을 걷는 심정이었다. 그렇게 해서 여의도 중소기업전시장 부지의 공터에 천막당사를 열었다.

태풍이 된 박풍(朴風)

"박근혜! 박근혜! 박근혜!"

2004년 4·15총선을 열흘 앞둔 4월 5일, 이미 해가 저물어 어둑해진 포항 오천시장 앞 도로를 가득 메운 2천여 명의 군중이 박근혜를 보자 일제히 이름을 연호(連呼) 했다. 그는 당초 이곳에 저녁 7시 도착할 예정이었으나 1시간 반이나 지체됐다. 그러나 오후 5시부터 모여든 군중들은 약속시간이 훨씬 지났는데도 대부분 흩어지지 않고 그를 기다렸다. 이곳은 당시 서울시장이던 이명박의 형인 이상득의 지역구였다. 이상득은 선거 초반 청와대 출신의 열린우리당 박기환 후보에게 고전하고 있었다.

박근혜가 나타나자 이상득은 고무됐다. 군중들의 엄청난 열기를 느낀 이상득은 이날부터 승리를 자신했다. 박풍(朴風)의 위력이었다. 상인과 시민들이 구름떼처럼 모인 대구 서문시장에서는 '울지 마라 근혜야' '근혜 보면 눈물난다' 등의 문구를 내거는 등 폭발적인 반응을 보였다. 영남권 전역에서 불기 시작한 박풍은 수도권 일부까지 번졌다. 그저 '박근혜가 온다'고 하면 군중들이 모여 들었다. 접전 중이던 지역에서 '박근혜 모셔가기' 경쟁이 벌어졌다. 박근혜는 하루 2, 3시간 쪽잠을 자면서 강행군을 했다. 무리한 유세 일정을 잡다 보니 입술이 부르텄다. 악수를 너무 많이 해 손도 부어올랐다. 선거를 5일 남겨 놓고는 손에 붕대를 감아야 했다. 하지만 손이 부어오르는 만큼 한나라당의 당선자 수도 늘어갔다. 탄핵역풍으로 처음 20석 예상됐던 것이 30석, 50석, 70석 … . 당선 가능지역이 늘어갔다.

박풍 덕분으로 한나라당은 총선 결과 121석을 얻었다. 원내 1당 자리를 열린우리당에 빼겼지만 예상외의 선전이었다. 한편 박근혜는 총선 3개월 뒤인 7월 19일 열린 전당대회에서 원희룡, 김영선 등을 누르고 임기 2년의 정식 대표로 재선출된다. 그는 한나라당 대표로 있던 2년 3개월간 총선 말고도 네 번의 재보궐 선거를 승리로 이끌어 '박(朴) 다르크' '선거의 여인'이란 별명을 얻었다.

그 가운데 그가 가장 잊을 수 없는 선거로 꼽는 곳이 2005년 4월 30일에 실시된 경북 영천 보궐선거였다. 영천은 한나라당 정희수 후보가 열린우리당 정동윤 후보에게 처음엔 20%가량 뒤졌던 곳이다. 사람들은 "한나라당 깃발만 꽂으면 당선이라는 TK(대구경북)에서 아무리 한나라당 후보가 불리해도 결국 큰 표 차이로 이기겠지"라고 생각했다. 하지만 현지 사정은 결코 만만치 않았다.

경북에서도 대표적인 낙후지역인 영천은 중장년층을 중심으로 '여당의원을 뽑으면 낫겠지'라는 여론이 강했다. 거기에다 여당 후보인 정동윤은 12, 13대 의원을 지내 인지도가 높은데 비해 한나라당 후보인 정희수는 주로 서울에서 활동해 지역 주민들에게 덜 알려져 있었다. 한나라당에 비상이 걸렸다. 박근혜는 선거운동을 시작하자마자 맨 먼저 영천으로 달려갔다. 그는 읍·면 장터 중심으로 집중 유세를 벌이며 시골동네 주민들 속을 파고 들어갔다. "영천을 제 2의 지역구로 하겠다"고도 밝혔다. 박근혜는 지방에 가는 일이 있어도 좀처럼 외박하는 경우가 없었다. 밤늦게 행사 일정이 끝나도 반드시 서울 삼성동 자택에 돌아와 잠을 청했다. 그런데 그 원칙이 영천에서 깨졌다. 워낙 밤늦게까지 녹초가 되어 유세를 하는 데다 다음날도 아침부터 바로 강행군을 해야 했기에 도저히 서울로 올라갈 수 없었다. 할 수 없이 당원들의 집에서 신세를 졌다.

선거가 중반을 넘어서면서 조금씩 밑바닥이 움직이기 시작했다. 시골지역을 중심으로 박근혜가 나타나는 곳마다 '구름관중'이 몰려들었다. 박근혜는 13일의 선거유세 기간 중 6일을 영천에 투자했다. 박근혜의 올인에도 불구하고 한나라당 후보는 선거 전날까지도 여론조사에서 5% 뒤졌다. 그러나 개표 결과는 달랐다. 1,268표차 승리, 극적인 드라마였다. 박풍의 힘이 다시 한 번 힘을 발휘한 순간이었다.

지방선거 유세 중 피습

2006년 5월 20일 저녁 7시 20분경, 박근혜는 현대백화점 신촌점 앞에서 한나라당 서울시장 후보 오세훈의 지원유세를 위해 연단을 오르고 있었다. 두 번째 계단에 막 발을 내딛는 순간 청중 속에 섞여 있던 지충호(당시 50세)가 박근혜의 얼굴에 문구용 커터를 휘둘렀다. 이때 지충호는 박근혜를 향해 "죽어"라고 소리를 질렀다. 그 순간 박근혜의 오른쪽 뺨에 날카로운 통증이 스쳤다. 박근혜는 고통스런 표정을 지으며 손바닥으로 오른쪽 뺨의 상처를 감쌌다. 눈 깜짝할 사이에 벌어진 일이었다. 잠시 뒤 박근혜가 피습됐다는 사실을 깨달은 경호원과 당원들이 한꺼번에 범인을 덮쳤다. 그는 제압당하는 순간 "박근혜가 흑심이 많아서 찔렀다. 박근혜가 나와서 해 준 것이 뭐 있느냐"며 고함을 질렀다.

당원들이 범인을 유세차량 앞의 시계탑 쪽으로 끌고 가는 동안 일부 흥분한 한나라당 지지자들이 그에게 발길질을 하기도 했다. 범인 지충호는 신고를 받고 출동한 경찰에 의해 7시 56분경 서대문경찰서로 연행됐다. 그는 경찰에서 "아무런 잘못이 없는데도 14년 넘게 실형을 살아 억울한 마음에 범행을 저질렀다"고 말했다. 그는 폭행 상해 등 전과(前科) 8범으로 지난해 8월 청송보호감호소에서 가출소해 보호관찰 상태인 것으로 밝혀졌다. 그는 2007년 4월 대법원에서 징역 10년형이 확정됐다. 그는 공직선거법 위반, 상해, 공갈미수에 대해서는 유죄판결을 받았으나 살인미수 혐의에 대해서는 무죄를 선고받았다.

한편 박근혜는 사건 직후 인근 세브란스병원으로 옮겨졌다. 저녁 7시 45분경 이 병원에 도착해 9시15분부터 2시간 동안 상처 부위를 60바늘이나 꿰매는 봉합수술을 받았다. 수술에는 지방에 내려가던 중 급하게 돌아온 탁관철 교수 등 성형외과 베테랑 전문의 3명이 참여했다. 병원 측은 "칼이 조그만 더 들어갔으면 큰일 날 뻔했다"고 밝혔다. 상처 부위가 0.5cm만 더 깊었다면 안면신경이 끊어져 마비됐을 것이고 밑으로 내려갔

2006년 5월 20일 서울 신촌 서울시장 지원 유세현장에서 범인 지충호에 의해 문구용 커터로 피습당한 박근혜. 상처 부위가 조금만 아래로 내려갔으면 생명이 위험할 뻔했다.

으면 경동맥을 건드려 생명까지 위험할 뻔했다는 것이다.

박근혜는 입원한 몸이지만 당 대표로서 지방선거에 대한 걱정을 떨칠 수 없었다. 그는 수술에서 깨어나자마자 측근에게 "대전은요?"라며 대전시장 선거를 걱정했다. 열세에 있던 대전시장 선거가 가장 마음에 걸렸던 것이다. 그는 5월 29일 퇴원하자마자 대전으로 직행하는 등 지방선거 막바지 유세에 나섰다. 동정론 까지 겹친 박근혜 바람은 거셌다. 박풍(朴風) 덕분으로 한나라당은 5·31 지방선거에서 광역단체장과 기초단체장을 대부분 휩쓸었다. 박근혜의 "대전은요?" 발언의 최대 수혜자인 한나라당 박성효 후보도 예상을 뒤엎고 열린우리당 후보 염홍철을 꺾는 이변을 연출했다.

대선후보 경선 패배

지방선거를 압승으로 이끈 박근혜는 2006년 6월 16일 서울 강서구 염창동 당사 앞마당에서 이임식을 갖고 한나라당 대표직을 떠난다. 노무현 대통령 탄핵 직후인 2004년 3월 23일 전당대회에서 당 대표로 선출된 지 2년 3개월 만이었다.

박근혜는 대표시절 잇단 재보선과 지방선거에서 압승을 거두면서 '박근혜의 힘'을 과시했다. 여의도 당사와 천안연수원 매각 단행 등으로 '차떼기당' '부패정당'이란 이미지를 탈색시키는 데도 기여했다. 당내에서는 '박정희의 딸 박근혜'가 아닌 '정치지도자 박근혜'로 거듭 났다는 평가가 나왔다. 당 대표를 물러 난 박근혜는 후임 한나라당 대표경선에서 대권 경쟁자인 이명박이 지지하는 이재오의 대항마로 강재섭을 밀어 당선시킴으로써 다시 한 번 박심(朴心)의 영향력을 확인한다.

한편 박근혜는 10월 30일 독일 방문 중 프랑크푸르트에서 가진 기자간담회에서 "당이 국회에서도 수가 적은 야당이다 보니 한계가 있었다. 이제 정권을 창출해 국민이 잘사는 선진국을 만들어 보고 싶다. 당내 대선후보 경선에 참여 하겠다"며 대선후보 출마 의사를 공개적으로 밝힌다. 박근혜에 이어 당내 대권 경쟁자인 서울시장 이명박과 경기지사 손학규도 임기를 마치고 대선후보 출마를 선언하면서 유력주자들의 대권레이스는 막이 올랐다.

2007년 들어서면서 대권레이스가 본격화 되자 박근혜는 자신의 지지의원들을 대동하고 본격적인 강연정치에 나선다. 또 2012년까지 일자리 300만 개 창출, 국민소득 3만 달러 달성 등 100여 명의 전문가 그룹과 함께 준비해 온 경제공약도 발표한다. 이른바 '줄푸세' 공약도 내세웠다. 세금은 줄이고, 규제는 풀고, 법질서는 바로 세우자는 것이다.

한나라당 대선후보 경쟁은 세(勢) 불리를 느낀 손학규의 탈당으로 박근혜와 이명박의 양자 대결로 좁혀졌다. 두 사람의 대선후보 경쟁은 정말

2007년 8월 20일 한나라당 대선후보 경선에서 패배한 박근혜가 대선후보로 결정된 이명박과 함께 화합을 다짐하는 노래를 부르고 있다. 가운데는 이재오 최고위원.

치열했다. 7개월이 넘게 검증 공방을 벌이면서 감정의 골은 깊어질 대로 깊어졌다. 그야말로 이전투구였다.

그러나 경선의 끝은 아름다웠다. 2007년 8월 20일 서울 올림픽체조경기장에서 열린 한나라당 전당대회에서 박근혜는 이명박에 1.5%포인트 차이로 근소하게 졌다. 선거인단 투표에서 이기고도 여론조사에서 2,884표를 져 분패(憤敗)한 것이다. 그만큼 경선결과에 승복하기가 쉽지 않은 상황이었다. 그러나 그는 결과에 깨끗이 승복했다. 개표결과 공식 발표 전 캠프 조직총괄본부장인 김무성이 단상으로 올라가 박근혜에게 귀엣말로 패배 소식을 먼저 전했다. 김무성의 눈은 젖어 있었다. 하지만 박근혜의 표정은 의외로 담담했다. 그리고 단상에 섰다.

> "저 박근혜, 경선 패배를 인정합니다. 그리고 경선 결과에 깨끗이 승복합니다. 오늘부터 저는 당원의 본분으로 돌아가서 정권교체를 이루기 위해 백의종군하겠습니다. 경선과정에서 있었던 모든 일들, 이제 잊어

버립시다. 하루아침에 잊을 수 없다면 며칠이 걸려서라도 잊읍시다. 그리고 다시 열정으로 채워진 마음으로 돌아와 나를 도와줬던 그 순수한 마음으로 정권 창출을 위해 함께 힘을 모읍시다."

단상 밑에 있던 10여 명의 참모들은 일제히 울음을 터뜨렸다. 관중석에 있던 수천 명의 지지자들도 연방 눈물을 흘리며 박수를 보냈다. 단상에 있던 강재섭 대표도 손수건을 꺼내 눈가를 훔쳤다.

경선에서 승리한 이명박은 "박근혜 전 대표는 정권 교체를 위해 함께 하자는 근래 정치에서 보기 드문 훌륭한 발언을 했다. 박 후보의 발언을 매우 고맙게 생각하고 함께 정권교체에 큰 역할을 해 줄 거라 믿는다"고 밝혔다.

4·9 총선, 친박 돌풍

한나라당 대선후보 경선에서 패배한 박근혜는 이회창 출마에 대해 "정도(正道)가 아니다"며 선을 끊고, 이명박 지원유세에 본격적으로 나선다. 박근혜는 "BBK는 검찰 수사 발표로 끝났다. 정권이 제대로 못하면 선거에서 심판해야 하는 게 민주주의다. 5년 전 노무현 정권에 기회를 줬으나 현 정권은 보답 없이 좌절만 줬다. 이번에는 한나라당에 기회를 달라. 이번에는 이명박 후보를 선택해 달라"고 호소했다.

대선에서 이명박은 무난히 당선됐다. 그러나 한나라당 내에는 또 다른 갈등이 기다리고 있었다. 4·9총선을 앞두고 공천 갈등이 전면전으로 번진 것이다. 당 안팎에서 '총선 살생부' 논란이 불거졌다. 우려는 현실이 됐다. 한나라당은 강세 지역인 영남권에서 현역의원 62명 중 27명을 물갈이 하는 등 '충격 공천' 결과를 발표한다. 이명박 대통령의 형인 이상득을 제외하고 65세 이상 현역의원들이 모두 낙천됐다.

친(親)이명박 중심의 공천심사위원회에 의해 박근혜계의 김무성, 김기춘, 이강두, 엄호성, 이인기, 유기준, 김태환, 김재원, 한선교 등이 낙천의 고배를 마셨다. 친이(親李) 측의 박희태, 정형근, 권철현, 김영덕, 이성권 등도 탈락했다. 공천 결과가 발표되자 박근혜계는 "공천 대학살"이라며 강하게 반발했다. 친박(親朴) 좌장격인 김무성은 "이재오와 이방호가 자신들이 당권을 장악하는 데 방해가 된다는 이유로 공천개혁을 빙자해 박근혜 죽이기를 하고 있다"며 당 주류세력에 화살을 날렸다. 박근혜는 3월 23일 기자회견을 열어 당 공천결과에 대해 격한 감정을 토해낸다.

> "약속과 신뢰가 지켜지기를 바랐지만 결국 저도 속고 국민도 속았다. 저는 경선 결과에 승복했고, 지원유세도 했고, 제가 할 수 있는 것은 다 하면서 오로지 '공정 공천' 한 가지만 요청했는데 그것조차 지켜지지 않았다. 권력이 모든 것을 할 수 있고, 정당화할 수는 없다. 권력이 정의를 이길 수는 없다. 한나라당을 바로 잡겠다. 그것이 국민과 당을 위해 내가 해야 할 일이다"

박근혜는 낙천한 친박 의원들을 위로하는 자리에서 "내 가슴이 찢어진다. 꼭 살아 돌아오라"며 한나라당 주류 측과 각(角)을 세운다. 이어 마치 거짓말 같은 '박근혜의 마법'이 시작된다. 공천 탈락자들이 친박연대와 무소속연대를 구성해 출마하고, 박근혜가 '침묵의 지원'을 시작하자 영남권을 중심으로 곳곳에서 '친박 돌풍'이 거세게 불어 닥쳤다. "박근혜가 당했다. 불쌍하다"는 정서가 선거판 밑바닥을 흘렀다. 여론조사에서 크게 뒤처져 있던 친박후보들이 한나라당 후보들을 매섭게 추격해 앞지르기 시작했다.

2008년 4월 9일 실시된 총선 결과 박근혜계는 한나라당 소속 33명, 한나라당 밖의 친박연대 소속 14명, 친박 무소속 12명 등 59명의 당선자를 배출했다. '3김(金) 이후 최고'라는 평을 듣는 박근혜의 강한 대중성이 또 한 번 입증된 것이다. 반면 공천을 주도했던 이재오 전 최고위원, 이방호 사무총장, 정종복 사무부총장 등 이명박 대통령의 핵심 측근들은 낙선의 고배를 마셨다. 특히 친박후보가 출마하지도 않은 한나라당의 텃밭 경남 사천에서 이방호 후보가 '박근혜를 괴롭혔다'는 이유로 민주노동당 후보에 패한 것은 선거사상 유례가 없는 일이었다. 박근혜는 2009년 4월 29일 실시된 경주 국회의원 재선거에서 친박 무소속 후보인 안보특보 출신 정수성을 당선시킴으로써 다시 한 번 박풍의 위력을 과시했다.

'선거의 여인' 박근혜, 3년 후 그의 승부가 자못 궁금해진다.

참고문헌

1. 단행본

강성재, 《김영삼과 운명의 대권》, 도서출판 더불어, 1992.

강영훈, 《나라를 사랑한 벽창우》, 동아일보사, 2008.

강준만, 《한국현대사 산책 — 1960년대 편》, 인물과사상사, 2004.

김광수, 《역사에 남기고 싶은 열망 — 한국의 통치권자》, 현암사, 2003.

김대중, 《내가 걷는 70년대》, 범우사, 1970.

______, 《행동하는 양심으로》, 금문당, 1985.

______, 《나의 길 나의 사상》, 한길사, 1994.

______, 《새로운 시작을 위하여》, 김영사, 1994.

김도연, 《나의 인생백서: 상산 회고록》, 일신문화사, 1968.

김민하, 《한국정당정치론》, 교문사, 1978.

김삼웅, 《해방후 정치사 100장면》, 가람기획, 1999.

김수영, 《김대중 — 그의 생애와 정치》, 동방출판사, 1986.

김영명, 《한국 현대정치사》, 을유문화사, 1999.

김영삼, 《조국, 민족, 그리고 민주주의》, 문예춘추사, 1985.

______, 《나의 결단》, 청계, 1987.

______, 《나의 정치 비망록》, 심우, 1992.

______, 《김영삼 회고록 1, 2, 3》, 백산서당, 2000.

______, 《김영삼 대통령 회고록》 상 · 하, 조선일보사, 2001.

김용운, 《김대중 자서전 — 역사와 함께 시대와 함께》, 인동, 1999.

김인만, 《울지마세요 박근혜》, 바른길, 2004.

김종훈, 《한국정당사》, 고시학회, 1982.

김준연, 《나의 길》, 동아출판사, 1966.

김진배, 《인동초의 새벽》, 도서출판 동아, 1987.
김학준, 《해방공간의 주역들》, 동아일보사, 1996.
김현우, 《한국정당통합운동사》, 을유문화사, 2000.
김형문, 《김대중, 그는 누구인가》, 금문당출판사, 1987.
남재희, 《언론정치풍속사 — 나의 문주 40년》, 민음사, 2004.
류중석 외, 《해공 신익희 선생 이야기》, 민족공동체연구소, 1999.
박근혜, 《평범한 가정에 태어났더라면》, 남송, 1993.
———, 《절망은 나를 단련시키고 희망은 나를 움직인다》, 위즈덤하우스, 2007.
박태균 외, 《63인의 역사학자가 쓴 한국사인물열전 3》, 돌베개, 2003.
박운규 외, 《인간 김대중》, 민족공동체연구소, 1999.
박철언, 《바른 역사를 위한 증언》, 랜덤하우스중앙, 2005.
백남주, 《한국정계 7인전》, 한국문화사, 1962.
백영철, 《제 1공화국과 한국 민주주의》, 나남, 1990.
선우종원, 《사실의 전부를 기술한다(장면 편)》, 희망출판사, 1996.
성기철, 《김영삼의 사람들》 1·2·3, 국민일보사, 1996.
신경식, 《7부능선엔 적이 없다》, 동아일보사, 2008.
신기선, 《인간 김대중의 눈물》, 도서출판 사사연, 1996.
신정완, 《해공 그리고 아버지》, 도서출판 성진사, 1981.
신창현, 《해공 신익희》, 해공신익희선생기념회, 1992.
———, 《위대한 한국인 해공 신익희》, 도서출판 연봉, 1996.
신하철, 《그래도 새벽은 온다》, 광명출판사, 1987.
심지연, 《한국민주당 연구》, 풀빛, 1982.
송남헌, 《한국현대정치사》 1~3, 성문각, 1980.
안 천, 《여성 대통령은 언제 나올까》, 가리사니, 1991.
역사문제연구소, 《인물로 보는 친일파 역사》, 역사비평사, 2003.

연시중, 《한국 정당정치 실록》, 지와 사랑, 2001.
유진산, 《해뜨는 지평선》, 한얼문고, 1972.
유진산선생기념사업회, 《옥계 유진산 — 생애와 사상과 정치》, 사초, 1984.
유진오, 《민주정치에의 길》, 일조각, 1963.
유치송, 《해공신익희일대기》, 해공신익희선생기념회, 1984.
윤무한, 《인물대한민국사》, 나남, 2006.
윤보선, 《구국의 가시밭길》, 한국정경사, 1967.
______, 《외로운 선택의 나날》, 동아일보사, 1991.
이광복, 《인간 김영삼-섬소년에서 대통령까지》, 행림출판, 1993.
이기택, 《한국야당사》, 백산서당, 1987.
이무명, 《역사의 진실》, 도서출판 녹두, 1990.
이연복, 《대한민국임시정부30년사》, 국학자료원, 1999.
이영석, 《야당 30년》, 인간사, 1981.
______, 《야당 40년》, 인간사, 1987.
이영훈, 《파벌로 보는 한국야당사》, 에디터, 2000.
이용원, 《제 2공화국과 장면》, 범우사, 1999.
이철승, 《절망에의 도전》, 집현각, 1970.
이태호, 《영웅의 최후》, 한뜻, 1992.
이현희, 《대한민국 임시정부사》, 집문당, 1982.
이현희 외, 《해공 신익희 연구》, 삼화출판사, 2007.
이 형, 《조병옥과 이기붕》, 삼일서적, 2002.
이회창, 《아름다운 원칙》, 문예당, 2002.
이희승, 《다시 태어나도 이 길을》, 선영사, 2001.
임종국, 《실록 친일파》, 돌베개, 1991.
장 면, 《한알의 밀알이 죽지 않고는》, 가톨릭출판사, 1967.
장을병, 《인물로 본 한국민족주의》, 범우사, 1988.

전홍진, 《만송 이기붕 선생》, 국제신보, 1960.
정대철, 《장면은 왜 수녀원에 숨어 있었나》, 동아일보사, 1997.
정일형, 《오직 한길로》, 을지서적, 1991.
정인봉, 《따뜻한 사람 이회창》, 무진미래, 2002.
정혜신, 《남자 vs 남자》, 개마고원, 2001.
조갑제, 《김대중의 정체》, 조갑제닷컴, 2006.
______, 《이회창 쇼크》, 조갑제닷컴, 2007.
조병옥, 《민주주의와 나》, 영신문화사, 1959.
______, 《나의 회고록》, 도서출판 해동, 1986.
조연하, 《세상에 이럴수가》, 동춘서림, 1992.
주치호, 《김대중 평전 — 동교동의 낮과 밤》, 평범서당, 1987.
______, 《박근혜 신드롬》, 작은키나무, 2005.
지동욱, 《한국 대통령 8인, 비극적 말로의 비밀》, 사람의 향기, 2003.
진덕규 외, 《1950년대의 인식》, 한길사, 1980.
천영식, 《나는 독신을 꿈꾸지 않았다 — 박근혜》, 북포스, 2005.
최주열, 《정치인 그들의 낮과 밤》, 국민출판공사, 1986.
최한수, 《한국정당정치변동》, 세명서관, 1999.
최　훈, 《외길 40년 — 내가 본 김대중》, 삼경인쇄, 1997.
한국정신문화연구원, 《장면 · 윤보선 · 박정희》, 백산서당, 2001.
한상휘 외, 《김영삼-김대중, 경쟁과 공존의 역사》, 의암출판, 1992.
한승주, 《제 2공화국과 한국의 민주주의》, 종로서적, 1983.
한태수, 《한국정당사》, 신태양사, 1961.
허동현, 《건국 외교 민주의 선구자 장면》, 분도출판사, 1999.
허영섭, 《법이 서야 나라가 선다 — 대쪽판사 이회창 이야기》, 석필, 1995.
허　정, 《내일을 위한 증언 — 허정회고록》, 샘터, 1979.

2. 논문

견학필, "미군정과 정치발전에 관한 연구", 동아대 박사학위논문, 1984.

노영희, "박순천과 일본", 한림일본학연구 제 7집, 2002.

노재승, "1950년대 한국 야당파벌에 관한 일고찰", 한양대 석사학위논문, 1987.

문용직, "한국의 야당과 파벌(1963~1987)", 서강대 석사학위논문, 1986.

박재일, "한국 야당파벌에 관한 연구", 한국외대 석사학위논문, 1986.

박철희, "제 2공화국 붕괴 원인에 대한 재조명", 고려대 석사학위논문, 1988.

신병식, "부산정치파동과 이승만체제의 확립", 상지대 병설 전문대 논문집 제16집, 1997.

신순기, "한국정당정치에 관한 연구", 동아대 박사학위논문, 1969.

신영숙, "해방 이후 1950년대의 여성단체와 여성운동", 여성연구논총 제 15집, 2000.

양성은, "신민당 파벌 재편에 관한 연구 1967~1979", 이화여대 석사학위논문, 1998.

이대희, "한국 민주화 과정에서의 3당합당에 대한 연구", 서강대 석사학위논문, 1994.

이수일, "미국 유학시절 유석 조병옥의 활동과 근대의 수용", 서울시립대 농전사론 7, 2001.

이윤기, "한국야당의 파벌에 관한 연구 — 민주당을 중심으로", 한양대 박사학위논문, 1987.

이충근, "민주당 신·구파의 파벌에 관한 연구", 연세대 석사학위논문, 1993.

정수산, "제 2공화국의 붕괴과정에 관한 연구", 서울대 박사학위논문, 1992.

최수미, "기독교인 이희호의 생애 연구", 목원대 신학대학원 석사학위논문, 2005.

최정순, "박순천 리더십 연구", 국민대 박사학위논문, 2007.

최한수, “민주당의 성립과 변천과정에 관한 연구”, 건국대 박사학위논문, 1990.
황영주, “한 여성정치가의 경우: 박순천 의원”, 부산외대 국제문제소총 14집, 2003.

3. 정기간행물

김갑식, “장면총리, 수녀원 피신 55시간”, 월간조선, 1985년 5월호.
김동익, “민중당의 카오스, 민중당 협상 분열기”, 세대, 1966년 9월호.
김영무, “파벌 당인”, 월간조선, 1981년 3월호.
김영선, “민주당 복안의 골자”, 사상계, 1960년 6월호.
김진배, “정당의 명멸 33년”, 정경연구, 1979년 5월호.
김 철, “최후의 정치인 유진산 연구”, 신동아, 1983년 3월호.
김학준, “해공 신익희 선생 재조명”, 국회보, 2000년 5월.
문 철, “강재섭, 이회창에 맞펀치 날리나”, 주간동아, 2000년 5월4일.
박기영, “박근혜 신드롬 연민인가 진짜 바람인가”, 월간중앙, 2008년 5월호.
박기정, “장면정권 270일 천하”, 신동아, 1982년 5월호.
박미숙, “박정희가 진실을 말하다 — 근혜 언니와 갈라선 18년”, 월간중앙, 2008년 11월호.
박순천, “나의 30대 — 개화에 발버둥 치던 촌부”, 신동아, 1968년 1월호.
______, “나의 교우 반세기”, 신동아, 1972년 1월호.
백남훈, “한국민주당 창당 비화”, 진상, 1960년 4월호.
오유석, “야당의 거목이 된 친일여성 박순천”, 뉴스메이커, 1992년 창간호.
유원식, “유원식, 혁명정부와 결별하다”, 정경문화, 1983년 10월호.
유진산, “나의 정계실록”, 신동아, 1974년 6월호.
윤보선, “내가 겪은 5 · 16”, 월간중앙, 1970년 4 · 5월호.

윤보선, “유원식 회고록에 할말있다”, 정경문화, 1983년 10월호.
윤창희, “YS부친 상가 4박5일 관찰기”, 중앙선데이, 2008년 10월 5일자.
윤천주, “신뢰 혹은 과다한 의석? 7월 29일 선거와 민주당”, 사상계, 1960년 6월호.
이경남, “이승만과 조병옥, 대권 계승의 막간극”, 정경문화, 1983년 1월호.
이상우, “윤보선, 유원식 논쟁의 진위”, 정경문화, 1983년 11월호.
______, “장면총리의 비극”, 신동아, 1984년 2월호.
이상철, “이회창, 정계 은퇴 후 최초 인터뷰”, 월간조선, 2006년 4월호.
이영석, “당인 유진산”, 월간조선, 1983년 3월호.
______, “김영삼-김대중 파벌경쟁의 뿌리”, 월간경향, 1987년 3월호.
이 용, “상도동계와 동교동계”, 월간경향, 1986년 11월호.
장도영, “나는 역사의 죄인이다”, 신동아, 1984년 10월호.
정헌주, “민주당 정부는 과연 무능했는가”, 신동아, 1985년 5월호.
조세형, “이승만과 조병옥”, 신동아, 1983년 1월호.
______, “민주당 신구파의 정치연극”, 월간조선, 1985년 6월호.
주돈식, “장면정권의 붕괴전야”, 월간조선, 1982년 4월호.
최시중, “신민당 전당대회의 안팎”, 신동아, 1974년 10월호.
한동윤, “3당통합, 노태우 김영삼 김종필의 밀약”, 신동아, 1990년 3월호.
한태수, “한국 정당의 계보”, 세대, 1967년 5월호.
허만섭, “정치학 교수 5인의 박근혜 파워 실체분석”, 신동아, 2008년 5월호.
현석호, “5월 16일 10시의 윤보선 씨”, 월간중앙, 1970년 7월호.
황호택, “황호택 기자가 만난 사람 — 이회창”, 신동아, 2006년 12월호.
홍은택, “정계은퇴 DJ 야금야금 재개 행보”, 신동아, 1995년 7월호.

4. 기타자료

국회사무처, 《국회사(제헌~제 6대)》, 1971.

______, 《국회사(제 7대~제 8대)》, 1976.

______, 《국회사(제 9대)》, 1981.

중앙선거관리위원회, 《역대 국회의원 선거상황》, 1971.

______, 《역대 대통령 선거상황》, 1980.

______, 《대한민국선거사 제 1집(1948~1972)》, 1981.

한국기자협회, 《언론에 비친 한국정치》, 1995.

조선일보사, 《대통령 특별기획전 — 윤보선과 제 2공화국》, 1997.

중앙일보사, 《광복30년 주요자료집》, 1975.

동아일보 2008년 8월 15일자 등 다수.

한국일보 2009년 1월 1일자.

민주전선(신민당보).

동아연감.

네이버 사전.